Raíces históricas del luteranismo

POR

RICARDO GARCIA-VILLOSLADA, S. I.

PROFESOR DE HISTORIA DE LA IGLESIA
EN LA UNIVERSIDAD GREGORIANA DE ROMA

SEGUNDA EDICION

BIBLIOTECA DE AUTORES CRISTIANOS

MADRID - MCMLXXVI

© Biblioteca de Autores Cristianos, de EDICA, S. A.
Madrid 1976.

Con censura eclesiástica.

Depósito legal M. 4581-1976.

ISBN 84-220-0245-0.

Impreso en España. Printed in Spain.

A MIS DISCIPULOS

de la Facultad de Historia de la Iglesia en la Universidad Gregoriana de Roma me complazco en dedicar reiteradamente este modesto ensayo (2.ª edición), que bien puede mirarse—aunque no fuese tal mi primera intención—como el pórtico o preámbulo de la extensa biografía Martín Lutero: I. El fraile hambriento de Dios. II. En lucha contra Roma *(2 vols.) (Madrid, BAC Maior, 1973).*

R. G.-V.

INDICE GENERAL

RAICES HISTORICAS DEL LUTERANISMO

INTRODUCCION

Aunque el tema del presente estudio abre anchas ventanas a la meditación del historiólogo, quiero declarar, desde la primera página, que no es mi intención perderme en altas especulaciones propias del filósofo o teólogo de la historia, sino narrar y exponer hechos e ideas, en plan de historiador; historiador que no va ahora a la caza de datos y documentos nuevos, sino que, reflexionando—o mejor, después de reflexionar—sobre los antecedentes y las inmediatas consecuencias de un gran acontecimiento histórico, recoge un puñado de cuestiones y las presenta delante del lector, incitándole a meditar sobre ellas.

Entre las funestas catástrofes que la Iglesia católica romana ha presenciado y sufrido en el curso multisecular de su historia, ninguna tan dolorosa y trágica ni de tan vastas resonancias como la del «protestantismo» en el siglo XVI. No puede comparársele ni siquiera la lamentable separación de la «Iglesia Oriental» en el siglo XI; ni en tiempos más antiguos la herejía de Arrio, que arrancó a la pluma de San Jerónimo, en su *Diálogo contra los luciferianos,* aquella frase estremecedora: «Gimió el orbe entero, asombrado de verse arriano».

Al decir «protestantismo» me refiero al complejo y variadísimo fenómeno de las confesiones religiosas cristianas surgidas en la centuria decimosexta, si bien en este trabajo aludiré más concretamente a la que lleva el nombre de Lutero, que fue la primera y la más original, quizá también la más interesante en sus orígenes por razón del temperamento de su autor, y en cierto modo la madre de todas ellas.

Señalar las causas específicas y los factores históricos de la revolución religiosa en cada una de las naciones (en Alemania, en Suiza, en los Países Bajos, en Escandinavia, en Escocia e Inglaterra, en Francia, Polonia, etc.) sería tarea demasiado larga, que llenaría las páginas de un grueso volumen. Yo me limitaré solamente a los países del Imperio germánico, sacudidos por el vendaval religioso-político que desencadenó, desde su cátedra de Wittemberg, fray Martín Lutero.

1. Causas remotas o raíces históricas

Al que reflexiona y medita sobre el curso de la historia no siempre le es fácil determinar si un fenómeno histórico merece llamarse *causa,* que influye positivamente en el nacer y en la naturaleza de otro, el cual se dice efecto o producto del primero, o si es solamente *condición,* que hace posible y fácil su origen y desarrollo. Puestos a distinguir, podríamos también señalar diferencias entre causas propiamente dichas y *ocasiones* o *circunstancias,* cuya presencia es capaz de provocar el estallido de un acontecimiento histórico y de crearle un clima propicio.

Para un historiador siempre será arriesgado el hablar de «causas». Por eso pienso que tal vez sea mejor, en nuestro caso, emplear la metáfora de *raíces históricas,* intentando significar con esta expresión que entre unos fenómenos precedentes y otros posteriores existe cierto nexo, cierta ligazón, cierta influencia o dependencia.

En conformidad con esto, serán aquí considerados como «raíces históricas del luteranismo» todos aquellos factores históricos—hombres, ideas, costumbres, sentimientos, sucesos y condiciones ambientales—que próxima o remotamente contribuyeron a la revolución religiosa del siglo XVI; todos los elementos que ayudaron a resquebrajar el gran edificio unitario de la cristiandad europea, coronado idealmente por la cúpula romana, o mejor, por la tiara pontificia; todos los «precedentes» que de cualquier modo labraron el campo, abrieron surcos y sembraron gérmenes, de los que al fin brotaron las doctrinas heterodoxas del monje de Sajonia y su rebelión contra el Papado.

En el primer esbozo de esta obrita dividí mi trabajo en dos partes: en la primera diserté sobre las causas que influyeron en el origen y naturaleza del luteranismo; y en la segunda, sobre las causas de su rápida difusión. Hoy tal división, por lógica y clara que a primera vista parezca, no me satisface. Muchas veces es controvertible si un factor histórico ha influido en el ser mismo, o solamente en el propagarse, de la revolución religiosa. Puede muy bien acontecer que tanto en uno como en otro haya dejado sentir sus efectos.

Por eso me ha parecido mejor adoptar la siguiente división cuatripartita: *a)* raíces históricas de carácter moral y eclesiástico; *b)* raíces teológicas; *c)* raíces espirituales y religiosas; *d)* raíces políticas y sociales. He añadido un breve capítulo sobre las ansias de reforma antes de Lutero, otro más amplio para discutir el problema del Humanismo y la Reforma, y, por fin, algunas breves consideraciones acerca de los predicadores luteranos y de los instrumentos que usaban en la propagación de su doctrina.

Antes de exponer mis propias opiniones, será útil pasar revista a las principales teorías formuladas en los últimos tiempos.

2. PRIMEROS ENSAYOS

Fue el protestante alsaciano L. A. G. Ménégoz el primero que en el siglo XIX se lanzó a escribir un *Ensayo sobre las causas de la Reformación* [1], ensayo breve y superficial, en que se hizo eco de los prejuicios reinantes en su época. Para explicar la revolución religiosa le vemos apelar al despotismo de los papas, a la inmoralidad del clero, a la transformación político-religiosa que se venía obrando en Europa desde el siglo XII y al renacimiento de las letras y de las artes.

Dos años más tarde, en 1834, veía la luz otro trabajito, sin duda de más valor positivo, de Jacob Marx (1803-76), fecundo historiador de cuestiones religiosas, profesor de historia y derecho canónico en Tréveris [2].

Acerca de las causas del protestantismo en general, y más particularmente del luteranismo, suelen hacer breves indicaciones casi todos los manuales

[1] L. A. G. MÉNÉGOZ, *Essais sur les causes de la Réformation,* présentée à la Faculté de théol. de Strasbourg (Estrasburgo 1832) 16 págs.

[2] J. MARX, *Die Ursachen der schnellen Verbreitung der Reformation, zunächst in Deutschland* (Maguncia 1834). No confundirlo con otro historiador treveirense del mismo nombre, autor, entre otras obras, de un Manual de Historia de la Iglesia. A. HERTE, *Das katholische Lutherbild* II, 159-161.

de Historia de la Iglesia [3]. Y los grandes historiadores que, después de Leopold von Ranke, han escrito la historia de Alemania en la época de la Reforma suministran datos y observaciones importantes sobre la situación política, religiosa, social y cultural de aquella nación, que ayudan a la interpretación histórica de los orígenes del luteranismo. Un conocimiento profundo y preciso del pueblo germánico, de sus costumbres, de su espiritualidad, de su pensamiento y de sus condiciones político-sociales en el siglo que precedió al estallido luterano, nos podrá descubrir las raíces y causas remotas de aquel gran fenómeno histórico.

El insigne medievalista Heinrich Finke se preguntaba en 1900: ¿en qué medida las condiciones del siglo xv fueron causa de las transformaciones que se operaron en el xvi? Y respondía que es preciso volver a estudiar, con cuidadosos análisis sociológicos y religiosos, este problema de viviente actualidad. «¿Qué es lo que pasó en el alma de millones y millones de europeos occidentales, hombres por lo común poco provistos de cultura espiritual, pero dotados de cálida sensibilidad religiosa, para que en el espacio de pocos años cambiaran sus antiguas convicciones por una concepción re-

---

[3] Fue clásico durante muchos años el manual de J. HERGENROETHER, *Handbuch der allgemeinen Kirchengeschichte*, 1.ª ed. en 2 vol. (Freiburg 1876-78). En la 6.ª edición, preparada por J. P. Kirsch (Freiburg 1925) vol. 4, 546-47, se enumeran esquemáticamente no menos de 14 causas. El reciente *Handbuch der Kirchengeschichte*, bajo la dirección de H. Jedin, en su vol. 4 (Freiburg 1967), dedica a las causas de la Reforma las páginas 3-10 (de E. Iserloh). La gran *Histoire de l'Église*, bajo la dirección de A. Fliche y V. Martin, en su vol. 16 (París 1956), sólo dos páginas (79-80). Con más amplitud y erudición trata el argumento L. VON PASTOR, *Geschichte der Päpste seit dem Ausgang des Mittelalters* IV (Freiburg 1906) 199-222.

ligiosa del mundo profundamente diferente? El odio contra Roma, el desprecio de los eclesiásticos muchas veces indignos, el enojo por los sucesos de la predicación de las indulgencias, el Humanismo y el desarrollo del individualismo, la Iglesia territorial y otros fenómenos particulares, son factores que se mueven en la periferia del problema, y todos juntos no bastan a penetrar en el meollo del mismo» [3*].

Naturalmente, tratándose de un problema histórico, siempre quedará un margen de probabilidad y de duda, una zona oscura que incita a nuevas exploraciones; nunca hallaremos una solución exacta y absolutamente satisfactoria, como la de un problema matemático, pero sí podemos aspirar a tener una visión suficientemente clara del fenómeno histórico y de su génesis y evolución. Cavando alrededor del árbol, llegaremos a descubrir algunas, si no la totalidad de sus raíces.

Teorías de Denifle y de G. von Below

El nombre de Heinrich S. Denifle, O. P. (1844-1905), tiene que figurar en cualquier historiografía referente a Lutero y al luteranismo. Su libro, tan docto como violento y apasionado, aparecido en 1904, descorre el telón de la Edad Media, facilitando el estudio de las raíces teológicas del luteranismo, pero desgraciadamente quedó incompleto por la muerte de su autor. El segundo volumen

---

[3*] H. FINKE, *Die Auffassung der ausgehenden Mittelalters:* «Beilage zur Münchners allgem. Zeitung» 1900 n.133 p.4. Para conocer el pensamiento de Finke, merece también tenerse en cuenta su estudio crítico, *Die kirchenpolitischen und kirchlichen Verhältnisse zu Ende des Mittelalters nach der Darstellung K. Lamprechts. Eine Kritik seiner «Deutsche Geschichte»* (Roma 1896).

de *Luther und Luthertum in der ersten Entwicklung* (Maguncia 1909) fue publicado por el dominico Albert M. Weiss, modificando, no sabemos hasta qué punto, el original de Denifle. Las cien primeras páginas de ese tomo están dedicadas a «la preparación de la Reforma», esto es, a las causas de la misma.

Según Denifle, no basta la persona de Lutero para explicar el fenómeno histórico de la Reforma protestante, cuyas raíces son múltiples y se han de buscar en remotas condiciones históricas. «La Reforma—a su entender—es el desenlace de la decadente Edad Media». Y con expresivo lenguaje, que parece haber aprendido de su adversario fray Martín, añade: «La Reforma fue la *Cloaca maxima,* el gran canal de desagüe, por donde desembocaron las heces desde tiempo atrás acumuladas, que, de haber permanecido en la Iglesia, hubieran apestado y envenenado todo» [4].

Si así fue en lo moral, cosa semejante acaeció en lo intelectual y dogmático, pues bien sabido es que Denifle no ve en la doctrina luterana sino el fruto y la consecuencia de la degenerada teología del siglo xv, especialmente del nominalismo occamista [5].

Enumera también otros factores históricos, como el conciliarismo unido al nacionalismo germánico, el falso misticismo y los errores que cundían en Europa después de Wiclif, incluso el Humanismo, y, en fin, las circunstancias político-sociales del Imperio, que a cualquiera, sin ser profeta, le permitían vaticinar una próxima catástrofe. «No fue Lu-

---

[4] H. DENIFLE-WEISS, *Luther und Luthertum* II (Maguncia 1909) 11-13.
[5] Ibid., 46-48.

tero—concluye—quien creó la nueva edad, sino que
la nueva edad creó a Lutero» [6].

Si en lo concerniente a los influjos doctrinales
y político-sociales hay que conceder buena parte
de razón al sabio Denifle, no así en lo que afirma de la corrupción moral. La pasión polémica
le enturbiaba los ojos para no ver sino los aspectos
oscuros de Lutero y del luteranismo, dándoles una
interpretación que hoy día no es sostenida por
nadie.

Entre los antípodas de Denifle hay que colocar
al prusiano Georg von Below, rector de la Universidad de Freiburg. Fue durante varios siglos opinión común de protestantes y católicos que la llamada «Reforma» había surgido como reacción contra los abusos, corruptelas y desórdenes que se cometían en la Iglesia, empezando por la curia romana y por el clero en general. Surgió, decían los
protestantes desde los tiempos de Lutero, para reformar las enormes deformidades disciplinares y
dogmáticas; y los católicos, desde Jerónimo Aleandro y Adriano VI, confesaban que surgió como
una protesta contra la corrupción moral y los excesos disciplinares. En el modo de expresarse, si no
en el fondo, parecía que iban de acuerdo. Tal explicación, aunque simplista y superficial, se hizo clásica en la historiografía [7].

[6] «Nicht er hat eine neue Zeit geschaffen, die neue Zeit
hat ihn geschaffen; er hat aber ihren Geist besser in sich
genommen als die andern, und darum steht er an ihrer
Spitze» (ibid., 107).
[7] De parte católica la admitía en el siglo XVII Bossuet,
contra el cual subrayaba el punto de vista protestante Jac-
ques Basnage en estas palabras: «Il avouë que l'Église
Romaine plongée dans le vice et pleine d'abus lorsque
Luther parut, avoit besoin d'être reformée dans la discipline
et dans les moeurs... Mais c'était une lepre qui blachissoit

Agudamente escribía el francés L. Febvre: «¿La Reforma nacida de los abusos? Exhibir tales abusos, repastar al público con las debilidades privadas de curas y frailes, de obispos y aun de papas, y luego detallar los excesos de un fiscalismo, que con demasiada facilidad se tachaba de «simoníaco», ¡qué festín para los asaltantes! Y los hijos sumisos de Roma, después de haber polemizado sobre los detalles, ¿cómo se iban a rebelar contra una teoría que, incriminando a los individuos, permitía dejar inmune lo único que les importaba, los principios?» [8]

El profesor Below refutó semejantes opiniones el año 1916 en una alocución académica, en que se propuso explorar con sagacidad, erudición y sereno juicio, dentro de su criterio firmemente luterano, *las causas de la Reforma* [9].

Lo que él se pregunta no es por qué motivos o de qué manera se produjo la revolución religiosa y la escisión de la cristiandad, sino en dónde tiene su origen la esencia o la naturaleza de la religión luterana con su nuevo concepto del cristia-

tout le corps, une fleuve dont les débordements inondoient toute l'Église, et dont l'embouchure était à Rome: le Laïque, le Moine, le Prêtre, l'Evêque, et le Pape étaient également couverts des crimes les plus énormes» (*Histoire de la religion des Églises reformées* II [Rotterdam 1725] 4). Pero los católicos, admitiendo eso de la inmoralidad, solían añadir que muchos de aquellos curas y frailes corrompidos se pasaron por eso a la religión protestante.
[8] «La Réforme née des abus?» *Au coeur religieux du XVIᵉ siècle* (París 1957) p.9. Y veinticuatro años antes se preguntaba Imbart de la Tour: «Les abus du clergé? Mais à d'autres époques ils n'avaient pas etés moins criants, ni les réformes moins nécessaires. Les peuples cependant etaient restés fidèles» (*Les origines de la Réforme* I [París 1905] p.IX).
[9] *Die Ursachen der Reformation:* «Hist. Zeitschrift» 116 (1916) 377-458.

nismo. Desarrollando unas breves indicaciones de Ranke y de H. von Treitschke, concibe la Reforma como un producto alemán, esencialmente religioso y espiritual; excluye con decisión cualquier dependencia de causas económicas y sociales, y niega rotundamente que Lutero sea el fruto de una sociedad en decadencia, cuyas costumbres—dice—han sido pintadas tendenciosamente con colores demasiado negros [10]. No ignora Below la corrupción moral entonces existente; él mismo insiste largamente en los excesos de clérigos y laicos y en los abusos del fiscalismo curial, pero piensa que se ha exagerado mucho su posible influjo, que en su opinión fue más bien extrínseco, en cuanto que pudo facilitar el triunfo del programa luterano [11]. No menos que las causas morales, desestima las de orden social, político y económico; ni siquiera da importancia a las de índole teológica, como el nominalismo occamista. En cambio, pone en el centro de su estudio las puramente espirituales y religiosas, y entre ellas la aspiración de los alemanes hacia una religión más pura que la que le ofrecía la decadente Iglesia medieval, la seriedad con que en Alemania se tomó siempre a pechos el problema religioso, el deseo ardiente de salvar el alma con ab-

---

[10] «Auf protestantischer Seite hat man oft, um Luthers Auftreten zu rechtfertigen und die schlechten Früchte des mittelalterlichen Systems greifbar nachzuweisen, die kirchlichsittlichen Zustände des ausgehenden Mittelalters mit den schwärzesten Farben malen zu müssen geglaubt... Vermögen wir uns vorzustellen, dass Luther der Zögling eines Klosters gewesen ist, in dem die Zuchtlosigkeit herrschte?» (ibid., 389).

[11] «Diese Zustände fand Luther vor, als er auftrat. Ganz gewiss war damit eine Disposition für einen Erfolg seines Programms gegeben. Aber es kommt darauf an, dieses Moment in reiner Wirkung richtig abzuschätzen» (ibid., 408).

soluta certeza, el misticismo de Lutero, su personalidad creadora, su carácter típicamente germánico [12].

Se le podría replicar que el luteranismo no es
solamente la persona de Lutero; es también gran
parte del pueblo alemán que le sigue y aclama, lo
cual no se puede explicar por solos motivos espirituales, sino que hay que buscar otros de carácter
social, político, ambiental.

Fácil es coincidir en bastantes puntos—atenuán-
dolos si es el caso—con Georg von Below; no lo es
tanto con otro historiador, que conocía como pocos
las ansias reformatorias del siglo XV: me refiero
a Johannes Haller, profesor de la Universidad de
Marburg. Al estudiar aparte *las causas de la Reforma* [13], no supo mirar a la entraña del luteranismo y a la personalidad de su fundador, sino que
se distrajo con los acontecimientos externos, repitiendo tópicos ya gastados. Opina que fue la madurez de los tiempos la que trajo consigo la Reforma, afirmación que puede encerrar un núcleo
de verdad, según como se entienda, pero que va
fuera del recto camino cuando entre los elementos esenciales de esa madurez se pone la vacuidad
estéril de la Iglesia, impotente para resistir al ataque de los Novadores; la corrupción moral del
clero y el triunfo de la nueva cultura profana,
laica, crítica y racionalista, representada por Erasmo, sobre la antigua formación teológica. ¡Como

[12] «Die Reformation geht von Deutschland aus... Reichen
diese Erklärungen hiernach nicht aus, so möchte man wohl
die Eigenart der Nation zu Hilfe nehmen; nicht in dem
Sinne, als ob das deutsche Volk zum Protestantismus prä-
destiniert wäre...» (ibid., 448-9).
[13] J. HALLER, *Die Ursachen der Reformation* (Tubinga 1917). La autoridad de Haller no se funda en este
opúsculo, sino en otras obras importantes, como la que
citaremos, n.34.

si un Erasmo *racionalista* (!) pudiera engendrar
a Martín Lutero, al hombre de la fe!

Opiniones de L. Febvre, Ritter y Cristiani

Vengamos a un historiador independiente y acon-
fesional, Lucien Febvre, profesor del *Collège de
France,* que en 1929 dedicó al mismo tema un
ensayo que pronto se impuso a la opinión general [14].
Sin negar, claro es, la existencia de abusos, este
agudo escritor sostiene que no fueron los abusos
los que movieron a los reformadores a levantarse
contra Roma. Ellos alzaban su voz sobre todo contra las supersticiones, las blasfemias y las idola-
trías; un hombre de acción como Guillermo Farel,
cuando al frente de su bandería se lanzaba contra
una iglesia, lo que reprochaba al sacerdote católico
«no era su mala vida, sino su mala creencia» [15].

---

[14] *Une question mal posée: les origines de la Réforme
française et le problème des causes de la réforme:* «Rev. his-
torique» 161 (1929) 1-73, artículo recogido en su libro
Au coeur religieux du XVIe siècle p.3-70. Citaré según
el libro.

[15] «Il ne s'agit de contester ici ni l'existence d'abus
disciplinaires mille fois dénoncés, ni le rôle qu'ils jouèrent
dans la genèse de la Réforme» (p.19). «Et puis encore,
n'y a-t-il pas quelque légèreté à conectionner et à flétrir
avec tant de docte séverité des faiblesses et des défaillances
privées, alors que, de toute évidence, le mal dont l'Église
souffrait était moins *personnel* qu'*institutionnel?*» (p.20).
Por otra parte, reconoce que era muy difícil cambiar aquel
régimen institucional: «La Réforme parlait avant tout de
superstitions, de blasphèmes et d'idolâtries... ces mots
constituaient la Somme de ces *abus* sur les quels on s'obsti-
ne à se méprendre» (p.21). «Un Guillaume Farel, homme
de main, s'il en fut, quand il se ruait sur quelque église
à la tête d'une bande de partisans, ce qu'il reprochait au
prêtre, ce n'était pas de mal vivre, c'était de mal croire»
(p.22). Las nuevas religiones surgidas aquel siglo no se
suscitaron por efecto de los abusos: «Il serait ridicule, et

¿Cuál fue, según eso, la verdadera causa de la ruptura protestante? El cambio de sentimiento religioso en la sociedad de aquella época. Los hombres del siglo XVI exigían una religiosidad nueva, que respondiese a sus más íntimos anhelos, y no veían a su alrededor más que «superstición en el pueblo, sequedad escolástica en los doctores». Verdad es—concede Febvre—que desde fines del siglo precedente se notaba en Alemania y Francia un reflorecer de la piedad y de la devoción (culto doloroso y patético a la Pasión de Cristo, manifiesto en el *Vía Crucis,* cuyas estaciones esculpía vigorosamente Adam Krafft en Nuremberg; devoción a las cinco llagas del Crucificado y a su corazón coronado de espinas; recitación del Rosario con la meditación de sus misterios, propagada por Alain de la Roche, de las Letanías lauretanas y del Angelus tres veces al día; culto refloreciente de las reliquias; peregrinaciones a los santuarios más célebres; asociaciones y cofradías de la Pasión, del Rosario, de Santa Ana; pinturas y grabados de santos y de escenas sagradas en las iglesias, en los claustros, en los misales y breviarios y libros de horas; inundación de libros piadosos para sacerdotes y para el pueblo, como *Manipulus curatorum, Stella clericorum, Instructio sacerdotum,* la *Imitación de Cristo* en su forma latina, o en la francesa *De la interna consolación, Vida de Nuestro Señor Jesucristo,* de Ludolfo de Sajonia, y otras con resúmenes de la historia sagrada, Biblias en lengua vulgar, la *Leyenda dorada, Espejo de la vida*

profondement puéril, de les croire suscités par le scandale médiocre d'abus sans personnalité, ou la manque de vergogne assez habituel des marchands du temple — ces éternels parasites du divin» (p.68).

humana, traducido de la obra de Sánchez de Arévalo, etc.).

Mas eso no bastaba, en opinión de Febvre, a
saciar el hambre de lo divino que aquejaba a las
nuevas generaciones, ni a calmar sus confusas aspiraciones y deseos de otra cosa. Era preciso re-
ajustar la religión misma, adaptándola a los anhelos de la nueva burguesía, deseosa de dignidad
moral, sin hipocresías sociales, y de certezas religiosas. Dos cosas codiciaban los hombres y se
las otorgó la Reforma: «Una, la Biblia en lengua
vulgar; la otra, la justificación por la fe»[16]. La
palabra de Dios al alcance de todos los cristianos,
que los hacía libres de cualquier autoridad humana, y la gran consolación de sentirse salvos por
la sola misericordia de Dios. Eso explica, según
Febvre, el triunfo de la revolución protestante.

Otro distinguido historiador, Gerhard Ritter,
que acusa a Febvre de antipatía para con Lutero,
ha condensado en pocas pero claras páginas sus
ideas sobre *las causas espirituales de la Reforma*[17].

«Para comprender el surgir de Lutero como reformador de la Iglesia y su actuación histórica es
preciso ciertamente conocer la situación moral eclesiástica en el último medioevo, pero todas esas
condiciones o circunstancias históricas no bastan a
justificar y explicar satisfactoriamente su decisiva

---

[16] «La Réforme, quel que soit son prénom, deux choses ont fait son succés, deux choses par elle offertes à
des hommes qui les convoitaient d'avance. L'une, la Bible
en vulgaire. L'autre, la Justification par la foi. Ne disons
pas qu'elle les a inventées ou que, seule, elle en a voulu
le libre usage pour tous» (p.42-3).
[17] G. RITTER, *Die geistigen Ursachen der Reformation:*
«Zeitwende» jul. 1931, 1-13, reproducido en su libro *Die
Weltwirkung der Reformation* (Munich 1959) 32-46. Citaré
por el libro.

acción y su predicación religiosa» [18]. Lo que provocó el estallido luterano fue, más que el deseo de reforma en la Iglesia y el Estado, «una exigencia específicamente religiosa» [19].

La conciencia democrática de la nueva burguesía no podía tolerar la mentalidad aristocrática y contemplativa del clero medieval. A estimular esa impaciencia contribuyó la crítica de los humanistas. Reconoce Ritter que antes de Lutero las protestas y críticas iban contra los abusos eclesiásticos, no contra la institución misma de la Iglesia, cuya autoridad permanecía inconmovible. Admite que el Papado, desde la segunda mitad del siglo xv, después de los grandes concilios reformatorios, realizó notables reformas del clero secular y del regular. En Alemania, debido en gran parte a la triste disgregación política del Imperio, las esperanzas de una enérgica y decisiva reforma nunca fueron tan grandes como en España, donde la mano fuerte de Cisneros alcanzó notables resultados. Con reformas superficiales no se podía apaciguar las profundas inquietudes religiosas que hervían en Alemania.

Piensa Ritter que en el fondo del alma germánica existía, ya en el siglo xiii, una religiosidad seria y profunda, precursora del protestantismo y hostil a la Iglesia romana; la antítesis Roma-Germania hunde sus raíces en el temperamento religioso, tan diverso, de ambos pueblos [20].

Tras la antigua crítica superficial vino en el

---

[18] Ibid., 33.
[19] «Ein spezifisch religiöses Bedürfnis» (ibid., 33).
[20] «Der uralte Gegensatz zwischen romanischer und germanischer Wesenart durch keine noch so schwere Decke römisch-universalen Kirchentums hat erstickt werden können» (ibid., 41).

siglo XVI una crítica más radical, profundamente antijerárquica, contra la Iglesia como fenómeno social y como institución jurídica; crítica apasionada y popular, que luego, por influjo de la piedad mística, repudió a la Iglesia como institución salvadora. Lutero, «un hombre del pueblo, un agitador de altísimo estilo, el más popular de cuantos oradores y escritores ha producido Alemania», juntó en sí esa doble corriente e hizo que triunfase la Reforma.

Un artículo bien meditado, aunque de líneas demasiado generales y sintéticas, escribió en 1935 el canónigo lionés León Cristiani, conocido historiador de Lutero y de la Restauración católica [21].

Empieza por exponer brevemente las razones aducidas por el propio Lutero, por Melanchton y por otros adalides del protestantismo, y, después de examinarlas a la luz de la teología, sostiene por su parte que «si los abusos explican bien la convocación de un concilio, no bastan a justificar una revolución». Indica el método que se ha de seguir en la indagación de las causas, y concluye poniendo de relieve tres de las principales, a saber: la postración de la autoridad papal, la turbia y confusa teología de aquel tiempo y el misticismo subjetivista. «En resumen—concluye—, nosotros distinguimos tres causas esenciales de la revolución protestante: la decadencia romana, paralela al crecimiento de la monarquía absoluta, y que llegó hasta el odio contra Roma; el desarrollo de la mística agustiniana, paralelo a un desarrollo intenso del paganismo mundano, y que llegó a una mística barata de la salvación, cual es la de la justificación por la fe sola; la decadencia de la Escolás-

---

[21] L. Cristiani, *Les causes de la Réforme:* «Rev. d'Hist. de l'Église de France» 21 (1935) 323-54.

tica, paralela al renacer de los estudios bíblicos, y que facilitó al rebelde Lutero el recurso a la sola Biblia» [22].

Explicaciones económico-sociales

Otra teoría, que en su formulación más extremista no puede encontrar aceptación sino en los defensores del materialismo histórico, es la puramente económica y social, defendida en el siglo pasado por Marx y Kautski y recientemente por Barbagallo. Para el fundador del marxismo, todas las religiones son hijas de la situación económica de su época; la economía es la madre universal de todas las sociedades y, naturalmente, también de la sociedad religiosa que se llama protestantismo.

El socialista democrático Karl Kautski, secretario un tiempo de Engels, no ve en el padre del luteranismo un teólogo ni un hombre religioso, sino un demagogo. «Lutero—dice—no se señaló como pensador ni como mártir, sino como agitador, con un conjunto de cualidades que rara vez se ven unidas en un hombre. Aunque doctor y profesor de Teología, él jamás se olvidó de que era el hijo de un campesino» [23]. Y porque era hombre del pueblo, de baja extracción, y porque hablaba el lenguaje popular con fuerza demagógica, logró ser un jefe revolucionario, arrastrando a las masas oprimidas contra sus opresores. Sin la lucha de clases sociales, concretamente entre el proletariado

[22] Ibid., 354.
[23] K. Kautski, *Die Geschichte des Sozialismus. I. Die Vorläufer des neueren Sozialismus* (Stuttgart 1895) 247. La misma concepción había sido sostenida por F. Engels y se ve en historiadores rusos, como M. M. Smirin, *Die Volksreformation des Thomas Müntzers und der grosse Bauerkrieg,* tr. del ruso (Berlín 1956).

y el capitalismo burgués, no se entiende aquella revolución.

Del profesor de Nápoles Corrado Barbagallo son estas palabras: «Quanto all'età della Riforma, l'esposizione che ho adottata è totalmente diversa da quelle consuete. La si è, in genere, studiata come un processo di conversione religiosa di una parte dell'Europa. Taluno vi ha scorto un moto di affrancamento del libero pensiero contro il *giogo* di credenze, che la Chiesa cattolica imponeva. Io non ho saputo persuadermi come si possa riescire a pensare che moltitudini di uomini, in questo o in quel paese, abbiano potuto interessarsi alle sottigliezze teologiche di un Lutero, di un Zuinglio, di un Melanchton, di un Oecolampadas *(sic)* le quali sono colte appena dai professionali della teologia... Ho perció considerato la Riforma, non come fenomeno sostanzialmente teologico, ma come espressione, aspetto, travestimento religioso della crisi che ciascun paese d'Europa traversa nella seconda metà del secolo XVI, come sintoma universale del loro malessere» [24].

La concepción marxista de la Reforma se derrumba a poco que se la examine. Un fenómeno espiritual y religioso de tan universal resonancia como el del luteranismo, que trae un nuevo concepto de la religión cristiana, no puede originarse de factores meramente económicos y sociales. Podrán éstos ser la ocasión, no la causa principal, de su estallido o de su triunfo. La revolución anabaptista y campesina de 1524-25 no fue provocada por

---

[24] *Storia universale* vol.4: *L'età della Rinascenza e della Riforma* (Turín 1939) prefacio XII: La explicación económica y la lucha del pueblo contra las clases privilegiadas, p.336-47.

las arengas luteranas de justicia social, sino por el misticismo y espiritualismo evangélico de sus ideas, llevadas hasta las últimas consecuencias por algunos fanáticos y visionarios como Tomás Müntzer, el cual, tanto o más que un revolucionario social, era, como se firma él en una carta, «un servidor de Dios contra los impíos». Si Lutero en un principio pronunció palabras revolucionarias, lo cierto es que luego su intervención personal fue en favor de la contrarrevolución, exhortando ardorosamente a los príncipes a la represión sanguinaria de los campesinos. Y téngase presente que la gran transformación económica de Europa fue posterior al luteranismo; no pudo, pues, decirse que fue su causa y origen.

No se ha de identificar con esta teoría la del historiador francés Henri Hauser, que empezó acentuando la participación popular y obrera en la revolución religiosa de Lyón en 1529, fenómeno semejante—decía—al de los campesinos alemanes en 1525. Y explicaba así su pensamiento: «La Reforma del siglo XVI tuvo el doble carácter de una revolución social y de una revolución religiosa... Lo que buscaban en la Biblia no era solamente la doctrina de la salvación por la gracia, sino la prueba de la igualdad original de todos los hombres» [25].

Pero en su último libro, sobre *El nacimiento del protestantismo,* sin renunciar a sus antiguas afirmaciones, escribe: «La Reforma es ante todo un fenómeno religioso, un drama de la conciencia europea... Así como los economistas de otrora se ilusionaban erigiendo en el vestíbulo de su ciencia un *homo oeconomicus,* despojado por hipótesis de

---

[25] *Études sur la Réforme française* (París 1909) 83.

todo lo que no era satisfacción de sus necesidades
materiales, de igual modo jamás ha existido, y en
el siglo xvi menos que en otra época, un *homo
religiosus,* un hombre previamente vaciado de todo
lo que no sea contemplación de las verdades eter-
nas... Pero sería falso olvidar que la Reforma fue
en su inicio y en el fondo una revolución religiosa» [26].

La interpretación de Lortz

Mencionaré, después de las teorías enunciadas,
la opinión de Joseph Lortz, que es la que modernamente ha cosechado mayores aplausos. Este profesor de Münster y Maguncia, recientemente falleci-
do, insistió sobre las causas de la Reforma protestante en diversos escritos y más ampliamente que
los otros historiadores. No menos de ciento cuarenta
páginas de su apasionante obra *La reformación en
Alemania* [27] están dedicadas a elucidar los orígenes
remotos de la revolución religiosa, con un estudio
de las condiciones políticas, sociales, ideológicas,
psicológicas y religiosas de Alemania en los siglos xiv y xv.

Para Lortz, todo cuanto de algún modo contribuyó a la disgregación y al rompimiento de la unidad cristiana *(Una Civitas Christiana)* debe con-

[26] Hauser, *La naissance du Protestantisme* (París 1940,
2.ª ed. 1962) 7-11. Refutación de la explicación marxista
en J. Delumeau, *Naissance et affirmation de la Réforme*
(París 1965) 257-72.
[27] J. Lortz, *Die Reformation in Deutschland* (Freib.
i. Br. 1939-40) 2 vols. reeditados en 1941 y 1949. Su
primer capítulo se intitula *Von den Ursachen der Reformation* (p.3-19), pero tratan también de lo mismo los capítulos siguientes hasta la página 143. Existe traducción española.

tarse entre las causas del fenómeno protestante. Atribuye particular influencia al movimiento laicista y desacralizador *(Entsakralisierung)* que se produjo como reacción a la excesiva *Klerikalisierung* de la sociedad medieval. La pérdida del prestigio religioso del Papado, la insatisfacción de los príncipes en sus aspiraciones eclesiástico-nacionales, las ideas conciliaristas, la situación social llena de inquietudes, la guerra de los poetas contra los teologastros, la conciencia nacional de Alemania y su tendencia antirromana, y, por otra parte, el fiscalismo abusivo de la curia, la postración moral y religiosa de ambos cleros, el excesivo formalismo de la religiosidad, etc., son otras tantas causas, condiciones y circunstancias históricas que hacían «casi necesaria» la revolución religiosa [28].

En dos opúsculos que el mismo autor consagró a los orígenes de la Reforma luterana y del cisma religioso vuelve a explicar lo mismo en diferentes términos. Naturalmente, la primera y principal causa fue el propio Lutero, y siendo Lutero esencialmente un *homo religiosus,* en su religiosidad radical hay que buscar el resorte del movimiento luterano. Pero indagando el historiador los precedentes y las condiciones históricas que prepararon aquel trascendental acontecimiento, se pregunta: «¿Qué sucedió para que los pueblos occidentales, que no conocían otro cristianismo que el de la Iglesia bajo el papa, viniesen a pensar que se podía dar un cristianismo fuera de esa Iglesia y sin papa?» [29]

---

[28] Lortz tiende a ennegrecer la situación eclesiástica, tanto que la protesta luterana resulta casi necesaria. Lo contrario pensaba Imbart de la Tour (véase luego nota 51).

[29] *Wie kam es zur Reformation?* (Einsiedeln 1955) 21, extractado substancialmente de su obra *Die Reformation*

Y la primera respuesta es: «La Reforma se ori-
ginó por la disolución de los principios fundamentales de la Edad Media». A continuación va exa-
minando el descontento general, que pedía una reforma en la cabeza y en los miembros; los errores
y ambigüedades de la teología occamista, la Iglesia territorial ambicionada por los príncipes *(Ter-
ritorialkirchentum)*, el sentimiento de angustia y
de inquietud reinante en toda la nación, la religiosidad atormentada y casi morbosa, el creciente
individualismo de la cultura, la aversión al clero y
a Roma, la mundanización de la administración curial. «Hay, pues, que conceder que una radical sublevación contra la Iglesia tenía probabilidad de
éxito, si venía, y que vendría, era ya muy vero-
símil» [30].

Ludwig Hertling opina que los desórdenes, abusos y corruptelas no deben contarse entre las causas del luteranismo. «Los abusos en el gobierno
de la Iglesia—dice—frecuentemente condujeron a
disputas y desobediencias, pero no al cambio de religión o a la herejía. Las numerosas herejías que
hallamos en el curso de la Historia Eclesiástica, co-
menzando desde los gnósticos y arrianos hasta los
jansenistas, los «viejos católicos» y los modernistas,

---

in Deutschland y reestampado en *Die Reformation als religiöses Anliegen heute* (Tréveris 1948).
[30] *Wie kam es...* p.76. «Eine Reformation war historisch
notwendig geworden», p.78. Puede consultarse del mismo
autor, *Von den Ursachen der christlichen Spaltung und
der rechten Art, davon zu sprechen* (Rechtlinghausen 1961).
Una concepción más espiritualista del origen y naturaleza
de la Reforma es la de E. G. Léonard, *Histoire du Protestantisme*. I. *La Réformation* (París 1961), donde se lee:
«La Réforme, bien plus qu'une révolte contre la piété
catholique, en fut l'aboutissement, la floraison» (I 10). El
propio Lutero no pensaba así.

no eran propiamente reacciones contra abusos ni surgieron nunca en tiempos y lugares de mayor decadencia en la vida religiosa, sino más bien en una atmósfera de tensa religiosidad» [30*].

No es preciso analizar otros autores que someramente y sin novedad especial han tratado la misma cuestión.

El tema, no puede negarse, es de un interés apasionante, así para los historiadores del cristianismo como para los profanos, porque implica el problema de la unidad moral y espiritual de Alemania y de Europa.

3. Frutos del otoño medieval

El otoño de la Edad Media—por seguir la terminología de Huizinga—empezaba a producir sus frutos más sazonados en todo el ámbito de la Europa occidental. Se ha dicho que en lo moral y religioso, en lo político y en lo social, el siglo xv fue un siglo nefasto. Es ésta una opinión bastante común entre los historiadores protestantes, que, siguiendo a Leopold von Ranke, contemplan a la nación germánica, a partir de la Liga de Schmalkalda, como una resurrección gloriosa después de las tinieblas precedentes, resurrección político-religiosa y cultural, provocada por Lutero. Cuanto más se entenebrezca la edad católica, tanto más resaltarán las luces de la sucesiva edad luterana.

Con una visual histórica absolutamente contraria, el historiador católico Johannes Janssen escribió su gran *Historia del pueblo alemán desde fi-*

[30*] L. Hertling, *Geschichte der katholischen Kirche* (Berlín 1949) 250.

nes de la Edad Media [31], trazando un cuadro grandioso y espléndido de los tiempos anteriores a Lutero, para llegar a la conclusión de que el luteranismo, con su revolución y sus turbulencias, no
hizo más que acumular sombras y obstaculizar el
progreso de la nación, impidiendo que la primaveral cultura alemana de 1500, tan rica y prometedora, llegara a sazón.

Hoy día, los historiadores son más moderados al
describir y enjuiciar aquella época del Renacimiento. Era una edad de transición y, por tanto, de contrastes. Era una edad de fermentación, en que muchas cosas hervían pujantemente, sin acabar de
cristalizar. Por eso ofrece visiones diferentes, y el
historiador encuentra en ella tantos motivos para
la admiración como para la censura. Heinrich Denifle dice que la situación moral no era muy rósea [32], y añade que antes de la Reforma existía «una
profunda corrupción de costumbres» en todas las
esferas sociales, multitud de errores en los teólogos
y de prácticas supersticiosas en el pueblo; pero al
mismo tiempo reconoce que hay peligro de cargar las tintas demasiado. «El problema de si el
siglo xv, y especialmente el tiempo que antecede
inmediatamente al estallido de la Reforma, debe
calificarse de bueno o malo, no es tan fácil de resolver como muchos piensan» [33].

Vemos frecuentemente que los historiadores co-

---

[31] *Geschichte des deutschen Volkes seit dem Ausgang
des Mittelalters* (Freib. i. Br. 1913-1924). Seguiré esta vigésima edición preparada por su discípulo L. von Pastor,
que en el vol. I ha utilizado las últimas investigaciones,
matizando mejor el claroscuro de aquella época.

[32] «Die Zustände waren gewiss nicht rosig, aber so
schlimm (como en la pintura de los protestantes) waren
sie auch nicht» *(Luther und Luthertum* II 12).

[33] Ibid., 21.

leccionan testimonios de aquella centuria, que de-
nuncian los gravísimos males, los nefandos pecados y crímenes que se cometían; pero hay que tener en cuenta que algunos de esos testigos tienden
a generalizar apoyándose en casos aislados; otros
son satíricos mordaces que hablan con mucho apa-
sionamiento, y no pocos se expresan oratoriamen-
te con énfasis retórico. Con todo, hay que confesar
que la impresión general que dejan los documentos suele ser más bien pesimista. El historiador
protestante Johannes Haller, que en su libro *Papstum und Kirchenreform,* lleno de erudición y den-
sidad, ha recogido las voces de los que gritaban
contra los escándalos, pidiendo reforma, escribe lo
siguiente: «La verdad es que semejantes quejas no
son en modo alguno específicas de la última Edad
Media, y mucho menos de aquel tiempo de luchas
por la *reforma en la cabeza y en los miembros,*
pues apenas hay siglo en que no se exteriorice el
mal humor contra la mundanización y el enmaleza-
miento de la Iglesia... La necesidad de reforma
eclesiástica pasa a través de muchas centurias y es
quizá tan antigua como la Iglesia misma» [34].

Una cosa me parece digna de notarse. Al fina-
lizar el siglo xv los testimonios no son tan acerbos ni las descripciones morales tan sombrías como en los años de Constanza y Basilea, lo cual significa que la reforma avanzaba, aunque lentamente, y que la situación tendía a mejorar. Y creo po-

---

[34] *Papstum und Kirchenreform* I (Berlín 1903) 10-11.
Y poco antes escribe: «Podría uno preguntarse cómo se
explica que toda la Iglesia estuviese corrompida y que
nunca como entonces haya estado tan unánime en recla-
mar la Reforma. ¿No es esta exigencia una prueba por
lo menos de una conciencia despierta y, por lo tanto, un
comienzo de mejora?» (p.6).

der añadir que los que lloran sobre los pecados ajenos, los que lamentan abusos y escándalos de la sociedad eclesiástica y laica, los que reflejan una visión pesimista de su tiempo, son los viejos, los que tienen alma de moralista o de predicador, los que han leído mucho, pero han visto poco; mientras que los jóvenes, los representantes de la nueva edad que alborea, ésos más bien son optimistas, admiran el progreso en todos los órdenes de la vida, creen que el mundo va mejorando.

Si alguno criticó ásperamente los vicios de la época, fue el autor del *Elogio de la locura,* de la *Epístola a Volz,* de los *Coloquios;* pues bien, cuando Erasmo escribe en 1514 a J. Wimpfeling, se alegra de que tantos varones eximios surjan en Alemania, antes tan atrasada [35].

Y en abril de 1517, dirigiéndose al papa León X, canta con alborozo el advenimiento de una edad de oro, en que resplandecerán la piedad cristiana, las buenas letras y la concordia universal [36].

---

[35] «Germaniae nostrae gratulor, quae tam multos, tam eximios gignat et alat viros» (P. S. ALLEN, *Opus epistolarum D. Erasmi* II [Oxford 1906-38] 17). Más de cincuenta años antes un italiano como Eneas Silvio proclamaba con admiración la grandeza de Alemania: «Amplior est vestra natio quam unquam fuerit—le decía a Martín Mayr—, atque adeo magna est ut nulli genti cedat... Agros ubique cultos videmus, novalia, vineta, viridaria, violaria, pomaria rustica et suburbana, edificia plena delitiis, villas amenissimas, arces in montibus sitas, oppida muris cincta, splendidissimas urbes... Nihil magnificentius *(Colonia),* nihil ornatius tota Europa reperias... Maguntia... templorum magnificentia et privatis ac publicis edificiis exornata», etc., etcétera *(Germania,* ed. A. Schmidt [Colonia-Graz 1962] 49-50).
[36] «Libet... gratulari... publice saeculo huic nostro, quod prorsus aureum fore spes est, si quod unquam fuit aureum, ut in quo... restitutum iri videam: pietatem... optimas litteras... ac perpetuam orbis christiani concordiam» (ALLEN, *Opus epistolarum* II 527). El mismo sentimiento experi-

El progreso de la civilización y de la cultura en Alemania lo veía claramente Lutero; el lujo y comodidad de la vida, la industria, el comercio, las artes y la cultura nunca han florecido tanto—decía en 1521—como en nuestros tiempos, desde el nacimiento de Cristo: «Ahora sabe un joven de veinte años más que antes veinte doctores» [37]. «Nuestra Alemania—escribía en enero de 1519—florece maravillosamente el día de hoy en hombres de ingenio, erudición y sensatez» [38]. Y el 10 de julio de 1520 se congratulaba con Spalatino de que la sabiduría no era ya exclusiva de los eclesiásticos, sino que participaban de ella también los seglares alemanes [39].

Con la ciencia y la sabiduría, también la moralidad pública y el orden tendrían que progresar, contra los temores del mismo Lutero [40].

mentaban otros contemporáneos, como el español Pedro Ciruelo: «Nunc igitur rediit aurea aetas» (*Comment. in Sphaeram* [París 1498], Dedicatoria). Y Pedro de Lerma, cit. en R. G. VILLOSLADA, *La Universidad de París durante los estudios de Francisco de Vitoria* (Roma 1938) 382.

[37] WA (Weimar Ausgabe) 10,1,2 p.95-96. Excelentes maestros de formación humanística enseñaban en las escuelas y colegios. JANSSEN, *Geschichte* I 27-107. A las antiguas Universidades del Imperio (Praga, Viena, Heidelberg, Colonia, Erfurt, Leipzig) se agregaban las de Rostock (1419), Greifswald (1456), Basilea y Freiburg (1460), Ingolstadt (1472), Tréveris (1473), Maguncia y Tubinga (1477), Wittemberg (1502), Frankfurt del Oder (1506). Sobre los estudios humanísticos, la música, el teatro religioso, etc., abundantes noticias en otros capítulos del mismo autor. Y más sintéticamente en WILLY ANDREAS, *Deutschland vor der Reformation* (Stuttgart-Berlín 1932).

[38] «Cum Germania nostra hodie mire floreat ingeniis, eruditione, iudicio» (WA *Briefwechsel* I 292). Citaré siempre la edición de Weimar: WA.

[39] «Hoc tempore, ubi in Germania regnant litterae et linguae, et sapere incipiunt laici» (WA *Briefw.* II 138). Y otras artes (WA *Tisch.* 3738 III, 580).

[40] «Ideo nostro saeculo timendum est, ubi multiplicatis

Un aire de primavera sopló por toda Alemania cuando Maximiliano I (1459-1519), caballeroso, bien dotado y gran mecenas, subió al trono imperial y empezó a regir los destinos de su pueblo.[41]

Señales de renacimiento moral y de reforma

No hay que dar demasiada importancia a la inmoralidad, ni siquiera al modo supersticioso y grosero de entender a veces el culto y la religión. Era una herencia de turbulentas épocas pretéritas, de la que poco a poco se iba liberando la sociedad. Apenas un país gozaba de algunos decenios de paz, en Alemania, como en las demás naciones, la incultura y el abandono religioso comenzaban a desaparecer. Por otro lado, vemos que en todas partes se multiplicaba la publicación de catecismos y opúsculos de piedad (alguien ha hablado de *inflación* de literatura religiosa), surgían varones santos de celo reformador, y un sinfín de predicadores—mendicantes en su mayoría—, estables unos y fijos en determinado lugar, itinerantes otros por villas y ciudades, anunciaban la palabra de Dios, exhortando a la penitencia y a las obras de caridad.

En una monografía sobre la ciudad de Augsburg se dice que «se notaban ya indicios de una religio-

libris, doctissimi fiunt homines, sed indoctissimi christiani» (WA 56,338).

[41] Lo reconoce K. Lamprecht, propenso a dramatizar y ensombrecer el cuadro: «Mit Koenig Max tritt ein lebensfrisches Element an die Führung der deutschen Geschichte». *Deutsche Geschichte* (Berlín 1896) V 16. Cf. H. FINKE, *Die kirchenpolitischen kirchlichen Verhältnisse,* arriba citado. Si aquellas esperanzas no se lograron, ¿de quién la culpa?

sidad más interior» [42]. En otra sobre Lübeck se asegura que allí la vida eclesiástica va en aumento a
lo largo del siglo xv; se multiplican las fundacio-
nes pías a partir de la peste de 1350; se acrecienta la devoción y el culto a la Virgen María; se ce-
lebran con gran esplendor las fiestas religiosas.
«Hay terrenos en que la Iglesia y el poder civil
porfían, a cuál más, pero sin hostilidades, v.gr., en
el cuidado de los pobres, el orden público y las escuelas» [43]. A semejantes y aun más optimistas con-
conclusiones llega R. Wackernagel en su estudio sobre las condiciones eclesiásticas de Basilea en tiem-

---

[42] J. SCHAIRER, *Das religiöse Volksleben am Ausgang des
Mittelalters, nach Augsburger Quellen* (Leipzig 1914), comentado por P. WUNDERLICH, *Die Beurteilung der Vorreformation in der deutschen Geschichtsschreibung* (Erlangen 1930) 66.

[43] WUNDERLICH, *Das religiöse Volksleben* 68, donde co-
menta el art. de K. NEUMANN *Das geistige und religiöse
Leben Lübecks am Ausgang des Mittelalters:* «Zeitschrift
f. Lübecks Geschichte» 1923. Sobre la vida religiosa de Er-
furt, véase T. KOLDE, *Das religiöse Leben in Erfurt beim
Ausgange des Mittelalters* (Halle 1898). Sobre Westfalia,
F. JOSTES, *Zur Geschichte der mittelalterlichen Predigt in
Westfalen:* «Zeitsch. f. Gesch. Westfalens» 44 (1886) 3-48.
F. LANDMANN, *Die Westfälischen Prediger aus den Mendi-
kantenorden zu Ende des Mittelalters:* «Zeitsch. f. g.
Westf.» 54 (1896) 47-103. Y recientemente en forma amplísima y erudita los dos volúmenes de ALOIS SCHROER, *Die
Kirche in Westfalen vor der Reformation* (Münster 1967),
donde se trata no sólo de la predicación (I 253-74), sino de
toda la vida religiosa de Westfalia, estudiando en el vol.I
el alto clero, los cabildos, las colegiatas, las parroquias, las
instituciones de enseñanza, la moralidad, la liturgia, predicación, piedad popular, etc., y en el II, la burguesía, los
campesinos, los monasterios benedictinos, cistercienses, pre-
monstratenses, mendicantes, Ordenes militares, cartujos, beguinas, reclusas y la *Devotio moderna,* con bibliografía
copiosa. Sobre otras regiones, véase A. BRAUN, *Der Klerus
des Bistums Konstanz im Ausgang des Mittelalters* (Münster 1938). H. EBERHARDT, *Die Diözese Worms am Ende
des 15. Jahrhunderts* (Münster 1919).

po del predicador Raimundo Peraudi († 1505):
«Si la religiosidad, como tal, recibió entonces nuevos impulsos, no es pregunta que se pueda responder con seguridad... Indudablemente, se nota
una gran conmoción religiosa; pero ¿quién podrá
medir su autenticidad y su hondura? Nuestro conocimiento de la naturaleza de tales hechos está
naturalmente ligado a observaciones particulares...
Debemos, pues, limitarnos a la constatación de hechos, que valen como testigos del movimiento existente en el campo eclesiástico y en la práctica de
la religión» [44]. Se construyen iglesias, conventos,
capillas; abundan las limosnas para los pobres y
para los enfermos; la Cartuja es honor de la ciudad; los demás conventos se reforman; casi todos
los basileenses pertenecen a alguna hermandad o
cofradía; el obispo publica estatutos sinodales; hasta el Consejo municipal fomenta el movimiento de
reforma.

Un panorama general de la religiosidad europea
nos presenta el calvinista francés Léonard en estas
palabras: «La piedad de los fieles se mantenía con
un ardor, una diversidad y una espontaneidad notables. Piedad que se fundaba, cuando el clero cum-
plía sus deberes—y el caso no era raro—, en una
buena instrucción religiosa, mérito que se debe a
la Iglesia docente de aquel tiempo. El ministerio
de la predicación en lengua vulgar se extiende y

---

[44] R. WACKERNAGEL, *Mitteilungen über Raymundus Peraudi und die kirchlichen Zustände seiner Zeit in Basel:*
«Baseler Zeitsch. f. Gesch.» 2 (1903), comentado por
WUNDERLICH, *Das religiöse* 71-75. El estado del clero y
del pueblo en Silesia en O. MEYER, *Studien zur Vorgeschichte der Reformation aus schlesischen Quellen* (Munich 1903).

cobra una importancia que presagia la Reforma. La piedad tiene una fuerte base familiar en los cultos domésticos, presididos por el padre y nutridos por abundante literatura mística y catequética, que la imprenta pone pronto a disposición de amplios círculos. Naturalmente, es muy popular y se materializa en devociones. Su centro es cada día más la Humanidad de Cristo y su pasión, en el marco de los testigos de su vida terrestre, con un puesto cada vez mayor para la «religión de la Virgen María» y para los santos. Pero al mismo tiempo se desarrolla una ardiente vida mística, alentada por la propagación de la oración mental y por la comunión frecuentemente bisemanal, cuando no cotidiana, como en el caso de Juana de Arco entre los ejércitos» [45].

Según B. Moeller, las notas más características del pueblo alemán, bajo el aspecto religioso durante el siglo xv, son la intensa y exuberante piedad y la inquebrantable adhesión a la Iglesia *(Frömmigkeit und Kirchlichkeit)*, aunque es verdad que miran a la Iglesia como a una institución ordenada principalmente para la salvación del alma, y esto es lo que a aquellos hombres les interesa y preocupa; su religiosidad es demasiado formalista, exterior, típicamente popular. Florece extraordinariamente la devoción a la Misa y al Sacramento eucarístico; aumenta el culto a los santos, especialmente a los más próximos a Jesús, como su Madre, la Virgen

[45] E. G. Léonard, *Histoire du Protestantisme* I 4. Un estudio ponderado y bien documentado de la situación religiosa del pueblo alemán antes de Lutero, en B. Moeller, *Frömmigkeit in Deutschland um 1500:* «Archiv f. Reformationgeschichte» 56 (1965) 5-30.

María; Santa Ana, San Juan el Bautista y el Evangelista (nótese cómo en el siglo xv son más numerosos que nunca los que llevan el nombre de Juan); desde el pontificado de Sixto IV crece el afán de ganar indulgencias; el culto a las reliquias raya en lo supersticioso; la inmoralidad es mucho más escandalosa en el clero que en el pueblo, sin duda porque los obispos, que no son modelo de virtud, no vigilan ni amonestan.

Y contemporáneamente, ¡cuántas asociaciones de caridad y de beneficencia en favor de los pobres, de los enfermos y de los desvalidos! De las 99 cofradías que florecían en la ciudad de Hamburgo a principios del siglo xvi, la mayoría había surgido después de 1450. ¡Y qué espléndidas manifestaciones de culto divino, con asistencia de toda la población los domingos, y en la liturgia de Adviento, Cuaresma y Pascua, con más solemnidad en las fiestas patronales!

Las Ordenes religiosas—todas menos la Cartuja, *nunquam reformata quia nunquam deformata*— buscaban su espíritu primitivo en las congregaciones de Observancia, reduciendo de día en día el número de conventuales más o menos relajados. La *Devotio moderna* de los Hermanos de la Vida Común y de los austeros Windesemienses se infiltraba en todas partes, aun en otras corrientes de espiritualidad, ofreciendo a las almas recogidas un método de vida cristiana y de oración mental, y a los corazones hambrientos de devoción, el suavísimo manjar de la *Imitación de Cristo,* librito que se transcribía ávidamente y se traducía para el pueblo y se estampaba en numerosísimas ediciones, encendiendo una espiritualidad más interior. Movimientos reformatorios latían en todas las naciones, anunciando una inmediata primavera religiosa [46].

¿Se hallaba acaso el clero alemán, alto y bajo, en una postración moral más profunda que el de otras naciones cristianas? La historia no lo demuestra claramente [47].

Aunque los países germánicos no producen en esta época santos tan admirables como vemos en las naciones latinas (noble excepción la del suizo San Nicolás de Flüe [† 1487], padre de diez hijos), no faltan, sin embargo, pléyades de varones vir-

[46] H. JEDIN, *Geschichte des Konzils von Trient* I (Freiburg 1951) 111-132. R. G. VILLOSLADA, *Historia de la Iglesia Católica* vol.3: *Edad Nueva* (BAC, Madrid 1967) 519-641. Para Alemania en particular, V. HASAK, *Der christliche Glaube des deutschen Volkes beim Schluss des Mittelalters* (Ratisbona 1868). I. ZIBERMAYR, *Die Legation des Kardinals Nikolaus Cusanus und die Ordensreform in der Kirchenprovinz Salzburg* (Münster 1914), y las páginas que dedica L. Pastor en su vol.1 a la legación y reformas de Nicolás de Cusa en los países germánicos.

[47] Merecen considerarse las ponderadas palabras de Paul Joachimsen sobre las costumbres del clero alemán: «Ob man von einer besonderen Verderbtheit des deutschen Klerus vor der Reformation reden kann, ist sehr fraglich... Auch ob eine Verschlechterung gegen frühere Zeiten stattgefunden hat, ist schwer zu sagen. Es ist auch völlig irrig, aus den gesteigerten Klagen über die Geistlichkeit auf einen Rückgang der Frömmigkeit oder auch der Kirchlichkeit zu schliessen. Im Gegenteil, es ist längst bemerkt worden, wie das 15. Jahrhundert überall, aber ganz besonders in Deutschland, einen neuen Aufschwung der kirchlichen Frömmigkeit sieht... Aber innerholb des kirchlichen Wesens und zwischen ihm und dem weltlichen steigern sich die *Spannungen*. Zunächst durch das Eindringen der sozialen Gegensätze, dann aber durch den Eintritt des nationalen Elements». Entre los efectos de tales *tensiones* enumera Joachimsen «la feudalización del episcopado alemán», «la masa del clero inferior, rural, mal pagado y generalmente sin cultura», y el resentimiento nacionalista, manifestado desde 1452 en los «Agravios de la Nación germánica» (*Die Reformation als Epoche der deutschen Geschichte* [Munich 1951] 47-49).

tuosísimos, fervientes predicadores y eficaces pro-
motores de la Reforma, como Juan de Werden,
O. F. M. († 1437), autor del famoso *Dormi secure;*
Juan Nider, O. P. († 1438); Juan Rode, benedictino de Bursfeld († 1439); Juan Kannemann, O.F.M.
(ca. 1470); el cartujo y antes cisterciense Jacobo de
Jüterborg († 1465); Juan Herolt, O. P. († 1468);
Juan Brugman, O. F. M. († 1473); Juan Busch,
canónigo regular de Windesheim († 1473); Gabriel Biel († 1495); Juan Veghe, de Münster
(† 1504); Juan Geiler, de Kaysersberg († 1510);
Juan Jenser, de Paltz, O. S. A. († 1511), y otros
no menos ilustres.

El pensamiento filosófico-religioso se remonta-
ba a las más altas cumbres con Nicolás de Cusa
(† 1464). Embellecíase la floresta ascético-místi-
ca con los rosales floridos de Gerlac Petersz
(† 1411); Juan de Kastl, autor del librito *De
adhaerendo Deo;* Dionisio el Cartujano, de Ryckel
(† 1471); Tomás de Kempis († 1471), Enrique
Herp (Harphius [† 1477]), Juan Veghe († 1504)
y el polifacético abad Juan Trithemius († 17516).
El humanismo alemán, de tipo más reformador que
el italiano, produciría figuras tan descollantes como
Agricola, Reuchlin, Wimpfeling, Pirckheimer, J.
Cuspinian, U. Zasius, C. Peutinger, Beatus Rhena-
nus y otros que formaban en torno de Erasmo una
corona espléndida, admirada en toda Europa.

Al incremento de la cultura en Alemania y en
todo el mundo había de contribuir el arte de la
imprenta, «el maravilloso arte alemán», inventado
por Juan Gutenberg, de Maguncia, una de cuyas
primeras obras maestras fue la *Biblia latina* (entre
1453 y 1455), en páginas a dos columnas de 42 líneas y en escritura gótica.

Esplendores del arte religioso

Después de la literatura mística, acaso en ninguna otra producción humana se exprese tan vivamente el sentimiento religioso de aquel tiempo como en las artes figurativas. La pintura, bajo los contrapuestos influjos de Flandes y de Italia, refleja una espiritualidad fuertemente realista y a la vez de gran intimidad. Basta contemplar los cuadros de Esteban Lochner († 1451), cuya *Madonna de la Rosaleda* es un prodigio de armonía, suavidad y ternura; de Martín Schongauer († 1491), cuyo fervoroso lirismo y finura de colorido dan maravilloso encanto a su *Adoración de los pastores* y a las imágenes de *Cristo* y de *María;* de Hans Memling († 1494), que trabajó en Brujas bajo la influencia de Roger van der Weyden; de Miguel Wolgemut († 1519), cuidadosísimo en el dibujo y exquisito pintor del paisaje, que derrochó arte y piedad, ilustrando la Biblia alemana de 1483 con más de cien grabados; de Hans Holbein el Viejo († 1524), excelente retratista y efigiador de santos; de Matías Grünewald († 1528), de caracter personalísimo y genial, refractario al espíritu del Renacimiento italiano, y cuyo *Cristo en la Cruz* (para el altar de Isenheim), de colores crudos y de expresionismo violento, es quizá la más terrífica de las Crucifixiones; y para no citar otros nombres, ahí está el de Alberto Dürer († 1528), que basta por sí solo para iluminar todo un siglo, y en el que no sabe uno si es más admirable su técnica o su inspiración religiosa.

No menos que la pintura y el grabado, el arte de la escultura se pone al servicio de la Iglesia, exornando altares, retablos, coros, fachadas, sepulcros. Con poderosa fuerza creadora, Jorge Syrlin

el Viejo († 1488) nos dejó en la sillería del coro
de la catedral de Ulm todo el mundo de la naturaleza (fauna y flora) y de la historia humana (paganismo con sus filósofos, judaísmo con sus pa-
triarcas y profetas, cristianismo con los apóstoles y
santos). Con un virtuosismo técnico que hoy nos
sorprende, el genial Adam Kraft († 1509) cons-
truyó el tabernáculo de San Lorenzo, en Nuremberg, de 20 metros de altura, adornado de figuras
de la Pasión y otras, como su *Autorretrato* en actitud orante. Su amigo Peter Vischer († 1529), que
no le era inferior en dotes artísticas, labró el monumental sepulcro de San Sebaldo, en Nuremberg,
en que los héroes antiguos, los profetas y los apóstoles sostienen el templete coronado por la imagen de Jesús niño; ayudáronle a Vischer en su labor sus cinco hijos, todos insignes escultores, como el padre y el abuelo. El mismo artista fundió
en bronce las magníficas estatuas del rey Artús y
del godo Teodorico para el sepulcro del emperador
Maximiliano, en la Hofkirche de Innsbruck. De
Nuremberg salió para Polonia el genio atormentado y febril de Veit Stoss († 1533), que en 1498
terminó en Cracovia el gigantesco retablo de Nuestra Señora—impresionante la *Muerte de la Virgen*—, y en 1492, el sepulcro del rey Casimiro [48].

Hogares del arte eran, más que las cortes de
los príncipes, las ciudades en que prosperaba la
burguesía, como Nuremberg, Augsburgo, Colonia,
Ulm, Lübeck, etc.

[48] K. Lamprecht, *Deutsche Geschichte* V 176-83 203-17.
Janssen, *Geschichte des deutschen Volkes* I 208-222.
R. Schneider-G. Cohen, *La formation du génie moderne
dans l'art de l'Occident* (París 1936). Y cualquier Histo-
ria del arte, como G. Dehio, *Geschichte des deutschen
Kunst* (Berlín 1923-27).

Templos para el culto divino, en ningún siglo vio Alemania construirse tantos como en el que precedió a la Reforma. ¿No era un signo de la fe ardiente y de la piedad generosa de aquel pueblo? ¡Y qué maravillas del gótico en aquellos edificios sagrados, ya fuesen catedrales, ya simples iglesias o parroquias, tan numerosas, que al decir del historiador Federico von Bezold, eran «legión» [49]. Al describir J. Janssen el florecer de las artes y de la vida popular alemana, enumera centenares de templos góticos, que entre 1450 y 1515 se construían en todas las ciudades del Imperio: en Altemburg, Coburg, Eisleben, Erfurt, Halle, Jena, Leipzig, Magdeburg, Wittemberg, Ulm, Lübeck, Dantzig, Freiburg, Stuttgart, Regensburg, Viena, etc. Otras muchísimas iglesias se restauraban artísticamente o se decoraban con preciosos retablos, estatuas, pinturas y joyas de orfebrería [50].

Este cuadro histórico, que a más de uno parecerá róseo en demasía, se ha de completar—para ser justos—con las sombras y defectos, máxime de orden social y moral, que estudiaremos en páginas posteriores. Pero, aun teniendo todo en cuenta, no se puede menos de confesar que nos hallamos ante un gran pueblo cristiano, que sacaba de la fe religiosa la exuberante fecundidad de su vida [51].

[49] «Nicht nur in den grossen Gemeinwesen, auch in den kleinsten Landsstädten, herrschte eine erstaunliche Bautätigkeit: die Zahl der gothischen Kirchen und Kapellen, die im Jahrhundert vor der Reformation entstanden, ist Legion» (*Geschichte der deutschen Reformation* [Berlín 1890] 36).

[50] JANSSEN, *Geschichte* I 189-94. W. ANDREAS, *Deutschland vor der Reformation* 387-390.

[51] Donde más oscuro se presentaba el panorama alemán

4. ESPERANZAS FRUSTRADAS

Diríase que en torno al 1500 la civilización europea y cristiana estaba para dar a luz sus mejores frutos, porque en aquella precisa coyuntura venía a copularse lo medieval con lo moderno, lo teológico con lo humanístico, lo eclesiástico con lo laico, y de las felices nupcias del Medioevo con la Edad Nueva, bajo la bendición de la Iglesia, se podía augurar el alumbramiento de un mundo que, conservando la fe religiosa en su integridad, abrie-

era en el terreno político-social y en el eclesiástico. El puramente religioso y moral no se diferenciaba mucho del de otras naciones. El gran Jakob Burckhardt desfiguró notablemente la imagen moral y religiosa de la Italia renacentista. Le han rectificado en parte L. Pastor en la Introducción al vol.III de su *Historia de los papas;* C. DEJOB, *La foi religieuse en Italie au quatorzième siècle* (París 1906), y los últimos estudios sobre Lorenzo Valla, Silvio Piccolomini, Poggio Bracciolini, Pomponio Leto, etc. Acerca de Inglaterra, F. A. Gasquet, *The Eve of the Reformation* (Londres 1923), nos deja una impresión más bien optimista. Más recientemente, P. Janelle ha escrito lo siguiente: «Aux alentours de l'an 1500, l'Angleterre religieuse nous présente, tout comme l'Europe continentale, deux aspects différents... D'une part, la vie intérieure de l'Église est riche et presque luxuriante: dévotion, piété, mysticisme même, y fleurissent à l'envie; les abus d'ordre moral semblent moins scandaleux qu'ailleurs... Mais d'autre part, une hostilité croissante oppose la population anglaise à l'organisation, fiscale et judiciaire, de l'Église». *La crise religieuse du XVIe siècle,* en «Hist. de l'Église» de Fliche-Martin-Jarry, vol.16 (París 1950) 311. Para juzgar del estado religioso de Francia hay que leer la clásica obra de P. IMBART DE LA TOUR, *Les origines de la Réforme* (París 1905-35), en cuyo vol.II se dice, entre otras cosas: «Présenter le catholicisme comme en pleine dissolution, incapable de se régénérer lui-même, rendant ainsi inévitable et nécessaire une forme nouvelle du christianisme, paraît être une opinion assez commune. Il est douteux qu'elle réponde à la realité» (Prefacio, p.VI).

se gozosamente los ojos a panoramas científicos, espirituales y culturales inéditos.

Indicios y señales de buen augurio se veían en aquel risueño amanecer.

Empujaban el nacimiento de ese mundo nuevo las invenciones y los descubrimientos, que abrían al hombre horizontes insospechados. La imprenta de Gutenberg, el más noble orgullo de los alemanes al decir de Wimpfeling, multiplicaba los libros, facilitaba su lectura y divulgaba los conocimientos, «embelleciendo con su arte y con sus ricos adornos la vestidura nupcial de la Iglesia católica, esposa de Cristo», según se expresaba en 1487 el médico de Augsburgo Adolfo Occo [52]; el mundo cultural antiguo, revelado por el estudio de humanistas y filólogos, se completaba y sublimaba con el más profundo conocimiento de los sagrados Libros y de los antiguos Padres de la Iglesia; las exploraciones cosmográficas de los portugueses por el Atlántico y el Indico corrían parejas con las exploraciones astronómicas de Peurbach, Regiomontanus y Copérnico; las carabelas de Colón descubrían el nuevo mundo geográfico y étnico del continente americano; los primeros atisbos de la ciencia física, antiaristotélica, apuntaban en la teoría del *impetus,* enseñada por los filósofos nominalistas, discípulos de Buridano y de Oresme; paralelamente al descubrimiento del mundo externo y del sentido del paisaje (*die Entdeckung der Welt*) tenía lugar la afloración en el hombre de una psicología más honda y de una más fina sensibilidad estética (*die Entdeckung des Menschen*); en fin, toda la sociedad humana cobraba nuevo aspecto con el desarrollo de la industria

[52] Cit. en Janssen, I 16.

y de las empresas comerciales y con la aparición histórica de la burguesía, quiero decir, con la participación de la clase media—no sólo de los nobles y de los clérigos—en los cargos públicos y en todas las ventajas que ofrecen la vida social y la vida espiritual.

El curso de la civilización europea, en progresiva purificación y elevación y sin renegar del Medioevo, se dirigía hacia cimas cada día más altas y luminosas. Pero las aguas, en vez de correr por el mismo cauce ensanchándolo y profundizándolo, se salieron de madre por efecto de una tempestad, y, consiguientemente, algunos pueblos y naciones no se mantuvieron fieles a los principios que habían engendrado a Europa.

Antes de que Europa recibiese la cultura romano-cristiana, carecía de unidad; era un mero agregado de razas o de tribus más o menos bárbaras y enemigas entre sí. Por obra de Roma y del cristianismo surgieron las primeras naciones dignas de este nombre, con régimen político, racional y humano. Más aún, esas naciones, unidas entre sí fraternalmente, constituyeron algo así como una gran familia o comunidad de pueblos, cuyos más altos rectores y padres eran el emperador del Sacro Imperio y el pontífice romano. ¡Un bello símbolo —se dirá—y un bello ideal! Pero un ideal que no era abstracto, porque actuaba en las mentes y en los corazones.

Así nació Europa con unidad de cultura y de religión; en parte también con unidad de lengua y aun de derecho, ya que el latín era la lengua de la liturgia, de los documentos oficiales y común a todos los letrados (es decir, a todos los que no

eran analfabetos), y el Derecho canónico, acata-
do en todas partes, influía en los códigos civiles.

Esa colectividad europea, que había producido
ubérrimas cosechas de espiritualidad, de ciencia
teológica, filosófica y jurídica, de arte y poesía, tenía que rejuvenecerse y potenciarse al contacto
con los nuevos tiempos. Para producir una vida
más alta, compleja, dinámica y serena, precisaba
reformarse de algunos defectos, arrojar el lastre
de rutinas, formalismos, abusos inveterados. Pero
en ello estaba desde hacía tiempo. Ya había apli-
cado la mano a la tarea, y la mayor solicitud de
Europa, el grito más universal, era el de «Reforma».

Mas no bastaba exigir reforma a la Iglesia si la
sociedad civil y política no extirpaba de su seno
los cánceres que empezaban a corroerla, verbigracia, el particularismo nacionalista, disgregador y
lleno de orgullo, y el absolutismo ambicioso de los
príncipes, de tendencia regalista. También el Imperio—y más que nadie—necesitaba reforma [53].

[53] Sobre el grito universal de reforma en el otoño medieval puede verse R. G. VILLOSLADA, *La cristiandad pide
un Concilio,* en la obra *El Concilio de Trento,* por colaboradores de «Razón y Fe» (Madrid 1945) 17-56. La voz
autorizada de Nicolás de Cusa en su obra *De concordantia catholica* (1433) había propuesto serenamente un doble programa de reforma de la Iglesia (1.2) y de reforma
del Imperio germánico (1.3). Pero el grito más agudo
y estridente que resonó en Alemania, con un largo y preciso programa reformador de la Iglesia, del Imperio y de
la sociedad, fue la llamada *Reformación de Segismundo
(Reformation Kaiser Sigmunds).* No tiene nada que ver
con el emperador cuyo nombre lleva, por más que Segismundo I († 1437) se esforzó cuanto pudo, aunque inútilmente, por la reforma imperial y eclesiástica. Hay quien
opina que la *Reformación de Segismundo* fue escrita en
1433 por un clérigo de Baviera, que utilizó un memorial
presentado al Concilio de Basilea, pero lo más probable
parece que data de 1439 y fue escrita en Basilea con influjos husitas y del conciliábulo basileense. En este docu-

Terrible fatalidad y misterio de la Providencia que en el más crítico momento apareciese un hombre capaz de provocar, sin pretenderlo, el estallido de una revolución que torció el curso de la civilización europea, arrancando de sus quicios romanos a no pocas naciones y arrojándolas por esos despeñaderos que se llaman guerras de religión, escisión de partidos, multiplicación de sectas sin una norma de fe cierta y definida, o sin otras convicciones que las de un vago sentimentalismo religioso, con sus últimas consecuencias de duda, indiferentismo y racionalismo.

Ese hombre fue Lutero. *Un destin, Martin Luther,* según dijo L. Febvre. Un *homo fatalis,* en el sentido latino, sin que yo pretenda juzgar ahora la persona. ¿No decía el propio reformador que él había sido como un caballo ciego, que no sabe adónde le conduce su dueño?

mento de serias aspiraciones reformatorias, pero de carácter revolucionario, se pide la supresión del celibato sacerdotal, la secularización de todas las posesiones eclesiásticas, la renovación espiritual de papas, obispos, frailes y clérigos; en el aspecto político-social propone el nombramiento de cuatro vicarios imperiales para cuatro circunscripciones del territorio alemán, la abolición de la servidumbre, la desaparición de los gremios, la igualdad de ganancias para todos los pertenecientes a un mismo oficio, la supresión de tasas e impuestos, el abaratamiento de la vida. A la Reforma sucederá una edad de oro para todos los cristianos, con gran prosperidad material y espiritual; aquí pueden verse influjos de los «Espirituales». No es improbable que este escrito influyese en el manifiesto de Lutero *A la nobleza cristiana de la nación germánica.* K. BEER, *Die Reformation Kaiser Sigmunds* (Stuttgart 1933). Otra edición más reciente, *Reformation K. S.,* por H. Koller (Stuttgart 1964). Cf. BEER, *Zur Entstehungsgeschichte der Reformation Kaiser Sigmunds:* «Mitteil. oesterreich. Instituts» 12 (1933) 572-675. En esta misma publicación ha escrito H. Koller cuatro artículos en 1952, 1957, 1958 y 1959.

Busquemos las causas y raíces

La escisión luterana tuvo en un principio caracteres acentuadamente germánicos, nacionales y aun raciales. Pero tras el monje sajón vendrá Calvino creando desde Ginebra un protestantismo universal, desnacionalizado [54].

Ante el espectáculo de las diversas confesiones cristianas, que se dicen protestantes y que se desgajaron de la Iglesia Católica, Apostólica, Romana, cualquier historiador que reflexione un poco tiene que preguntarse por las causas de fenómeno tan trascendental.

Eso es lo que me propongo hacer en las páginas que siguen: indagar esas causas, rastrear el origen y explicar el porqué de la revolución religiosa iniciada por Lutero. ¿Por qué las naciones septentrionales, que habían recibido de Roma lo más alto y noble de su civilización y habían sido nutridas y educadas por la Iglesia de Roma, de la que recibieron su cultura religiosa, su moral y en parte su derecho, su constitución imperial y muchas de sus instituciones sociales, se apartaron bruscamente de su Madre y empezaron a luchar contra ella?

Es evidente que la causa inmediata y decisiva del luteranismo y la que le infundió alma y carácter fue el mismo Lutero. «*Luther ist die deutsche Reformation*» [55]. Pero por mucho que engrandezcamos la fuerza de su genio religioso, la fascinación de su personalidad y de su palabra,

[54] «Wohl hat auch Calvin ein Herz für sein Vaterland... Aber nicht destoweniger erscheint der nationale Gedanke bei ihm bedeutend abgeschwächt». F. W. KAMPSCHULTE, *Johann Calvin* I (Leipzig 1869) p.XII.
[55] J. LORTZ, *Die Reformation in Deutschland* I 437.

su apasionada tenacidad y constancia en el trabajo, tendremos que admitir que nunca hubiera podido él solo arrastrar a pueblos y naciones, separándolos de la religión tradicional, a no haber encontrado condiciones favorables que le preparasen el terreno y causas o fuerzas más hondas que le ayudasen en su tarea gigantesca.

Todo fenómeno histórico de magnitud extraordinaria tiene hondas raíces, causas remotas, preparaciones múltiples y larga gestación oscura, que a veces se oculta aun a los autores que lo desencadenan y lo realizan. Esas causas o factores históricos es lo que vamos a averiguar.

Antes de iniciar nuestro estudio, establezcamos el hecho fundamental que intentamos explicar: el año 1483, en que viene al mundo Martín Lutero, toda Europa es católica y obediente al Pontífice de Roma, exceptuando los países dominados por la Media Luna y el Gran Ducado de los moscovitas, que obedecía al Metropolitano de Kiev-Moscú, unido al de Constantinopla; y el año 1546, en que muere el reformador, casi la mitad de Europa se ha separado de Roma.

¿Qué ha ocurrido entre esas dos fechas? El fenómeno protestante, esto es, la rebelión de Lutero, el cisma de Enrique VIII, la herejía de Calvino, etc. Por encima de tan vasto cataclismo se levanta una interrogación: ¿Cómo explicar la escisión religiosa de Europa? ¿Cuáles son las causas que puede señalar el historiador?

Quienes no se convenzan enteramente con estas reflexiones, hallarán por lo menos en ellas motivos de meditación y estímulos para buscar por sí mismos otros factores históricos o psicológicos quizá más profundos y verdaderos.

Capítulo I

RAICES DE CARACTER MORAL Y ECLESIASTICO

1. Debilitación de la autoridad pontificia

Entre las raíces históricas de la revolución religiosa del siglo XVI, hay una que acaso sea la más remota, y que en rigor debería ponerse entre las explicaciones, mejor que entre las causas, porque su influencia fue más bien de carácter negativo: me refiero a *la debilitación de la autoridad pontificia.*

Claro que la decadencia del prestigio religioso del papa no puede producir, de suyo, un fenómeno como el del protestantismo, pero pudo allanarle el camino y facilitar su aparición de varios modos, como veremos. En cualquier institución social donde la autoridad viene a menos, la revolución es posible.

Al luteranismo se debió la ruptura de la unidad cristiana de Europa, el desmoronamiento de aquella sociedad religiosa integrada por las naciones occidentales bajo la dirección espiritual de la jerarquía eclesiástica y bajo el magisterio del Romano Pontífice. Ahora bien, como ha dicho Lortz, todo cuanto en los siglos precedentes iba debilitando la contextura de ese cuerpo orgánico o preparaba y facilitaba su disolución, puede decirse causa de la futura desintegración que se efectuó por el protestantismo.

Es indudable que la decadencia del Papado, con la merma creciente de su prestigio y de su autoridad espiritual, contribuyó a que la mitad de aquella Europa cristiana—creación, en gran parte, de los papas—empezase a relajar sus vínculos hasta desprenderse totalmente. Y al enfrentarse Lutero con la Cabeza de la cristiandad no encontró delante de sí a un Hildebrando ni a un Inocencio III o Inocencio IV, sino al florentino Juan de Médicis, jocundo príncipe del Renacimiento. ¿Y por qué Federico de Sajonia, que se decía católico, perseveró en proteger a Lutero aun después de los anatemas pontificios?

No sin motivo el maestro Juan de Avila escribía con estupefacción: «Cosa ha sido maravillosa y sin apariencia de razón que haya habido gente en nuestro siglo que se haya levantado contra su madre la Iglesia, *sin respeto de su grande antigüedad, autorizada en mil modos y muy eficaces,* y haberla acusado, con gran desacato, de falsa y engañadora» [1].

Es que la Iglesia de Roma, para muchas gentes, había perdido la antigua autoridad. Podemos preguntarnos: ¿cuándo se inició el declive, que duró—con alguna breve y nobilísima excepción—hasta los papas tridentinos? ¿Quizá en el conflicto de Bonifacio VIII con el rey Felipe el Hermoso, que tuvo su trágico desenlace en el atentado de Anagni? ¿Acaso en el abandono de la Ciudad Eterna, centro natural de la catolicidad? ¿O más bien en las hostilidades y contiendas de Juan XXII con Ludovico el Bávaro, asistido éste por Marsi-

---

[1] *Causas y remedios de las herejías:* «Miscelánea Comillas» 3 (1945) 67.

lio de Padua y Guillermo de Ockham, padres del conciliarismo?

Avignon y el cisma

No hay duda que el prestigio universal, el respeto y amor que se atraían los pontífices romanos, se amenguan en los primeros decenios del siglo XIV, desde que Clemente V pone su sede en Avignon, a orillas del Ródano. En su residencia aviñonesa, los sumos pontífices pierden algo de su universalidad católica, porque, quién más, quién menos, todos se afrancesan, todos son nacidos en Francia (Clemente V, Juan XXII, Benedicto XII, Clemente VI, Inocencio VI, Urbano V, Gregorio XI) y la inmensa mayoría de los cardenales son franceses; durante setenta años la curia pontificia de Avignon está, más o menos, bajo la influencia de los reyes de Francia y de su política, con enfado y enojo de otras naciones, mientras la ciudad de Roma yace en soledad y desamparo, lo cual irrita principalmente a los italianos, como se ve en las epístolas y sonetos de Petrarca. Los ingleses, enzarzados en una guerra de cien años contra los Valois, miran al papa francés como enemigo; y los alemanes se sienten ofendidos por el decidido antigibelismo de esos mismos pontífices, que han roto el eje «Imperio-Pontificado», en torno del cual giraba la historia de Europa, sustituyendo al emperador por el rey de Francia.

Por otra parte, los papas aviñoneses, con el exagerado fiscalismo de su curia, hacia la cual confluye, con protesta de los príncipes, el oro y la plata de las naciones cristianas, y con el centra-

lismo administrativo que se hace sentir en las reservaciones de los beneficios eclesiásticos (nega-
dos frecuentemente a los naturales del propio país),
se hacen odiosos y cobran fama de avarientos y si-
moníacos, por culpa en gran parte de los colec-
tores enviados por la Cámara Apostólica. No cabe
duda que en el gobierno de la Iglesia se desvanece algún tanto lo espiritual, resaltando, en cambio, lo económico, con todo lo cual la autoridad
del papa ante los reyes y ante el pueblo cristiano viene a menos. Centralizando la administración y acumulando riquezas, pensó Juan XXII le-
vantar su prestigio y poderío: camino poco evangélico, que pronto se demostró errado y contraproducente. Cuando, en la vacante del Imperio,
intentó el papa caorsino repetir el gesto de Inocencio III con menos alteza de miras, su fracaso
fue deplorable.

Rebeláronse los Espirituales, y Guillermo de
Ockham no sólo negó al Pontífice Romano toda
potestad temporal, sino también parte de la espiritual, no reconociendo su infalibilidad y some-
tiéndolo al Concilio general. Y poco después vendrá Wiclif, como un heraldo de Lutero, negando
el Primado y la misma institución divina del Pontificado romano.

Prolóngase esta decadencia y aun se acrecienta
durante el lamentable Cisma de Occidente, cuando
en la Iglesia se dan simultáneamente dos papas,
y a veces tres, sin que nadie sepa cuál es el verdadero Vicario de Cristo. El cuerpo de la cristiandad está descoyuntado y sangrante; ignora cuál
es su Cabeza, si el papa que reside en Francia o
el que reside en Italia, y dos personajes de
tan alta santidad como Catalina de Siena y Vi-

cente Ferrer siguen opuestas obediencias. Urbano VI y Clemente VIII se excomulgan recíprocamente, incluyendo en el anatema a todos los príncipes y pueblos que obedecen a su rival. No es raro que el papa sea acusado de herejía y cisma, y se da el caso de que los urbanianos de Inglaterra, acaudillados por el obispo de Norwich, Enrique Despenser, y con la aprobación de Roma, salgan a pelear contra los clementinos de Francia y Flandes en una desastrosa guerra de cruzada (1381-85)[2]. Espectáculos tan tristes hacen que la autoridad del Papado decrezca en opinión de las gentes.

Y como cada uno de estos restringidos papas se siente débil y necesita el apoyo de los monarcas para robustecer su posición, tiene que ceder en muchas cosas ante la autoridad civil[3], con lo que la autoridad pontificia sigue mermándose, por más que el psicópata Urbano VI proclame su poder directo sobre todos los reyes aun en lo temporal[4]. Pero ¿quién le hacía caso?

[2] E. PERROY, *L'Angleterre et le Grand Schisme d'Occident* (París 1933) 175-80.
[3] Nicolás Clemangis escribía: «Quid Clemente nostro, quoad vixit, miserabilius? Qui ita se servum Gallicis principibus adiecerat, ut eas ferret iniurias et contumelias, quae sibi cotidie ab aulicis inferebantur, quas vix deceret in vilissimum mancipium dici... Ut principum benevolentiam facilius assequeretur..., plurima ultro donaria atque xenia illis dabat; quascumque super clero exactiones petere voluissent, annuebat ultro» (MARTENE-DURAND, *Veterum script.* vol.7 p.XXXVIII).
[4] Al embajador de Castilla le dijo en la primera audiencia: «Caveant reges, quod serviant Ecclesiae corporaliter et de facto, et non cum verbis, alioquin ego deponam eos. Ista audiens (*comenta el embajador*) totus fui stupefactus, et dixi, quod ista verba non bene adaptabantur facta men-

Pasado este caótico período, vienen los papas del Renacimiento, que si en los primeros cincuenta años después de Constanza realizan nobles esfuerzos por la reforma y por la restauración de la autoridad pontificia (contra el conciliarismo), en los cincuenta siguientes, a partir de Sixto IV (1471), se dejan arrastrar por el espíritu del siglo. Con el esplendor y lujo de su corte, con su mismo mecenatismo artístico y sobre todo con su intrigante política, con sus ambiciones familiares y sus guerras, parece como que se olvidan de su misión divina o la supeditan a sus negocios humanos. De pontífices y pastores de almas se convierten en príncipes seculares, interesándose más por los asuntos políticos de sus Estados italianos y por el medro de su linaje que por los problemas religiosos de la catolicidad [4*].

tione domini mei, qui erat Christianitatis murus» (M. SEIDL-MAYER, *Die Anfänge des grossen abendländischen Schismas* [Münster 1940] 266). Cf. O. PREROVSKY, *L'elezione di Urbano VI* (Roma 1960) 89-96.

[4*] Ya Pío II lamentaba el descrédito en que había caído todo el clero, empezando por la curia romana, a causa de su lujo y fastuosidad mundana: «Despectui sacerdotium est et nomen cleri; et si verum fateri volumus, nimius est curiae nostrae vel luxus vel fastus; hinc odiosi populo sumus» (*Commentarii rerum memorabilium* [Frankfurt 1614] 39). En vano salían en defensa del orden sacerdotal ilustres personajes, como Domenico de' Domenichi, obispo de Brescia en 1466, escribiendo su *Apologeticus ecclesiastici status* (que no se conserva). H. JEDIN, *Studien über D. de Domenichi 1416-1478* (Maguncia 1957) 121. También Rodrigo Sánchez de Arévalo escribió por encargo de Paulo II en 1466 un *Defensorium Ecclesiae et status ecclesiastici, contra querelas, detractores et aemulos sublimitatis, auctoritatis et honoris Romani Pontificis, necnon praelatorum et caeterorum ministrorum Ecclesiae* (Cod. Vat. Lat. 4106), con exageraciones que lo hacían contraproducente. R. H. TRAME, *Rodrigo Sánchez de Arévalo 1404-1470* (Wáshington 1958) 144-151.

Abuso de los anatemas

Su prestigio espiritual se oscurece, tanto más que a ellos se les hace responsables de la escandalosa venalidad y del exagerado fiscalismo de la curia. Hallándose frecuentemente en guerra con otras potencias católicas, ¿cómo podrán los fieles de estas naciones venerar como a padre al que prepara ejércitos contra ellos y lanza el rayo de la excomunión y del entredicho contra príncipes y ciudades por motivos políticos o económicos?

El arma de la excomunión pierde sus filos y se envilece en manos de la autoridad eclesiástica, que abusa de sus poderes, fulminando anatemas a troche y moche [5].

[5] En 1450 decía el entonces obispo de Torcello, Domenico de'Domenichi, ante los cardenales de Roma: «Vilescit in dies Ecclesiae auctoritas, et censurarum potentia paene enervata videtur, et quis redintegrabit eam?» Cit. en PASTOR, *Geschichte der Päpste* II 8 y lema inicial. Sabido es cómo el 5 de junio de 1328, por no haber pagado a la Cámara Apostólica los *servitia communia,* fueron excomulgados, suspendidos y declarados reos de perjurio no menos de un patriarca (el de Aquileya), cinco arzobispos, treinta obispos y cuarenta y seis abades. E. GOELLER, *Die Einnahmen der apostolischen Kammer* (Paderborn 1910) I 45. Casos semejantes se repetían con demasiada frecuencia. Y como del poder de las llaves usaban y abusaban también otras autoridades inferiores, resultaba que—según el testimonio de Guillermo Le Maire en el Memorial que envió al Concilio de Vienne—en ciertas parroquias había treinta y cuarenta y aun setenta personas excomulgadas. HEFELE-LECLERQ, *Histoire des Conciles* VI 648. Todavía en el siglo XVI lo deploraba el maestro Juan de Avila en su tratado sobre *Causas y remedios de las herejías:* «Cosa es de mucho escándalo para los fieles y herejes el sacar tan presto y tantas veces esta espada que tan delgados filos tiene, que llega a cortar las almas. Cosa es digna de llorar que no haya Misa mayor en días de fiesta que no se lean siete, ocho o más de estas cartas de excomunión». Public. por C. Abad en «Miscelánea Comillas» 3 (1945) 124.

Por eso Lutero, al recibir la bula de excomunión, la desprecia y la escarnece públicamente, respondiendo con insultos y vilipendio al pontífice que declaraba heréticas sus doctrinas. Dos años antes se niega a obedecer al cardenal legado Cayetano, apela al Concilio general y escribe *contra la virtud y eficacia de la excomunión* papal. Es muy probable que el profesor de Wittemberg no se hubiera atrevido a alzarse en rebeldía contra todo el poder del Pontífice Romano si éste hubiese gozado del alto prestigio e incontrovertible autoridad de los tiempos áureos. Pero el mismo fray Martín decía en 1521: «Ya no es el papado de hoy como el de antaño» [6].

Cuando en 1522 Lorenzo Campeggio escribe su tratado *De depravato statu Ecclesiae*, se pregunta cuál es la causa de la depravación general que se nota en Alemania y del desprecio en que es tenida la Iglesia de Roma, y se responde que «la disminución del poder y de la autoridad de la Sede Apostólica» [7].

---

[6] «Non est papatus sicut heri et nudiustertius» (WA *Briefwechsel* II 245). Que en Sajonia se había perdido el respeto a la autoridad eclesiástica lo testifica Eneas Silvio Piccolomini: «Tantus est aevo nostro et in populo et in clero auctoritatis ecclesiasticae contemptus» (*De Europa* c.32: «Opera omnia» [Basilea 1551] 425). Y en otro lugar: «Obedientia quae Vestrae Sanctitati et Ecclesiae debetur, in pluribus christianorum et signanter Germaniae finibus nec curatur, tam per ecclesiasticos quam per saeculares, quemadmodum apparet in episcopatibus Treverensi, Traiectensi et aliis multis, qui nec excommunicationes nec mandata apostolica curant» (MARTENE-DURAND, *Veter. script.* VIII 96).

[7] «Maxima quoque tum dignitas tum auctoritas imminui accepit, quod cum crescentibus temporibus etiam invalescat, illud dubio procul, nisi occurratur, demum efficiet, ut passim ab omnibus nihili habeatur» (CT XII 7). No otra cosa vino a decir elocuentemente el cardenal Sadoleto en 1536 ante la comisión de reforma (ibid., XII 110-111). Citaré

Pero ¿cómo la Sede Apostólica llegó a perder tan grande autoridad? Ahora es Jerónimo Aleandro quien responde en 1537: Porque abusó de su dignidad y de su poder, tratando a los súbditos con más rigor que clemencia y bondad [8].

El mismo Aleandro, infatigable defensor de Roma, acusa a los Romanos Pontífices del odio con que los eclesiásticos, demasiado ricos y mundanos, son aborrecidos en Alemania [9].

Conciliarismo

Es de notar una cosa de particular gravedad, que influyó indudablemente en la desobediencia de Lutero a León X: el conciliarismo. No sólo en la práctica se hacía poca cuenta de la autoridad del Pontífice Romano, sino que también teóricamente, doctrinalmente, se rebajaban y cercenaban sus prerrogativas. Sabido es cómo, en el malsano ambiente del cisma, alrededor de 1400, y al abrigo de la antigua teoría de la posibilidad del *Papa haere-*

siempre el *Conc. Trid.* según la edición de la Goerresgesellschaft, sigla CT.

[8] «Quam ego causam fuisse semper iudicavi perturbationis multorum temporum, quod summi pontifices ceterique ecclesiastici magistratus dignitate sua abusi ad privatum quaestum, et ad violentiam, publicae utilitatis curam rationemque nullam habuerunt, omniaque facere pro imperio et potestate, quam clementia et benignitate maluerunt... Quid enim, obsecro, audivit unquam populus ab istis, nisi: Praecipimus mandamus... Ex quo fonte nata sunt odia adversus pontifices, cardinales, episcopos, sacerdotes, monachos» (CT XII 126).

[9] En un Memorial de 1541: «Etenim, per Deum immortalem, quis est tam amens, tam nihil de republica cogitans, qui non intelligat pravis recentiorum pontificum romanorum institutis factum esse, ut iam pridem sacerdotum ordo in summum odium atque invidiam veniret?... Homines... fremunt, vociferantur, sacerdotes impure, libidinose, avare, luxuriose vivere» (CT XII 353).

ticus, empezó a cundir entre los más ilustres teólogos de la Universidad de París, difundiéndose luego por doquier, la falsa doctrina—anteriormente defendida por Ockham—del conciliarismo, según la cual no es el papa la suprema autoridad, ni el juez supremo de la Iglesia, sino el Concilio general; por lo tanto, es lícito apelar de las decisiones de un papa al tribunal superior de un concilio. Es esto lo que harán todos los rebeldes a Roma; y el mismo Lutero alegará la doctrina conciliarística para no someterse al pontífice, aunque muy pronto había de negar la misma autoridad suprema de los concilios, del mismo modo que la había negado su maestro Ockham, a pesar de su conciliarismo.

En aquellos tiempos en que la eclesiología no estaba claramente elaborada, el conciliarismo es aceptado por teólogos, principalmente franceses y alemanes, cuyo sincero amor a la Iglesia es evidente. Basta pensar en Conrado de Gelnhausen († 1390), Enrique de Langenstein († 1397), F. Zabarella († 1417), P. d'Ailly († 1420) y J. Gerson († 1429). En vano Martín V, Eugenio IV, Pío II, Julio II y León X condenan la apelación al Concilio general; a estas condenaciones no se les reconoce carácter dogmático.

No se ha ponderado bastante el daño inmenso, incalculable, que causó a la autoridad del Pontífice Romano el Concilio cismático de Basilea, muy particularmente en Alemania, tanto en el alto clero y en algunos teólogos como en ciudades y príncipes.

Los galicanos, siempre empeñados en mermar los poderes del papa, hacen del conciliarismo una de las columnas de su sistema, cristalizado en la *Pragmática Sanción* de Bourges (1438); y algunos obispos alemanes, como el de Colonia y el de Tréveris, instigados por el jurista Gregorio Heimburg, se esfuerzan por germanizar el galicanismo en la Dieta de Maguncia (1439). Por aquellos mismos años, reflejando ideas de Marsilio de Padua, de los Espirituales, de los husitas y del Concilio de Basilea, se escribe en Alemania la *Confutatio primatus papae* (atribuida sin bastante fundamento al minorita Matías Döring [† 1469]), en donde se impugna la *plenitudo potestatis* que se arrogan los «carnales papae», y se contrapone la figura de Cristo humilde a la del papa soberbio y fastuoso.

Así se explica que la sentencia condenatoria lanzada por León X, que en otros tiempos hubiera sido perentoria y decisiva para cualquier católico, no tuviese en 1520, para muchos, bastante peso y autoridad, mientras no la confirmase un Concilio universal; éste debía decir la última palabra y no el Sumo Pontífice.

También se puede añadir aquí que aquella secta de *Fraticelli* y de exaltados «Espirituales», procedentes de la extrema derecha franciscana, y herederos poco legítimos del abad Joaquín de Fiore, hombres fanáticos, para quienes la suma perfección evangélica se cifraba en la pobreza absoluta, perjudicó gravemente a la autoridad suprema de la Iglesia con sus violentas invectivas contra el «Anticristo» y el «Nuevo Lucifer», o sea, contra el papa, y contra la meretriz apocalíptica y la Babilonia de Roma, sinagoga de Satanás, a la que habría de suceder otra Iglesia más espiritual. Ese lenguaje crudo, rico en imágenes escandalosas, soezmente difamatorio, lo divulgaron, como ellos, otros escritores de envenenada pluma, y lo heredó Lutero, cargándolo de mayor virulencia antirromana. Si muchos lo escucharon sin aspavientos y sin rasgarse las vestiduras, fue porque el ambiente estaba desde antiguo preparado para ello.

Cuando fray Martín se alzó contra las indulgencias, la autoridad de la Iglesia estaba en crisis.

Y fue él quien le asestó el golpe mortal en Alemania. Comprendió que, para conquistar adeptos, no había mejor camino que desprestigiar al papa. Por eso toda su vida no fue otra cosa que una campaña ininterrumpida de insultos y difamaciones, hasta persuadir a gran parte del pueblo alemán que Roma era la sede de Satanás, la abominación de las abominaciones, y que el papa ni era Vicario de Cristo, ni tenía potestad de magisterio, ni su primado era de derecho divino. Este contundente martilleo fue causa de que muchos llegasen a convencerse de que el papa era la personificación del Anticristo.

Y no era solamente el Pontificado el que había bajado en la opinión de muchas gentes; era todo el clero. De ahí el anticlericalismo que cundía en naciones como Alemania e Italia. Lo advirtió claramente Aleandro y lo denunció con gravísimas palabras [10].

2.   NACIONALISMO ANTIRROMANO

Me parece indiscutible que el nacionalismo germánico, imbuido de pasión antirromana, influyó positivamente, sobre todo desde 1519, en la revolución luterana.

---

[10] Aleandro decía a Paulo III: «Quae res superioribus annis atrocissimam illam et reipublicae calamitosam tempestatem; quae res tantum illud et tam late dilatum incendium excitaverunt? Nonne odium et invidia sacerdotum? Sacerdotum odio nobilissima et olim maxime pia et sancta na-

En los pueblos europeos, el nacionalismo se fue engendrando a medida que los vínculos de la cristiandad se aflojaban y surgían los monarcas absolutistas, es decir, en el ocaso de la Edad Media. Y todo nacionalismo tiene algo de cerrado, de exclusivista, con cierta aversión—cuando no odio y aborrecimiento—a lo extraño. No se concibe un nacionalismo sin ardor de pasión y sin algún *anti*. Pues bien: el *anti* del nacionalismo germánico era Roma, y más en concreto, la curia pontificia, encabezada por el papa. En seguida explicaré el porqué.

«El gran peligro para la unidad cristiana—escribe Imbart de la Tour—no era ya el exceso de la centralización, sino el nacimiento del principio nacional» [11]. Principio nacional que a los reyes absolutistas les impulsaba a querer dominar a la Iglesia, esclavizándola, en sus propios países. Alemania, por la debilidad del emperador, no llegó a formar una unidad política tan compacta como otras naciones en que triunfó el absolutismo; y, a pesar de todo, un fuerte sentimiento nacionalista se despertó en el corazón de muchos alemanes. Acaso nadie lo sintió tan vivamente como Hutten, el humanista que puso su espada y su pluma al servicio de la causa luterana.

Conviene aquí advertir que siempre fue el nacionalismo exacerbado la causa más honda de los

---

tio ab republica abalienata atque disiuncta est. Sacerdotum odio ceremonias et instituta sanctissima sprevit et repudiavit. Sacerdotum odio divina omnia et humana iura permiscuit» (CT XII 353). Lo mismo, añade, puede ocurrir en Italia si no se pone remedio.

[11] «Le grand péril pour l'unité chrétienne n'était plus l'excès de la centralisation, mais la naissance du principe national» (*Les origines de la Réforme* I p.IX).

grandes cismas y de las grandes herejías. La explosión cismática de los donatistas en el siglo IV se explica por un vago sentimiento particularista norteafricano, apoyado por los *circumcelliones* de Numidia, deseosos de una Iglesia propia. En el siglo V no fue la herejía nestoriana y eutiquiana la raíz más profunda de que los pueblos asirios y persas, de una parte, y de otra egipcios y abisinios se apartasen de la catolicidad; fue el resentimiento de esos pueblos contra sus dominadores bizantinos; por debajo de las disensiones dogmáticas corría un antibizantinismo político, atizado por las discrepancias de raza y de cultura. Y en el siglo XI, cuando todo el Imperio griego de Bizancio se separó de Roma, arrastrando consigo a los pueblos eslavos que gravitaban en torno a Constantinopla, ¿cuál fue la razón última del cisma? Más que dogmática o disciplinar, parece de tipo nacionalista, porque los griegos, que se juzgaban muy superiores a los bárbaros latinos, los despreciaban soberanamente y no podían admitir que su Patriarca estuviese supeditado a Roma y tuviese que obedecer al Pontífice Romano. Aquel grito de los bizantinos, al entrar Mahomed II en la ciudad del Bósforo: «Antes el turbán que la tiara», no era sino la exasperación de su antilatinismo, de aquel antilatinismo que hizo fracasar al Concilio de Florencia. Igualmente en Bohemia, si triunfó y perduró el husitismo, fue porque los checos exaltaron a Juan Hus como a «héroe nacional» [12].

[12] «Difatti—escribe Guido Pagnini—non vi è stato scisma, non eresia, che si sostenesse e durasse senza l'appoggio del nazionalismo... Per lo chauvinismo di un popolo una religione è buona o cattiva, vera o falsa, a seconda che serve al trionfo dei suoi principi nazionalistici... Per completare l'efficacia del nazionalismo sul corso storico, oc-

La sombra del teutón Arminio

Algo semejante es lícito descubrir en el movimiento luterano. Acaso sea poco exacta la expresión de «nacionalismo alemán». No siempre la oposición era de tipo nacionalista, pero ciertamente los que más acentuaban su nacionalismo solían ser los más acerbos enemigos de Roma[13]. El antiguo héroe teutón, o querusco, Arminio, se convirtió en un símbolo.

Había en el alma germánica un sedimento antirromano, que recibió muy bien la predicación del nuevo evangelio. No puede negarse que entre Alemania e Italia—dos naciones que se complementan y que por eso tan fuertemente se atraen—ha existido siempre un antagonismo y un mutuo desprecio, que no excluye la mutua estima. Gibelinos y güelfos fueron durante siglos algo más que dos partidos políticos. «La vieja aversión de la sangre latina por la sangre alemana», en frase de R. Ridolfi, o «la ancestral oposición entre el carácter germánico y el romano», según expresión de G. Ritter, se funda en peculiaridades étnicas o raciales, sociales y culturales.

corre asserire che raramente... diventa un fattore favorevole alla Chiesa» *(Propedeutica storica* [Milán 1928] 126-27).

[13] Ignacio Döllinger, que notó agudamente el maridaje de los grandes cismas con el sentimiento nacional, niega, sin embargo, que el nacionalismo esté en el origen del luteranismo; mas, al fin, viene a coincidir con nuestra opinión: «Das Nationalgefühl des deutschen Volkes war schon mit geraumer Zeit verletzt durch die Behandlung, welcher Deutsche Personen, Dinge und Interessen in Rom erfuhren, und durch die Rolle, welche Deutsche Könige und Kaiser seit dem vierzehnten Jahrhundert dem Römischen Stuhle gegenüber spielten» *(Kirche und Kirchen* [Munich 1861] 10).

Los italianos, orgullosos de su civilización y de su cultura latina y humanística, miraban por en cima del hombro a los tudescos, como a bárbaros, brutales e incultos [14], a lo que respondían los germanos con el odio y la maledicencia. ¡Con qué soberano desprecio le dice Lutero a fray Silvestre Prierias: «Dialogus ille tuus... plane totus *italicus* et thomisticus!» [15]

Lo triste es que en el siglo XVI se trasladara esta aversión al campo religioso, y se empezara a hablar de un cristianismo germánico, necesariamente opuesto al cristianismo latino, como si el espléndido cristianismo germánico de la Edad Media, tan fecundo de santos, de teólogos y místicos, de cristianos populares auténticos, y tan adecuadamente conformado al alma del pueblo alemán, no se identificase sustancialmente con el cristianismo romano. Entre Alberto Magno, «el Teutónico», y su discípulo el Aquinate, ¿existe acaso alguna diferencia de carácter religioso? Y la religiosidad de San Benito de Nursia, ¿no dio los mejores frutos en la Germania medieval?

El romanismo llegó a compenetrarse felizmente con el germanismo, produciendo la gran cultura

---

[14] Conocidos son los versos con que Juan Antonio Campano († 1477) se despedía de Alemania:

Accipe Campani, sterilis Germania, terga,
accipe nudatas, barbara terra, nates.
        (*Epist. et Poemata* [Leipzig 1707] 185).

Y Lutero conocía ese desprecio de los italianos a los alemanes: «Quod nos germanos meros blennos, bardos, buccones, et, ut dicunt, barbaros et bestias arbitrantur» (WA 2,448). «Est ist khein verachter Nation den die Deutsch. Italia heist uns bestias» (WA *Tischreden* 1428, II 98).
[15] WA 1,647. Cf. WA 7,706. Y en carta a Staupitz, 20 febr. 1519: «Ego sic me gessi quasi istas italitates et simulationes non intelligerem» (WA *Briefwechsel* I 344).

y civilización romano-germánica. El emperador coronado por el papa era su símbolo. Pero desgraciadamente, por culpa de una y otra parte, aquella armonía se rompió, y la sombra de Arminio resurgió de los bosques de Germania. Los compatriotas de Lutero abrigaban resentimientos, desconfianzas, amarguras y mala voluntad contra Roma y contra el papa.

Un poco de esto se notaba en todas las naciones, y Erasmo lo consigna en una de sus cartas, escribiendo a C. Peutinger en noviembre de 1520 [16], pero en ninguna parte tanto como en Alemania [17].

Esto nos obliga a reflexionar un momento sobre las causas del *odium romani nominis,* que decía Erasmo, y del *sacerdotum odio,* que repetía Aleandro. Hay que buscar algo más hondo que el patriotismo nacionalista de un Celtis y de un Hutten, aunque siempre relacionado con él.

Centralismo y fiscalismo curial

Si en todas las naciones, desde el siglo XIV, se nota el crecer de una protesta contra el fiscalismo de la curia pontificia, eso sucede quizá con más

---

[16] «Odium romani nominis penitus infixum esse multarum gentium animis opinor ob ea quae vulgo de moribus eius Urbis iactantur, et ob improbitatem quorundam qui nonnunquam Pontificis negocium, non ex illius, sed ex suo gerunt animo» (ALLEN, *Opus epistolarum* IV 374). Lo mismo en carta de marzo 1523 a Adriano VI (ALLEN, V 258). Ese odio era, según el Roterodamo, una de las raíces del luteranismo, que así escribe al obispo de Palencia: «Haec pestis sic tollatur, ne quando possit reviviscere. Id fiet si radices amputentur, unde hoc mali toties repullulat. Quarum una est odium romanae curiae, cuius avaritia et tyrannis iam coeperat esse intolerabilis» (ALLEN, V 44).
[17] La gran diferencia que existía entre las protestas de los italianos contra la curia y las de los alemanes, las hace notar PASTOR, *Geschichte der Päpste* IV 421-24. Y

persistencia que en otras partes en el Imperio alemán. Y es curioso que, ya desde principios del siglo XIII, un altísimo poeta como Walter de Vogelweide († *ca.* 1230) reprocha nada menos que a Inocencio III, al «papa demasiado joven», la expoliación del Imperio, y pone en sus labios palabras tan falsas como éstas: «El dinero alemán entra en mis arcas de Roma. Vosotros, sacerdotes, comed pollos y bebed vino y dejad el ayuno para los alemanes». Casi lo mismo decía en 1228-29, contra Gregorio IX, otro poeta más modesto, de carácter didáctico, conocido por el nombre de Freidank: «Ya Roma desprecia las redes con que San Pedro cogía peces. Hoy con las redes romanas se pesca oro, plata, ciudades y territorios» [18].

Esta acusación se repetirá con mayores visos de probabilidad en los siglos posteriores; pero adviértase que las protestas alemanas se dirigirán contra el régimen beneficial, centralizado en Roma, más que contra determinados abusos del mismo. En septiembre de 1417, dentro del Concilio de Constanza, la *Natio Germanica* presenta una audaz reforma, queriendo privar al papa del derecho a la colación de los beneficios eclesiásticos, a cobrar las annatas, los servicios comunes y los ex-

con más razón se puede decir de los españoles, que criticaban duramente los gravámenes y censos que imponía Roma, pero con el mayor respeto a la dignidad del Vicario de Cristo.
    [18] F. Vogt-M. Koch, *Storia della letteratura tedesca*, trad. ital. (Turín 1912), I 219. Ninguno de los dos poetas tenía sentimientos hostiles a la Iglesia romana. Lo que les dolía era la política del papa. E. Michael, *Geschichte des deutschen Volkes vom XIII. Jahrh.* (Freiburg i. B. 1906) IV 258-71; 191-200. *Edelsteine deutscher Dichtung... im XIII Jahrhundert* (Frankfurt 1858) 217.

polios, a reservarse las causas en litigio y aun a conceder indulgencias extraordinarias [19].

Pretendía con eso evitar que la curia romana invadiese los derechos tradicionales y perjudicase los intereses de las iglesias germánicas. Era una especie de galicanismo trasplantado a Alemania. En el ambiente conciliarista, que se creó en el Imperio al tiempo de Basilea, surge la protesta contra lo que se llamó *gravamen* (Beschwerde) de orden beneficial y económico.

La Dieta de Frankfurt de 1446 se dirige al cardenal legado Juan de Carvajal, para pedirle que la curia sea reformada en materia de simonía, porque «los beneficios se venden como los puercos y las vacas en el mercado», y que el papa Eugenio IV deje de exprimir toda la sustancia de la nación germánica [20].

[19] *Protestatio Nationis Germanicae facta in Concilio Constantiensi* (sept. 1417): «A centum quinquaginta fere annis citra, nonnulli summi pontifices... aliarum ecclesiarum iura... invaserant. Nunc generales, nunc speciales, aut aliis modis excogitatas *reservationes* ecclesiarum... faciendo; *commendas*... concedendo; collationes omnium beneficiorum... et *collationem gratiarum expectativarum*... usurpando; *annatas* sive *servitia communia*... extorquendo; *spolia* mortuorum... auferendo; omnia sibi *iudicia* in quibuscunque causis... attrahendo; *lites* per diversas commissiones... protrahendo...; *indulgentias* inconsuetas pro pecuniis largiendo...; et demum tantum aurum congregando, ut quidam ex eis suos parentes... et consanguineos ditando, etiam usque ad fastigia principatuum terrenorum eos contenderunt exaltare» (MANSI, *Concilia* 27,1155-56).

[20] «Oportet ante omnia, quod noster papa et sua romana curia... reformetur, propter multos excessus multasque exorbitantias... et maledictam simoniam... in vendendo ecclesiastica beneficia, quemadmodum porci et vaccae in foro publico vendi consueverunt». «Ita Dominus Apostolicus omni die insatiabili desiderio cogitat cum suis, quomodo totam substantiam Nationis Germanicae sibi valeat acquirere» (J. G. WALCH, *Monumenta medii aevi* [Gotinga 1757-64; ed. fotomec., Ridgewood 1966] 105-6). En expresiones tan

El centralismo y fiscalismo de la curia pontificia, con sus reservaciones en la colación de los beneficios y con sus censos, tasas y tributos, amargaron el corazón de muchos políticos y eclesiásticos, o por lo menos les brindaron fácil pretexto y ocasión para sus recriminaciones. No todos llegaron a la avilantez rencorosa de un Gregorio Heimburg († 1472), docto legista y elocuente diplomático, amigo en la juventud de Eneas Silvio Piccolomini y más tarde excomulgado por el mismo Pío II (1460) por haber defendido al duque Segismundo del Tirol, en lucha contra Nicolás de Cusa, a lo cual respondió Heimburg con una invectiva contra el Cusano y con una apelación al Concilio, insultando al papa Pío II «más gárrulo que una pésima picaza». Anteriormente había defendido, contra Eugenio IV, a los arzobispos depuestos de Colonia y Tréveris; y cuando en 1461 entró al servicio del depuesto arzobispo Diethern de Isenburg († 1482), atizó la ya encendida aversión de este prelado y príncipe maguntino contra Roma [21]. Desde 1466 se hallaba este «doctor de la revolución y de la pestilencia»—así lo califica un documento de la época—al servicio del utraquista y excomulgado rey de Bohemia, Jor-

---

ásperas como injustas parece oírse la voz de G. Heimburg. Recuérdese también la *Reformatio Sigismundi,* de la que se trató en el capítulo precedente, nota 53.

[21] Sobre este antirromanismo de Diether y de Heimburg, Pastor, *Geschichte der Päpste* II 124-64. Pío II nos ha transmitido una arenga del arzobispo de Maguncia a sus compatriotas, en que los exhorta «ut Apostolicae Sedis iugum aliquando discutiamus... Quid agimus, viri germani? Semperne mancipia erimus?... Illuc aurum, illuc substantias nostras mittemus?» (J. Cugnoni, *Aen. Silv. Piccolomoni Senensis Opera inedita* [Roma 1883] 207). Sobre G. Heimburg, llamado por Pío II «hijo del diablo», véase P. Joachimsohn, *Gregor Heimburg* (Bamberg 1891).

ge de Podiebrad. El cisma basileense, si bien no
consiguió del emperador más que una actitud de
neutralidad, dejó en toda Alemania un poso amar-
go antirromano; y las doctrinas conciliaristas, aun
después del Concordato de Viena de 1448, servían de base teológica y canónica para que un germanismo reformista alzase su voz contra la caca-
reada corrupción de la Iglesia y especialmente contra las extorsiones y agravios que creía recibir de
Roma. «La apelación al Concilio—clamaba Diethern
de Isenburg en la Dieta de 1461—es el único
medio de defensa que nos queda contra la tiranía
de la Santa Sede». Y Heimburg repetía casi lo
mismo en sus escritos.

«Gravamina Nationis Germanicae»

Los agravios o cargas, que provocaban las querellas de la nación alemana contra Roma, tienen un
nombre bien conocido en la historia: *Gravamina
Nationis Germanicae.* No eran exclusivos de Alemania, aunque allí se hizo clásico el nombre de
gravamen y allí se acentuó más agudamente la
protesta en los años que preceden a Lutero [22].

[22] *Gravamina* solía traducirse en alemán *Beschwerde;* en
francés, *griefs;* en inglés, *burdens* o *grievances;* en español,
agravios o *vexaciones.* Ya en 1311 sonó la palabra *gravamina*
en el Concilio de Vienne. Fueron suprimidos en la Iglesia
galicana, contra la voluntad de Roma, por la *Pragmática
Sanción* de Bourges (1438) y después legalmente por el
Concordato de 1516. En España se sufrieron con quejas,
pero sin rebeldía, hasta el Concordato de 1753, aunque algunos habían desaparecido por el Patronato de 1522 y otros
de orden disciplinar con el Concilio de Trento. En Trento no pudieron los obispos españoles protestar tan seriamente como querían contra los «agravios y vexaciones» de
orden económico. Cf. R. G. Villoslada, *La reforma española en Trento:* «Estudios Eclesiásticos» 39 (1964) 319-

Los gravámenes aparecen ya en la Dieta de Maguncia de 1451, y cobran preciso relieve y colorido nacional en la Dieta de Frankfurt de 1456, en los *Avisamenta* que el canciller del arzobispo Dietrich de Maguncia, Martín Mayr, redactó *super gravaminibus Nationis Germanicae*, los cuales fueron dirigidos al papa Calixto III por los príncipes electores y por los arzobispos de Salzburg y de Brema. Al año siguiente, el mismo Martín Mayr, al felicitar a Eneas Silvio Piccolomini por su car-

30. La actitud española ante los gravámenes de la curia romana se refleja bien en las siguientes palabras del gran teólogo Melchor Cano, quien, al ser interrogado por Felipe II sobre las represalias políticas y militares que se podrían tomar contra Paulo IV, respondió que, aunque sea lícito declararle la guerra, como a enemigo de España, siempre es peligroso hostilizar al papa, pues la aversión a Roma fácilmente se convierte en aversión al Pontificado, como aconteció en Alemania. Y prosigue: «La tercera dificultad hacen los tiempos..., y más en lo que toca esta tecla del Sumo Pontífice y su autoridad; la cual ninguno por maravilla ha tocado, que no desacuerde la armonía y concordia de la Iglesia, como, dejando exemplos antiguos, *lo vemos ahora en los alemanes,* que comenzaron la reyerta con el papa *so color de reformación y de quitar abusos y remediar agravios,* los cuales pretendían ser *no menos de ciento;* y aunque no en todos, no se puede dexar de decir y confessar que *en muchos dellos pedían razón* y en algunos justicia. Y como los romanos no respondieron bien a una petición, al parecer suyo tan justificada, queriendo los alemanes poner el remedio de su mano y hacerse médicos de Roma, sin sanar a Roma, hicieron enferma a Alemania... Su perdición comenzó de desacatarse contra el papa, aunque ellos no pensaban que era desacato, sino remedio de desafueros, tales y tan notorios, que tenían por simples a los que contradecían el remedio. En el cual exemplo, si somos temerosos de Dios y aun medianamente prudentes, deberíamos escarmentar y temer que Dios nos desampare, como desamparó a aquéllos, que por ventura no eran más pecadores que nosotros... Y pues en nuestros tiempos muchas naciones se han levantado contra el papa, haciendo en la Iglesia un cierto linaje de *Comunidades,* no parece consejo de prudentes comenzar en nuestra nación alborotos

denalato, le repite brevemente, pero con apasiona-
miento, las querellas de la nación alemana contra
la curia de Roma [23].

En otras muchas ocasiones, y principalmente en
las Dietas imperiales, en que Federico III y Maximiliano I exigen a los príncipes, a los obispos
y a las ciudades fuertes contribuciones para las
guerras y otras empresas, los representantes de los
Estados no se cansan de repetir y alargar la lista
de gravámenes, quejándose de las grandes sumas de

contra nuestro Superior, por más compuestos y ordenados
que los comencemos. Ni tampoco es bien que los que han
hecho motines, y hoy día los hacen, en la Iglesia, se favo-
rezcan con nuestro exemplo y digan que nos concertamos
con ellos, y que nuestra causa y la suya es la misma, por
ser ambas contra el papa. Ellos dicen mal del papa por
colorar su herejía, y nosotros lo diremos por justificar nuestra guerra... Con los herejes no hemos de convenir en hechos, ni en dichos, ni en apariencias» *(Parecer de Melchor
Cano,* publ. en F. CABALLERO, *Conquenses ilustres* II. *Melchor Cano* [Madrid 1871] 514).
    Las amargas quejas de algunos españoles en tiempo de
Felipe III y Felipe IV, contra los gravámenes de orden
económico, pueden verse en Q. ALDEA, *Iglesia y Estado en
la España del siglo XVII* (Comillas 1961) 115-399. Véase
también N. GARCÍA MARTÍN, *Secciones, emolumentos y personal de la Nunciatura española en tiempo de César Monti*
(1630-1634): «Anthologica Annua» 4 (1956) 283-340; *Esfuerzos y tentativas del Conde Duque de Olivares para
exonerar de los expolios y vacantes a los prelados hispanos:* «Anthol. Ann.» 6 (1958) 231-281.
[23] B. G. GEBHARDT, *Die Gravamina der deutschen Nation
gegen den römischen Hof* (Breslau 1884) 21-33. Esta monografía tuvo una segunda edición en 1895, y es hasta ahora la mejor historia de los gravámenes. Las quejas de
Mayr se resumen así: «Electiones praelatorum passim reiici,
beneficia dignitatesque cuiusvis qualitatis et cardinalibus
et protonotariis reservari... Expectativae gratiae sine numero conceduntur; annatae... extorqueri palam est... Ad
conradendas pecunias novae in dies indulgentiae conceduntur. Decimarum exactiones inconsultis praelatis nostris,
Turcorum causa, fieri iubentur. Causae... ad apostolicum
tribunal indistincte trahuntur. Excogitantur mille modi, qui-

dinero que la curia romana extrae mediante el *ius pallii*, los *servitia* en el nombramiento de los prelados, las dispensas de los preceptos eclesiásticos, y con otras tasas tan onerosas como las annatas, las vacantes, los diezmos, los expolios, las indulgencias, las expectativas; laméntanse de que el papa, violando el Concordato, se reserva la colación de los obispados y de los beneficios menores, para venderlos al mejor postor, generalmente a gente que está en Roma a caza de tales prebendas; de que anula sin motivo muchas elecciones hechas canónicamente por los cabildos; de que arruina muchas abadías, concediéndolas en encomienda a cardenales y a otros personajes extraños al monasterio [24].

bus Romana Sedes aurum ex nobis, tanquam ex barbaris, subtili extrahat ingenio» (en AENEAS SILVIUS, *Germania*, ed. A. Schmidt [Colonia-Graz, 1962] 9-10. Larga respuesta y refutación de Eneas Silvio [ibid., 13-124] y en *Pii secundi Opera quae extant omnia* [Basilea 1551] 836-39). Dice Eneas Silvio: «Gravamina ipsa, quibus Theutoniam opprimi dicis, ostendemus vel nulla esse vel longe minora quam putas; exin Germanicam Nationem haudquaquam inopem esse, ut tua contendit epistola, sed bonis omnibus abundantem ostendemus» (*Germania* 15).

[24] No eran sólo las Dietas imperiales las que alzaban esas quejas de protesta. En una Crónica alemana de 1465 se lee: «Grandes sumas de dinero, muchos cientos de miles de ducados, salen anualmente de Alemania para Roma, de suerte que es maravilla que todavía haya en Alemania dinero contante» (B. GEBHARDT, *Die Gravamina* 58-59). L. von Ranke hace subir esa suma a 300.000 gúldenes o escudos. *Deutsche Geschichte im Zeitalter der Reformation* (Leipzig 1881) I 168. Sabemos que también en el concilio provincial de Maguncia de 1487 el obispo de Würzburg y su cabildo presentaron 31 puntos de quejas contra la fiscalidad, diezmos, reservaciones, expectativas, predicación de indulgencias, annatas, etc., que empobrecían a la Iglesia germánica, llegando a amenazar con la apelación «ad sanctissimum nostrum papam Innocentium octavum melius informandum... vel ad futurum congregandum concilium»

En junio de 1487, mientras en Alemania se predicaba la cruzada, el arzobispo de Maguncia, Bertoldo de Henneberg, celoso reformador tanto del Imperio (en sentido oligárquico) como de la Iglesia, dirigió, en unión con los electores de Sajonia y de Brandeburgo, un escrito al papa Inocencia VIII rogándole que renunciase por entonces a los diezmos, los cuales resultaban sumamente gravosos al pueblo alemán en aquellas circunstancias, en que debía pagar otros tributos al emperador. Y nada decimos—añadía el memorial—de los gravámenes ordinarios de la Iglesia, que son causa de muchas dificultades. Terminaban suplicando a Su Santidad se dignase considerar a qué extremos puede conducir la necesidad a los hombres, que en momentos de desesperación se persuaden de que todo les es lícito, lo justo y lo injusto [25].

Años más tarde, cuando Maximiliano I, irritado contra Julio II por haber firmado la paz con Venecia, trató de combatir al papa, incluso en el terreno eclesiástico, llegó a pensar en instituir un legado perpetuo de la Santa Sede en Alemania que dirimiese todos los procesos eclesiásticos y en suprimir las annatas y otras tasas y gabelas que se pagaban a la curia. Para ello requirió el dictamen de Jacobo Wimpfeling. Este docto humanista recapituló en 1510 los *Gravamina Germanicae Nationis cum remediis et avisamentis ad Cesaream Maiestatem*, que sólo en 1520 se imprimieron bajo el título de *Pragmati-*

(L. Veit, *Zur Frage der Gravamina auf dem Provincialkonzil zu Mainz im Jahre 1487:* «Hist. Jahrbuch» 31 [1910] 520-37).
[25] B. Gebhardt, *Die Gravamina* 58; J. Weiss, *Berthold von Henneberg, Erzbischof von Mainz 1484-1504* (Freiburg 1889) 12.

cae Sanctionis medulla. Pondera Wimpfeling los inconvenientes de quebrantar el Concordato y las leyes canónicas; resume la *Pragmática Sanción* de Bourges, llegando a proponerla como modelo, según deseaba quizá el emperador; enumera luego los gravámenes indicados por Martín Mayr, y pone al fin algunos «Remedios» contra dichos gravámenes y algunos «Avisos» o consejos a Maximiliano, de los que no hizo éste gran estima [26].

Agitóse la cuestión de los gravámenes en la Dieta de Augsburgo de 1518 y en la de Worms de 1521. En esta última se formó una comisión que, utilizando una lista redactada por el duque Jorge de Sajonia y otra por el conde Guillermo de Henneberg, elaboró una completísima lista de *Centum Gravamina,* divididos en cuatro partes. La primera es la que contiene propiamente los agravios y vejaciones que Alemania recibe de Roma; las otras tres se refieren más bien a los abusos de los eclesiásticos alemanes [27]. Aunque leídos públicamente en la Dieta el 21 de mayo de 1521, no provocaron gran exaltación entre los representantes de los Estados gracias a la prudencia y firmeza de Carlos V.

En la Dieta siguiente, que se tuvo en Nuremberg (1522-23), no obstante las humildes y sincerísimas promesas de Adriano VI de corregir los abusos, fue redactada una larga serie de cien gra-

---

[26] H. ULMANN, *Studien über Maximilians I Plan einer deutschen Kirchenreform im Jahre 1510:* «Zeitsch.f.KG» 3 (1879) 199-219. Escribió además Wimpfeling una réplica, que prueba poco, a Eneas Silvio «por amor de la patria y de la Nación germánica»: *Responsa et replicae ad Aeneam Silvium,* public. por A. Schmidt en *Germania* 125-46.

[27] J. PAQUIER, *Jerôme Aleandre* (París 1900) 246-50.

vámenes, que quería ser como un memorial y un programa de reforma [28].

Lo fundamental de aquel documento pecaba, si no de falsedad, por lo menos de exageración, como ya lo había demostrado Eneas Silvio Piccolomini, siendo cardenal, contra las acusaciones de Martín Mayr, y lo explicó más tarde el obispo de Feltre, Tomás Campeggi, buen canonista y diplomático [29].

Mezclando abusos reales de orden disciplinar con otros de tipo económico, hacían odiosa a la

[28] Transmitidos al papa, mediante el legado F. Chieregati en 1523, los *Sacri Romani Imperii Gravamina centum* están divididos en 77 capítulos y 100 números, que pueden verse en J. LE PLAT, *Monum. ad Hist. Conc. Trid.* (Lovaina 1782) II 164-207. El nuncio Chieregati les argüía a los Estados alemanes, reunidos en Nuremberg, que aunque la Santa Sede hubiese cometido algunos abusos, no era eso razón para romper la unidad de la Iglesia: «Neque videntur excusandi qui Lutherum sectari velint, quod propter sibi inflicta scandala et gravamina a Curia Romana (etiamsi verum illud esset) deberent ab unitate catholicae fidei propterea resalire» (O. RINALDI, *Annales eccles.* a.1523 n.15). Aleandro, en cambio, disculpaba buenamente a los alemanes y rogaba al papa la supresión de los gravámenes, a fin de que aquéllos no tuvieran ocasión de quejarse: «Succurrendum est Germanis, qui Romanae Curiae odio seducti, potius quam omnino in fide depravati... *E centum illis gravaminibus,* quae Germani in proximo Norimbergensi conventu praetendebant, quia pauca sunt de quibus merito conqueri possent, corrigat ea Sanctissimus Dominus noster... Reliquorum vero gravaminum manifestariam enormitatem facile diluere poterit Nuntius apud Principes et populos» *(Hier. Aleandri archiep. Brundisini Consilium super re Lutherana,* en DÖLLINGER, *Beiträge zur polit. kirchl. und Culturgeschichte* [Viena 1882] III 249).

[29] Una amplia respuesta, quizá demasiado jurídica, a los cien gravámenes la dio Campeggi en su *Responsio et moderatio ad centum gravamina... anno 1536,* que puede leerse en W. FRIEDENSBURG, *Nuntiaturberichte aus Deutschland* vol.2: *Nuntiatur des Morone* (Gotha 1882) 341-421.

curia papal, y disimulando sus propios intereses, desfogaban sus íntimos prejuicios y resentimientos germánicos contra Roma. No siempre la culpa debía recaer sobre los latinos, sino sobre los mismos alemanes, que venidos a Roma se introducían en los dicasterios de la curia como *sollicitatores litterarum apostolicarum*, empleados en solicitar oficialmente, mediante ciertos honorarios, nombramientos, dispensas, gracias, expectativas, etcétera [30].

Bartolomé Arnoldi de Usingen habla de sacerdotes alemanes como «mulateros con pértiga», que negocian con prebendas y beneficios *more Fucherensium* y dilapidan los bienes de las iglesias y colegiatas de toda Alemania [31]. Ellos tenían la culpa, según Aleandro, de los abusos y escándalos que se denunciaban en los *Centum Gravamina* [32].

Germanismo de los humanistas

Pero, aunque es verdad que también contra todo el clero germánico se protestaba, los gritos

[30] Ejemplos concretos en L. DACHEUX, *Un réformateur catholique... Jean Geiler de Keysersberg* (París-Estrasburgo 1876) 113-120. Y la pintura que de aquellos cazadores de prebendas hace Wimpfeling, 117-129.

[31] «Taceo abusum iniquum curialium, qui mulotribae et perticarii agasones Romae venantes per totam Germaniam Collegia expilant» (N. PAULUS, *Der Augustiner Barth. Arnoldi von Usingen* [Freiburg i. Br. 1893] 83).

[32] «Questi nostri tedeschi che stanno a Roma... sono potissima causa di questo tumulto et quasi rebellione in Germania... Tutte queste derogationi, surrogationi, ingressi, regressi, reserve, cessi, accessi, affetti, confetti... et simile novelle, per le quali Germania stride, son tutte cose impetrate dalli proprii tedeschi di Roma, per se o per meggio di suoi patroni». Desde Worms no el 24, sino el 16 de marzo de 1521 (P. BALAN, *Monumenta Reformationis Lutheranae* [Ratisbona 1884] 143).

agrios y destemplados iban contra la avaricia romana. «Lo que más agrada a los alemanes—escribía Aleandro desde Worms—es oír hablar contra Roma»[33]. «En territorio alemán, el emperador solamente posee el señorío; pero el pastor latino es el dueño único de los pastos. ¿Cuándo, ¡oh Germania!, recobrarás las antiguas fuerzas para que no te oprima ningún yugo extranjero?» Así cantaba aquel gran poeta, Conrado Celtis († 1508), que mezclaba versos patrióticos con otros anticlericales y canciones lúbricas con loores a la Virgen María[34].

Del más virulento de los nacionalistas germánicos, de aquel que evocó por primera vez al antiguo héroe Arminio, vencedor de Varo y de sus legiones romanas en la selva de Teutoburgo; del humanista y panfletario Ulrico de Hutten, que aspiraba al título de «Libertador de Germania», son estas palabras, empapadas en odio: El papa es un bandido, y «la cuadrilla de ese bandido es la Iglesia». «¿A qué aguardamos? ¿Es que Alemania no tiene honor? ¿No tiene fuego? Si los alemanes no lo tienen, lo tendrán los turcos». La tríada que él desea a la Sede Romana, asiento del mal, es: la peste, el hambre y la guerra.

---

[33] «Quo nihil gratius audire est apud Germanos» (BALAN, 132). Y poco antes: «Delle X parti di essa (*Germania*) le nove crida Luther, et la decima... saltem crida la morte alla Corte di Roma» (BALAN, 98).

[34] *Epigramma ad Germanos* en K. CELTES, *Fünf Bücher Epigramme*, ed. K. Hartfelder (Hildesheim 1963), 23. Otro epigrama semejante *In Romam* p.122. Por patriotismo germánico Celtis añoraba los druidas y la antigua religión teutónica. Esperaba que llegase con Maximiliano una Edad de Oro, en que se purificaría la religión, deturpada por los clérigos y por Roma. F. VON BEZOLD, *Konrad Celtis der deutsche Erzhumanist:* «Hist. Zeitschrift» 49 (1883) 9-45 193-228.

«Roma es la madre de toda impureza, lodazal de infamia, inagotable ciénaga del mal, para cuya destrucción hay que acudir de todas partes, como cuando se trata de una calamidad pública; hay que desplegar todas las velas, hay que ensillar todos los caballos, hay que atacar a fuego y hierro» [35].

«Hace ya tiempo—escribía a Reuchlin—que estoy atizando el fuego de un incendio, cuya explosión vendrá a su tiempo» [36].

El nacionalismo antirromano exacerbado fue el motivo que le impulsó a ponerse de parte del monje de Wittemberg, no la religión. Y hasta parece que soñó en ser el moderno Arminio, que acaudillase las huestes antirromanas, como sucesor de Lutero. Así por lo menos lo sospechaba Alejandro [37].

Pero el verdadero Arminio fue Martín Lutero, que supo utilizar el sentimiento germanicista de Hutten y de millares de compatriotas. «A ti, ¡oh Martín!, yo te suelo apellidar el Padre de la Patria», decía Crotus Rubianus en 1519. Lutero fue

[35] El diálogo *Vadiscus* o *Trias Romana,* en E. BOECKING, *Ulrici Hutteni Opera* (Leipzig 1859-62) IV 145-259; el *Arminius,* en IV 409-418. Sacudir el yugo romano, tal era su ideal, confesado en carta a Erasmo: «Ut libera sit Germania». «Germanos esse nos meminerimus» (ALLEN, *Opus epist.* III 381-82). Y a Lutero: «Liberemus oppressam diu iam patriam» (WA *Briefw.* II 117).

[36] «Iam pridem incendium conflo, quod tempestive spero efflagrabit» (BOECKING, I 130). A los romanos, decía, hay que atacar con mayor odio (*ardentiori dignos odio)* que a los turcos (BOECKING, I 237). Sobre la actitud de los humanistas alemanes volveremos a tratar en otro capítulo.

[37] «Come dice Hutten, quando mille volte Lutero fusse morto, se descopriranno cento Lutheri, et già pare che esso Hutten vorrebbe, quadam invidia motus, vindicare sibi primas partes, il che farebbe volentieri se sperasse chel populo li havesse tanta fede quanta a Luthero» (BALAN, 155).

el típico representante del pueblo alemán en lo bueno y en lo malo. Ignacio Döllinger, siendo aún católico, lo aseveró con tajantes expresiones:

Lutero, el gran alemán

«Alemania es la cuna de la Reforma; la doctrina protestante brotó en la mente de un alemán, del más grande de los alemanes de su tiempo. Ante la superioridad y energía creadora de aquella mente, una parte de la nación llena de vigor y de altas aspiraciones dobló sus rodillas con sumisión y fe. En aquel hombre, que juntaba en sí la fuerza y el espíritu, muchos alemanes reconocieron a su maestro y vivieron de su pensamiento. El apareció ante sus ojos como el héroe que personificaba la nación con todas sus cualidades. Ellos lo admiraron y se entregaron a él, porque en él creyeron reconocer la más alta expresión de su propio ser, porque encontraron en sus escritos sus sentimientos más íntimos, expresados con una claridad, elocuencia y vigor superiores. Por eso, el nombre de Lutero es para Alemania no sólo el de un varón esclarecido; es el corazón de un período de la vida nacional, el centro de un nuevo mundo de ideas, el compendio de aquella mentalidad religiosa y moral en que se movió el espíritu alemán, y a cuyas poderosas influencias ni sus mismos adversarios lograron sustraerse totalmente»[38].

Ya en su *Comentario de la Epístola a los Gálatas,* en 1519, desfogó Lutero su resentimiento de alemán contrario a Roma[39] pero nunca pidió

---

[38] I. DÖLLINGER, *Kirche und Kirchen* 386-87.
[39] «Nimium mungunt Germaniam» (WA 2,448). «Quantus foetor romanae curiae de palliis et annatis, quibus

la abolición de los gravámenes con mayor vehe-
mencia que en su manifiesto *A la nobleza cristiana de la Nación Germánica* (1520). Desde entonces el influjo de Hutten en el lenguaje luterano es claro. El 26 de mayo de 1521 escribía
a Melanchton: «Si el papa ataca a mis partidarios,
la revolución estallará en Alemania» [40]. Y el 1 de
noviembre agregaba a las amenazas la jactancia
de ser el héroe de su patria: «He nacido para el
servicio de los alemanes» [41]. Y en otra ocasión:
«Yo no busco mi interés, sino la felicidad y la
salvación de toda Alemania» [42]. *Mein liebes Deutschland,* resuena como una melodía en no pocos de
sus escritos, porque «yo soy el Profeta de los
alemanes, título jactancioso, que en adelante me
adjudicaré para gusto y regocijo de mis papistas
y borricos; quiero, sin embargo, amonestar a mis
queridos alemanes» [43].

eviscerantur funditus episcopatus et sacerdotia Germaniae»
(WA 2,600).
    [40] «Si papa omnes aggredietur qui mecum sentiunt, sine
tumultu non erit Germania» (WA *Briefw.* II 348). Y poco
antes a Spalatino le hablaba de «Germaniam... oppressam»
(II 136).
    [41] «Germanis natus sum, quibus et serviam» (ibid., II
397, carta a N. Gerbel).
    [42] «Ich nicht das meyne, sondern alleyn des gantzen
Deutschenlands Glück und Heyl suche» (WA 15,53). «Nos...
nihil aliud quaerimus quam salutem Germaniae» (WA
44,346). Casi igual 30,2 p.412.
    [43] *Warnung an seine lieben Deutschen* (WA 30,3 p.290).
Apellídase en otra parte Apóstol y Evangelista de Alemania (WA 19,261). «Germani sunt optima natio» (WA
Tischr. 3803, III 628). Este amor «a sus queridos alemanes» no impide que unas veces los acuse de borrachos
y otras de bárbaros: «Ego aliquando scribam de vitiis
omnium regionum. Germanis tribuam ebrietatem, Italis men-
dacium» (WA *Tischr.* 4948, IV 590). «Wyr Deutschen
sind eyn wild, roh, tobend Volck» (WA 19,75). Este germanismo podría haber sido noblemente patriótico y loa-

Así trataba de identificar su causa con la causa
de la nación germánica en un momento en que
sus compatriotas entraban en peligrosa efervescencia. Que para ello no le faltaban motivos, lo
declaró él más tarde, explicando los comienzos de
su rebelión, en el prólogo de sus obras completas (Wittemberg 1545), con alusión a los colec-
tores de diezmos, annatas, etc., y a los gravámenes de los «taimados romanenses», que tenían ya
fatigados y exacerbados a los alemanes [44].

Eso le creó un *aura popularis* en todo el país,
sin la cual ni hubiera tenido ánimos para alzar su
estandarte contra Roma ni hubiera encontrado fa-
cilidades para el triunfo. Pero desde principios
de 1519 Lutero se siente vocero de una gran nación, irritada contra la Babilonia romana.

El temperamento, la índole psicológica, el carácter, hondamente alemanes, de Lutero, con todos
sus defectos y con todos sus valores, que son los
de su raza, le ayudaron a triunfar en su patria,
acaso con el contrapeso de crear un cristianismo
más germánico que universal, como escribió Imbart de la Tour: «Los humanistas—dice el gran
historiador francés—habían soñado con un renacimiento alemán, restaurando bajo la forma clásica

ble de no estar envenenado por el odio a Roma y al
Papado. «Fateor das abominatio papatus, post Christum,
mein grosse consolatio ist» (WA *Tischr.* 122, I 48).
  [44] «Interim, quia fessi erant Germani omnes ferendis
expoliationibus, nundinationibus et infinitis imposturis ro-
manensium nebulonum, suspensis animis expectabant
eventum tantae rei... Et fovebat me utcunque aura ista
popularis, quod invisae iam essent omnibus artes et ro-
manationes illae, quibus totum orbem impleverant et fa-
tigaverant» (WA 54,181). El papa con sus algarrobas ceba
a Alemania como a un puerco. «Also ist Germania porcus
papae» (WA *Tischr.* 3627, III 467).

la historia, el derecho, la poesía de Germania. Los
políticos habían transformado poco a poco el Imperio universal del Medievo en una monarquía nacional. Lutero quiere dar a Alemania su religión,
y se apoya también en el sentimiento público. En
la lucha contra Roma, lo que él ataca es el ita-
lianismo» [45].

No exageremos. Evidentemente, el impulso religioso es el más fuerte en el alma de Lutero; aunque tampoco hay que menospreciar la fuerza del
sentimiento nacional antirromano que empujó su
carro de triunfo.

Una cosa muy curiosa debe anotarse aquí, y es
la observación hecha nada menos que por Lortz,
admirador de los aspectos brillantes de Lutero:

---

[45] *Les origines de la Réforme* III 53. Más duramente
se expresó J. Paquier: «Le protestantisme est par ex-
cellence un produit allemand». *Le protestantisme allemand:
Luther, Kant, Nietzsche* (París 1915) 139. Y el mismo
en otra parte: «Une déformation *(del Cristianismo)* à
l'usage de ses compatriotes. Le lutheranisme est un maho-
métisme allemand» *(Luther et l'Allemagne* [París 1918]
285). Tales expresiones, demasiado apasionadas, sólo se
explican en el ambiente antigermánico que reinaba en
Francia durante la primera guerra europea. Tuvo entonces bastante resonancia el art. de IMBART DE LA TOUR, *Pour
quoi Luther n'a-t-il créé qu'un christianisme allemand?:*
«Rev. de Métaph. et de Morale» 25 (1918) 575-612. Por
otra parte, también los alemanes destacaron entonces hasta el exceso el carácter típicamente germánico de la revolución luterana. G. VON BELOW, *Die Ursachen* 449. Poco
después demostraba H. GRISAR, *Der deutsche Luther im
Weltkrieg und in der Gegenwart* (Augsburg 1924), que
modernamente Lutero es interpretado por muchos de sus
compatriotas como «Der Deutscheste der Deutschen», «Der
grösste deutsche Man», «Luther der deutsche Führer»,
«Luthergeist ist deutscher Geist», «Begründer des deutschen Christentums», «Apostel der Deutschen», «Luther
der deutsche Genius», 14-34 y *passim*. Véase también el
capítulo que E. Buonaiuti añadió a la segunda edición
de su *Lutero e la Riforma in Germania* (Roma 1945) 358-87.

«Todo cuanto la Reforma protestante execró en la Iglesia Romana como tráfico, justicia judaica de las obras, méritos del hombre, culto idolátrico, o sea, el merecer, el remunerar, el pagar de las culpas morales o religiosas, todo ello brotó de *conceptos germánicos.* La remuneración, el «do ut des», que es una mentalidad fundamentalmente moralística, se deriva—en religión como en derecho—de *concepciones germánicas* precristianas... El sorprendente resultado se formula así: Cuando Lutero en nombre de su conciencia cristiano-germánica se alzó contra los abusos *de Roma,* en realidad se alzó contra ciertas descomposiciones *(Zersetzungen),* cuyas raíces se deben imputar al espíritu germánico» [46].

3. ¿QUÉ PARTE TUVIERON LOS ESCÁNDALOS Y ABUSOS?

Protestantes y católicos, como queda dicho en la Introducción, solían repetir, hasta hace poco, que una de las causas principales del luteranismo había sido el espectáculo de los escándalos del clero y de los abusos disciplinares y administrativos de la curia romana.

Los protestantes discurrían así: Era tan profunda la decadencia moral de la Iglesia (clérigos concubinarios, frailes relajados, obispos codiciosos, cardenales aseglarados y mundanos, papas esclavos de la política y de las finanzas), que la conciencia cristiana de ciertos elegidos no lo pudo sufrir, y fue necesario que alguien se sublevase, protestando contra la Iglesia degenerada y corrompida, que, si llevaba el nombre de Cristo, no llevaba

[46] *Die Reformation als religiöses Anliegen* 85.

su espíritu ni la verdadera doctrina del Evangelio. Lutero, según ellos, conocía bien los abusos que se cometían en Alemania, y en su viaje a Roma de 1510-1511 contempló durante un mes la depravación de la curia pontificia, las corruptelas administrativas, la ignorancia de los sacerdotes romanos, la corrupción general eclesiástica, y no pudo menos de lanzar su grito de protesta, su grito de reforma. Afán de reforma, eso fue el luteranismo.

Semejante concepción histórica puede decirse absolutamente falsa, y ningún historiador digno de este nombre puede ya sostenerla. ¿Cómo, entonces, pudo ser tan fácilmente aceptada y defendida por autores de las más diversas ideologías? En muchos influyó sin duda el nombre de «Reforma», que se le dio oficialmente al movimiento protestante. El apelativo de «Reformadores», con que se designaron los caudillos de la revolución religiosa, dio origen al error de pensar que efectivamente ellos no venían sino a *reformar* los escándalos y abusos que tantos buenos cristianos lamentaban [46*]. Otros, aun reconociendo los móviles hon-

---

[46*] Entre los católicos, además de Erasmo (cf. nota 16) y de Aleandro (nota 32), el docto controversista J. Eck imputaba ingenuamente a los abusos de la curia la herejía luterana en un Memorial de reforma, presentado al papa Adriano VI en 1523: «Quia contraria contrariis curantur et haeresis Ludderi propter abusus curiae romanae fuit exorta, et propter corruptos mores cleri aucta et propagata, ideo S. D. N. pro pastorali officio edat bullam reformatoriam» (G. Pfeilschifter, *Acta Reformationis catholicae* [Ratisbona 1959] I 119). Véase la bibliografía citada a este propósito por Pastor, *Geschichte* IV 2 p.77. No miraba Eck a la herejía en sí misma, sino solamente a los tumultos externos y a las voces de los luteranos. Con mayor superficialidad aún decía Erasmo que los causantes de la «sedición luterana» habían sido los enemigos de las buenas letras: algunos malos sacer-

damente religiosos del reformador, decían con el católico Sebastián Merkle: «No cabe duda que los abusos proliferaban inmensamente *(in reicher Fülle);* de otra suerte no hubiera hallado Lutero secuaces tan entusiastas en los círculos más estrictamente religiosos. Se nos presentaría como el mayor taumaturgo de la historia, si hubiese provocado aquella defección masiva *(Massenabfall)* en una «Iglesia floreciente y en el ápice de su misión». A lo cual respondía el valdés G. Miegge: «Se puede afirmar, inversamente, que una Iglesia en plena decadencia no hubiera podido producir en su seno un movimiento de tanta potencia y vitalidad como el de la Reforma» [46**].

Ernst Wolf ha escrito: «La Reforma no era para Lutero una renovación de la Iglesia *in capite et in membris* en cuanto reforma de un aspecto institucional de la Iglesia... No hay que olvidar que la Reforma del siglo XVI no se realizó en una época de desolación *(Verödung)* religiosa, de piedad de-

dotes, algunos ceñudos teólogos, algunos frailes tiránicos, es decir, aquellos que atacaban juntamente a Erasmo y a Lutero (ALLEN, VI 203). También el imperialista y enemigo de la política papal Diego Hurtado de Mendoza, dejándose impresionar por el clamoreo protestante, acusó a la curia de haber sido «la primera ocasión» del cisma. Dice así en el *Diálogo entre Caronte y el ánima de Pedro Luis Farnesio:* «A tu padre (Paulo III) le pesa de la grandeza y buena fortuna del emperador..., que ha de salir al cabo con la empresa tan santa que ha tomado de juntar el concilio y remediar, juntamente con las herejías de Alemania, la bellaquería de Roma... La primera ocasión que movió a los alemanes a negar la obediencia a la Iglesia nació de la disolución del clero y de las maldades que en Roma se sufren y se cometen cada hora»: «Bibl. de Aut. Esp.» 36,5-7.

[46**] MERKLE, *Gutes an Luther und Übles an seinen Tadlern:* «Luther in ökumenischer Sicht», ed. A. v. Martin (Stuttgart 1929), 11. MIEGGE, *Lutero* 242.

crépita, exhausta y moribunda, sino precisamente en un momento de auge y hasta de sobreabundancia de *praxis pietatis,* de devotas actividades y de exaltación religiosa» [47].

Las personas más profundamente religiosas que siguieron a Lutero no lo hicieron por reacción contra los abusos eclesiásticos, sino por íntima simpatía con los dogmas luteranos.

El luteranismo quería ser un movimiento esencialmente religioso; ahora bien: la nueva religiosidad cristiana, que en realidad venía a suprimir dogmas y a cambiar las relaciones del alma con Dios, no podía ser efecto de una mera reforma de escándalos morales y abusos disciplinares. En esto ya están de acuerdo protestantes como G. von Below, católicos como Imbart de la Tour y agnósticos como L. Febvre.

Respuesta de Lutero

El hecho de haberse hecho pública la herejía de Lutero en 1517, con ocasión de la predicación de *Tetzel* sobre las indulgencias, les indujo a algunos a pensar que la protesta luterana se dirigía solamente contra los abusos que en la predicación se cometían. Explicación demasiado simplista. Cuando el reformador publica sus 95 tesis, ya hacía varios años que su mente se hallaba imbuida de una teología heterodoxa, la cual le había de conducir a la rebelión, no el espectáculo de los abusos. Los testimonios de fray Martín son rotundos y numerosos. Nadie—repetía—tiene derecho a separarse de la Iglesia por graves que sean los abusos que en ella se cometan.

---

[47] *Luther und die Reformation der Kirche:* «Kirche in der Zeit» 22 (1967) 398-403 p.402.

Siendo todavía católico, en 1512, escribió un sermón para que lo predicara un amigo suyo, en el que con acentos de profeta bíblico levantó su voz contra la corrupción dominante. ¿Y qué corrupción era la que le indignaba? La referente a las doctrinas y a la palabra de Dios, que muchos sacerdotes corrompen en su predicación. Este es el gran pecado de los obispos y de los sacerdotes —añade—, y frente a esto nada significa «el crimen y escándalo de las fornicaciones, las embriagueces, el juego y cuanto se halle de reprensible en el clero». Yerra el sacerdote que se imagine ser mayor pecado un desliz de la carne, la falta de oración o un error en la recitación del canon, que no el callar o adulterar la palabra de la verdad. «Casi puede decirse que éste es el único pecado del sacerdote en cuanto tal» [47*].

El año 1520, ya en abierta rebeldía, compuso Lutero su manifiesto revolucionario *A la nobleza de la Nación Germánica sobre la reforma del Estado cristiano* (von des christlichen Standes Besserung). Allí explica las reformas o mejoras que él juzgaba necesarias en el cristianismo [48]. ¿Y cuáles

---

[47*] «Adeo est res ista hodie omnium maxime necessaria: ut sacerdotes primo omni verbo veritatis abundent. Scatet totus orbis, imo inundat hodie multis et variis doctrinarum sordibus: tot legibus, tot opinionibus hominum, tot denique superstitionibus passim populus obruitur magis quam docetur... Solum verbum veritatis est, in quo putant se non posee peccare, cum paene solum sit, in quo sacerdos peccet ut sacerdos» (WA 1,12). Que sea sermón sea de Lutero, lo pone en duda K. A. MEISSINGER, *Der katholische Luther* (Munich 1952) 91.

[48] A continuación propone otras reformas menores, que deberá emprender el concilio o, en su defecto, el príncipe (pues Lutero concedía ya a los príncipes el *ius reformandi*), a saber: abolición de los gravámenes, libertad a los sacerdotes para contraer matrimonio, reducción

son ésas? ¿Qué abusos venía él a reformar? Los siguientes: *a)* la distinción entre laicado y sacerdocio, ya que todos los cristianos son sacerdotes desde el bautismo; *b)* el magisterio supremo del Pontífice de Roma, ya que no debe haber otra norma de fe que la Biblia, interpretada subjetivamente por cada cual; *c)* el derecho del papa a convocar los concilios ecuménicos, ya que esto es competencia de los príncipes seculares y del pueblo cristiano. En la destrucción de esos tres muros, con que Roma se defiende, consiste la auténtica Reforma luterana.

Como se ve, todo eso era algo muy diferente de una reforma moral y disciplinar; era una transformación sustancial de la Iglesia de Cristo; era un concepto revolucionario del cristianismo. No se trataba de corregir los defectos de las personas, sino la naturaleza de la institución. «Yo no impugno las malas costumbres—decía Lutero al papa en septiembre de 1520—, sino las doctrinas impías» [49].

Y años adelante repetirá con toda claridad: «Yo

del número de monasterios y de frailes, disminución de los días festivos y otras disposiciones de orden económico y social. El texto, en WA 6,404-69. Es verdad que en 1518, escribiendo a su maestro J. Trutfetter, hablaba de una reforma al parecer jurídica y disciplinar («Ego simpliciter credo quod impossible sit Ecclesiam reformari, nisi funditus canones, decretales, scholastica theologia... eradicentur»: WA *Briefw.* I 170), pero en la mente de Lutero esa reforma de los cánones y de la teología implicaba una transformación sustancial de la Iglesia.

[49] «In impias doctrinas invectus sum acriter, et adversarios non ob malos mores, sed ob impietatem non segniter momordi» (WA 7,43). Y Melanchton asegura lo mismo en febrero de 1521: «Nec de privato sacerdotum luxu uspiam vel litteram scripsit (Lutherus). Bellum est Luthero cum prava doctrina, cum impiis dogmatis non cum privatis sacerdotum vitiis» *(Corpus Reform.* I 297).

no impugné las inmoralidades y los abusos, sino la sustancia y la doctrina del Papado» [50].

«No soy—decía en otra ocasión—como Erasmo y otros, anteriores a mí, que criticaron en el Papado solamente las costumbres; yo, en cambio, nunca dejé de atacar las dos columnas del Papado: los votos monásticos y el sacrificio de la misa» [51].

No reformación, sino transformación

Eso es lo que entendía por «reformar» aquel reformador. Las costumbres le importaban poco. Si las inmoralidades de los hombres bastasen a justificar una rebelión, los luteranos daban motivo más que suficiente para que muchos de entre ellos se alzasen en rebeldía, provocando cismas. «Entre nosotros—confesaba abiertamente Lutero—, la vida es mala, como entre los papistas; mas no les acusamos de inmoralidad (sino de error doctrinal). Esto no lo supieron hacer Wyclif y Hus... Mi vocación es ésa» [52].

Por eso, «aunque el papa fuese tan santo como

[50] «Non moralia et abusus, sed substantiam et doctrinam illius impugnavi» (WA *Tischr.* 3555, III 408). Y antes había escrito: «Neque papam ipsum aut concilium impugnavi propter malam eorum vitam aut opera, sed ob falsam doctrinam» (WA *Briefw.* II 323-24).

[51] «Alii ante me taxarunt mores in papatu, ut Erasmus et alii, sed vota et missam anzugreifen, die zwo Seulen da papatus auffstehet, hab ich mich selb nie versehen durffen» (WA *Tischr.* 113, I 42).

[52] «Vita est mala apud nos, sicut apud papistas; non igitur de vita dimicamus et damnamus eos. Hoc nesciverunt Wikleff et Huss, qui vitam impugnaverunt. *Ich schilte mich nit fromm;* sed de verbo, an vere doceant ibi pugno... Ea est mea vocatio» (WA *Tischr.* 624, I 294) «Ego nihil de vita, sed de doctrina, an adversarii recta doceant» (WA 48,421).

San Pedro, lo tendríamos por impío» nos rebela-
ríamos contra él [53]. «Le opondremos el Padre nuestro y el Credo, no el Decálogo, porque en esto
de moral somos demasiado flacos» [54].

Supongamos—escribía en 1535 en su *Comentario de la Epístola a los Gálatas*—que floreciese
en el Papado aquella religión y disciplina de la
Iglesia primitiva; pues aun entonces deberíamos luchar contra los papistas y decirles: si no tenéis más
que esa santidad y la castidad de la vida, mere-
céis ser arrojados del reino de los cielos [55].

Separarse de la Iglesia solamente por los escándalos y abusos no es lícito a nadie; es un crimen,
contrario a las leyes de Cristo. Si los papas y los
sacerdotes son malos, tú—nótese que es el propio
Lutero quien habla—, si realmente ardieses en
verdadera caridad, no te apartarías de ellos, sino
que correrías en su auxilio, los amonestarías, ar-
güirías y no dejarías nada por hacer [56].

---

[53] «Wenn der Bapst gleich S. Peter wer, *tamen esset
impius*» (WA *Tischr.* 6421, V 654).
[54] «Papa suum concilium contra pestiferam lutheranam
haeresim decrevit... Nos opponemus unum Pater noster
et Symbolum, nequaquam Decalogum, *den wir sind zu
schwach darinnen*» (WA *Tischr.* 3550, III 402).
[55] Las palabras no pueden ser más claras: «Esto, quod
adhuc staret religio et disciplina papatus quae olim fuit,
tamen deberemus pugnare contra instituciones regni pa-
pistici... Non tam in sceleratam vitam papistarum inten-
dere oculos debemus, quam in impiam ipsorum doctrinam... Fingamus igitur illam religionem et disciplinam ve-
teris papatus florere iam et observari..., tamen dicere nos
oportet: Si nihil aliud praeter sanctitatem et castitatem
vitae vestrae habetis..., plane estis... e regno caelorum
ciiciendi ac damnandi» (WA 40,1 p.686).
[56] «Consequens est, quod Boemorum discidium a Romana Ecclesia nulla possit excusatione defendi, quin sit
impium et Christi omnibus legibus contrarium... Si enim
sunt mali pontifices, sacerdotes, aut quicumque, et tu in
vera charitate ferveres, non diffugeres, sed etiamsi in ex-

Después de leer estos testimonios tan autorizados, nadie pondrá en duda que Martín Lutero no
se levantó para protestar contra la corrupción moral de Roma ni con el propósito de reformar los
abusos de la curia papal (eso no basta—decía—a
justificar un cisma); se levantó para anatematizar la
doctrina católica de la justificación, del primado
pontificio, de la jerarquía eclesiástica, del sacrificio
de la misa, etc. La reforma implantada por el teólo-
logo de Wittemberg no era la reforma que venía so-
ñando y pidiendo desde hacía tiempo la cristiandad.

Preciso es conceder que una reforma moral y
administrativa era necesaria; que muchos preceptos
canónicos y litúrgicos estaban pidiendo una sim-
plificación y quizá una total abolición; que en todos los órdenes de la sociedad y de la Iglesia pululaban entonces—¿y cuándo no?—corruptelas, si-
monías y escándalos. Pero todo aquello no debe
contarse entre las causas o motivos importantes de
la revolución religiosa.

¿Quiere esto decir que nada influyeron en ella?
Tampoco. Algo influyeron, ciertamente, en su rápida difusión, porque muchos que no podían sufrir
la ley del celibato, de los ayunos y abstinencias,
de la confesión sacramental, se pasaron al protestantismo [57]. Y sirvieron también de pretexto a los No-

tremis maris esses, accurreres, fleres, moneres, argueres,
prorsus omnia faceres» *(In Epist. ad Galat.* 1519: WA
2,605).
[57] Que la corrupción de los clérigos pudo provocar una
revolución contra ellos, y consiguientemente contra la Iglesia, se comprende, pero no ser causa de una herejía como
la luterana. Ya en el siglo xv el cardenal Julián Cesarini
escribía a Eugenio IV: «Incitavit etiam me huc venire
(a Basilea) deformitas et dissolutio cleri Alemanniae, ex
qua laici supra modum irritantur adversus statum eccle-
siasticum; propter quod valde timendum est, nisi se emen-

vadores para atacar a la Iglesia romana y presentarse ellos como los únicos y auténticos reformadores. El grito de «Reforma» era muy antiguo y tradicional en la historia de la Iglesia, porque los cristianos tienen que estar en continua reforma. Gregorio VII, San Bernardo, San Francisco, Gerardo Groote, San Vicente Ferrer, San Bernardino de Siena, Nicolás de Cusa, Savonarola, Standonch, el mismo Erasmo, Hernando de Talavera y Jiménez de Cisneros, ¿qué fueron, con sus matices y aun a veces con sus defectos personales, sino paladines de la reforma eclesiástica?

Pero los Novadores apetecían otro linaje de reforma. Ellos se apoderaron del grito casi unánime de la cristiandad, cambiándole el significado. Nosotros somos—dijeron—los portadores de la verdadera reforma. Y la fuerza mágica de esa palabra arrastró a muchos que, deseando con sinceridad una renovación moral del clero y una más apta legislación disciplinar, siguieron incautamente a los que se arrogaban el título de «reformadores».

Ilusiones y desengaños

No todos veían tan claro como el agustino Bartolomé Arnoldi de Usingen, que les decía: «Si en vuestro afán de reforma os hubierais limitado a corregir los abusos, yo hubiera colaborado con vosotros; pero como el airear los escándalos no es más que un pretexto para lo que realmente pretendéis, que es destruir nuestra religión y la verda-

dent, ne laici, more Hussitarum, in totum clerum irruant... Revera timendum est, nisi iste clerus se corrigat, quod etiam extincta haeresi Bohemiae, suscitaretur alia» (RINALDI, *Annales eccl.* 1431 n.22).

dera vida cristiana, por eso lucho y lucharé contra vosotros hasta mi último respiro» [58].

En la exaltación de los primeros días, el grito de «Reforma» sedujo al más genial de los pintores alemanes, Alberto Dürer, temperamento hondamente religioso, que puso sus esperanzas en la renovación cristiana anunciada por el «fraile reformador», y vituperó ciertas manifestaciones populares del culto mariano, si bien nunca abandonó la fe de sus padres ni se separó de la Iglesia romana. Y otro tanto vemos en su amigo el humanista Wilibaldo Pirckheimer, entusiasta de las reformas, no de las herejías, que, si en un principio se declaró «luterano», al fin se arrepintió completamente desengañado *(longe deceptus)*, al comprender que fray Martín iba guiado «por la demencia y por el mal espíritu» [59].

El primero en pasar de la inicial simpatía a la hostilidad franca y resuelta fue Erasmo, porque fue el primero en ver que lo que se decía «Reforma» iba a parar en «sedición» [60]. Otros tardaron algo

---

[58] N. PAULUS, *Der Augustiner Barth. A. von Usingen* 88. El mismo Usingen se dolía del grave daño que el luteranismo acarreaba a las costumbres y a los estudios (ibid., 89-104).

[59] Sobre Pirckheimer y Lutero, DÖLLINGER, *Die Reformation* I (Ratisbona 1846) 161-74; 534.

[60] Escribía en 1522 a Luis Coronel: «Exordium huius fabulae mihi semper displicuit, quam videbam in seditionem exituram» (ALLEN, *Opus epist.* V 47). Y en 1529 acusaba a los reformadores de no reformar, sino destruir: «Vos strenue clamatis in luxum sacerdotum, in ambitionem episcoporum, in tyrannidem Romani Pontificis, in garrulitatem sophistarum, in preces, ieiunia et missas; nec ista purgari vultis, sed tolli, nec omnino quicquam in receptis placet, sed zizaniam evellitis cum tritico, aut, ut melius dicam, triticum evellitis pro zizania» *(Opera omnia,* ed. Clericus, 9 1578).

más, como Ulrico Zasius y Crotus Rubianus [61], pero al fin abrieron los ojos, y, como su deseo de reforma era en la Iglesia y por la Iglesia, abandonaron al «reformador».

Se dirá tal vez—y no sin fundamento—que el grito de «Reforma», que resuena durante toda una centuria, desde el Concilio de Constanza hasta Lutero, más que una protesta contra la inmoralidad de los eclesiásticos, era una protesta contra el fiscalismo centralizador de la curia, y que los abusos del fisco romano, o de la Cámara Apostólica, sí influyeron en el advenimiento del protestantismo por la unión íntima que tenían con los *Gravámenes de la Nación Germánica,* arriba estudiados. No cabe duda que los ánimos de muchos alemanes se amargaron, llenándose de odio antirromano por causa de esos *Gravamina,* que muchas veces no conocían sino de oídas, y que ellos atribuían a la «tiranía pontificia», opresora de Alemania, como si únicamente Alemania tuviera que soportar aquella carga.

Pero, a juicio de un historiador tan concienzudo como Imbart de la Tour, esa «tiranía pontificia» jamás fue, desde hacía dos siglos, menos pesada que en los tiempos de Lutero [62].

Y si existían abusos en el fiscalismo, no eran tantos ni tan graves como frecuentemente se dice. Más que las personas, lo que necesitaba reforma era el régimen fiscal vigente en la Iglesia desde los

[61] DÖLLINGER, *Die Reformation* I 1-18 (Erasmo y Lutero), I 138-42 (Crotus Rubianus), I 174-82 (U. Zasius). De Zasius son estas palabras: «Pestis pacis Lutherus, omnium bipedum nequissimus» (p.175).
[62] «La tyrannie pontificale? Mais jamais elle n'avait pesé aussi légèrement sur le régime intérieur des États ou des Églises» (*Les origines de la Réforme* I p.IX).

tiempos de Avignon, régimen odiado por el absolutismo de los príncipes, pero muy difícil de suprimir totalmente en aquellas circunstancias históricas [63].

Voz universal de la Iglesia era ciertamente que la Cámara Apostólica no debía recaudar tantas riquezas con su sistema fiscal de *servitia commnia,* annatas, diezmos, frutos intercalares, expolios, etc., y que los papas no se debían reservar a sí mismos el nombramiento de todas las prelaturas y beneficios eclesiásticos. Los conciliares de Constanza manifestaron, a veces con aspereza, su deseo de que el fiscalismo se atenuase y las reservas papales se redujesen notablemente, y lo exigieron en los Concordatos que allí se pactaron. La Santa Sede accedió en parte, y ciertos abusos se suprimieron, pero sin esa fuente de ingresos la vida burocrática de la curia resultaba imposible.

Digamos, pues, para terminar, que en el ánimo protestatario de Lutero no influyó originariamente la corrupción moral que veía cundir por todas partes ni el cúmulo de abusos que se atri-

---

[63] Imbart de la Tour ha estudiado la fiscalidad episcopal y parroquial en Francia, y también la fiscalidad general, en *Les origines* II 213-309. No sin alguna exageración escribió U. Berlière, refiriéndose al tráfico de beneficios iniciado en Avignon: «Oui, c'est à Avignon qu'on peut aller chercher les origines de la Réforme protestante». *Suppliques d'Innocent* VI (Roma-Bruselas 1911): «Analecta Vaticano-Bélgica» t.5 p.XXIII. La curia aviñonesa llegó a ser la mejor organizada de Europa, pero toda burocracia está expuesta a frecuentes abusos. Por eso decía Eneas Silvio Piccolomini: «Itaque non imus inficias esse apud nos et avaros et venales homines. Quos damnamus et abominamur... Quaere, obsecro, aliarum mores curiarum; omnes pari morbo laborant. Discute Maguntinum, agnosce quid Maguntinum palatium agat, et si non vis ferre testimonium, sine, audiamus quid alii dicant» *(Germania* 40).

buían a la curia; sus móviles no fueron externos, aunque no dejó de utilizarlos a veces en su campaña antirromana. La fuerza central y motora de sus actividades era interior, de carácter religioso y espiritual, que no miraba a corregir, sino a crear.

El «mea culpa» de Adriano VI

¿Y qué decir del *mea culpa* pronunciado por el papa Adriano VI, con hondos sentimientos de humildad y penitencia, y más tarde por los Padres de Trento? Ellos, tan cercanos a los acontecimientos, ¿no son testigos fidedignos de la culpabilidad eclesiástica en el cisma luterano? Reconocen ciertamente, y confiesan públicamente, que los obispos y sacerdotes han pecado, mereciendo ese grave castigo de Dios contra su Iglesia; admiten también que los pastores de almas descuidaron su oficio, permitiendo que la herejía serpease y cundiese entre sus ovejas, pero con eso no quieren decir que los escándalos morales y los abusos curiales han sido la causa y origen del luteranismo, aunque en alguna forma le hayan favorecido. Fue la humildad cristiana, no la crítica histórica, la que dictó al papa Adriano en 1522 su confesión ante la Dieta de Nuremberg. Y los Padres tridentinos no se ponían en el plano histórico, sino en el teológico y sobrenatural de la Providencia de Dios, que castiga a los pueblos por los pecados de sus gobernantes.

Se imaginaban aquellos obispos y teólogos que, reformada la Iglesia en lo moral y disciplinar, volverían a ella los que se habían separado con gesto de airada protesta. ¡Ilusión que duró largos años! Pero ilusión no compartida por el clarividente obispo de Salamanca, Pedro González de Mendoza, que anotaba en su *Diario* lo siguiente:

«No sé en qué se ha de parar este negocio de reformación, que tan importunado es de Alemania y de Francia, pareciéndoles que toda la esperanza de la reducción de los herejes estaba puesta en esto. Pero, fuera de lo que toca a este punto de reformación, tienen tantas herejías, que no se puede esperar que la formación ha de ser bastante para reducirlos... Ella es cosa importantísima y deseada con grande razón de todos; pero no creo que para con los herejes ha de ser poderosa, porque no son sólo los abusos los que tienen apartados de la Iglesia a los herejes» [64].

---

[64] *Lo sucedido en el Concilio* (CT II 671-72). Quiero aducir aquí los textos principales a que hago alusión arriba:

— Adriano VI a su nuncio F. Chieregati: «Item dices, nos ingenue fateri, quod Deus hanc persecutionem Ecclesiae suae inferre permittit propter peccata hominum, maxime sacerdotum et Ecclesiae praelatorum... Scimus in hac sancta Sede aliquot iam annis multa abominanda fuisse, abusus in spiritualibus, excessus in mandatis... Polliceberis nos omnem operam adhibituros, ut primum curia haec, unde forte omne hoc malum (corruptionis) processit, reformetur, ut sicut inde corruptio in omnes inferiores emanavit, ita etiam ab eadem sanitas et reformatio emanet» (RINALDI, *Annal. eccles.* a.1522 n.70).

— Reginaldo Pole (pues suya es la *Admonitio Legatorum*) decía el 7 de enero de 1546 a los Padres de Trento: «Dicimus nos Pastores his malis, quibus Ecclesia est oppressa, causam dedisse... Qui non coluit quem debuit agrum, qui non seminavit, qui pullulantes *(vitiosas herbas)* per se non statim curam adhibuit ut extirparet, non minus quidem principium illis dedisse dicendus est» (CT IV 549-50).

— Lo mismo venía a decir Tomás Stella el 13 de enero de 1546 (CT V 816).

— El cardenal C. Madruzzi parece ponerse en el plano histórico cuando afirma, el 22 de enero de 1546, «quod adversariis nostris haec fuerit prima discedendi a nobis causa» (CT I 22).

— Angelo Massarelli, en nombre de los legados, leyó el 1 de septiembre de 1551 una *Admonitio seu hortatio,* que decía: «Corrigenda et reformanda est ecclesiastica disciplina, quae iam diu depravata atque corrupta harum ipsarum haeresum magna ex parte causa origoque extitit» (CT VII 90).

— El arzobispo de Patras, Antonio Cauco, el 26 de febrero predicó: «In tantis Deum offendimus inmortalem..., ut dicere audeam, recentioris huius haeresis Lutheranae corruptis ac perditis moribus nostris nos quodam-modo auctores fuisse, nos originem, nos causam» (CT VIII 361).

— Y finalmente el cardenal de Lorena repetía, refiriéndose a Francia, el 23 de noviembre de 1562: «Propter nos tempestas haec orta est» (CT IX 164). En cambio, el obispo de Feltre observaba: Es discutible si los falsos dogmas proceden de las malas costumbres, o las malas costumbres de los falsos dogmas (CT IV 568). Refiere Severoli en su *Diario* que e obispo de San Marco, Coriolano Martirano, predicando en la sesión segunda (7 de enero de 1546), declaró que «mali mores et praecipue sacerdotum flagitia causam huic secundae *(corruptioni cultus et religionis)* dedissent» (CT I 16), pero en el texto del sermón que se nos ha conservado no se afirma tal cosa, por más que se hiperboliza bombásticamente la corrupción reinante en todas partes (CT IV 557-61).

— Añadamos, para terminar, unas palabras de Erasmo a Melanchton: «Fortasse mores nostri meruerunt tam inclementem medicum, qui sectionibus et usturis curaret morbum» (ALLEN, *Opus epist.* V 597).

Capítulo II
RAICES TEOLOGICAS

1. Decadencia de la teología

Otro factor que influyó poderosamente en los orígenes del protestantismo, y muy particularmente en Lutero, fue la decadencia de la teología. Tras el siglo áureo de Santo Tomás y de San Buenaventura viene el siglo XIV, de enorme fermentación desintegradora, activada por pensadores audaces, entre los que descuella Guillermo de Ockham, padre de la filosofía moderna.

Fundándose en argumentos filosóficos y en el *magister dixit* más que en la Palabra divina y en los Concilios y en los Santos Padres, la teología decae lamentablemente y sigue descendiendo durante el siglo XV, en que los representantes de la ciencia sagrada—con la noble excepción de algún ilustre tomista—se raquitizan, inficionados de dialecticismo y de una barbarie de expresión *(lingua parisiensis)* verdaderamente repulsiva e intolerable. Por eso los humanistas, enamorados del latín clásico, vapulearán de lo lindo a los «teologastros», desdeñando la forma externa y el método escolástico, y en pos de ellos vendrá Lutero despreciando a todos los teólogos medievales, con Santo Tomás a la cabeza, y rechazando sus doctrinas fundamentales como opiniones falsas, apoyadas en la filosofía del «gran pagano Aristóteles», no en el Evangelio de Cristo.

El escolasticismo decadente y sus sectas

La decadencia de la teología en los siglos XIV y XV es incuestionable. Olvidados de las fuentes y de los más hondos problemas dogmáticos, los profesores de las universidades pierden el tiempo disputando «de lana caprina», de cosas fútiles y vanas, con agudezas y sofismas. Ya en mayo de 1346 se lamentaba el papa Clemente VI de que los teólogos abandonaban la Biblia y los Santos Padres [1].

Gerson, aunque contagiado él mismo de la universal decadencia, la deploraba y trataba de investigar las causas y los remedios. Y acertaba a ver las raíces del mal en la vana curiosidad, en el afán de novedades, en un filosofismo exagerado y en la división de escuelas o sectas [2].

El agustino Bartolomé Arnoldi de Usingen, maestro de filosofía del joven Lutero, decía que

[1] Después de denunciar la sofistería de los filósofos, escribe a la Universidad de París: «Plerique quoque theologi, quod deflendum est amarius, de textu Bibliae, originalibus et dictis sanctorum ac doctorum expositionibus... non curantes, philosophicis quaestionibus et aliis curiosis disputationibus et suspectis opinionibus doctrinisque peregrinis et variis se involvunt» (Chartul. Univ. Paris, ed. Denifle-Chatelain [París 1891], II 588.

[2] «Signum curiosae singularitatis est fastidire doctrinas resolutas et plene discussas, et ad ignotas vel non examinatas velle converti... Mavult enim curiositas quaerere invenienda, quam inventa cum veneratione studiosa intelligere... Gaudere prius in impugnatione doctorum, aut in defensione unius pertinaci, quam ad eorum dicta concordanda operam dare... Fundamenta nimio studio accipere a philosophantibus paganis, curiositas est in theologica eruditione periculosa... Contemnere claras et solidas doctrinas, quae leves videntur, et ad obscuriores se transferre» (Secunda lectio contra vanam curiositatem, en Opera omnia, ed. Du Pin [Amberes 1706], I 97-104).

el vino de la teología había perdido su natural sabor por mezclarse con el agua de la filosofía[3].

Coincidía perfectamente con él un escocés, Juan Mayr, teólogo decadente, pero de gran ingenio y autoridad, que enseñaba en París en los primeros decenios del siglo XVI[4].

Los testimonios de Luis Vives en su libro *In pseudodialecticos* y de Erasmo en *Stultitiae laus,* en *Ratio seu methodus compendio perveniendi ad veram theologiam* y en casi todos sus escritos, son tan conocidos, que nos ahorran toda cita. Aseguraba Juan Mayr, contra la opinión común, que no era la Facultad teológica de París la que más había pecado en esto. No lo discutiremos aquí; pero en 1530, en la misma Universidad parisiense se levantan voces contra los teólogos porque, abandonando los Evangelios y los santos Doctores de la Iglesia, profesaban en sus clases una extraña sofística y una nueva dialéctica[5].

Desde que el franciscano inglés Guillermo de

---

[3] «Qui (theologi) tantum aquae theologico vino immiscuerunt, quod verum et nativum saporem ferme perdiderit. Hinc recessum est nimis a fontibus et per rivos descensum in lacunas». N. PAULUS, *Der Augustiner B. A. von Usingen* 21. Casi lo mismo escribía Conrado Summenhart, teólogo de Tubinga (ibid.).

[4] «Hos tamen non approbo qui prolixe in theologia quaestiones inutiles ex artibus inserunt ad longum, opiniones frivolas verborum prodigalitate impugnant, et tantum aquae in vinum infundunt, ut totum aqueum atque insipidum gustui videatur» (larga cita en R. G. VILLOSLADA, *La Universidad de París* 142). Otros autores que repetían iguales quejas, en J. LAUNOY, *De varia Aristotelis fortuna,* en *Opera omnia* (Ginebra 1732) IV 196-203.

[5] Son maestros de artes, de tendencia humanística, los que acusan a los teólogos, «quod omissis Evangeliis et SS. Ecclesiae Doctoribus, Cypriano, Chrysostomo, Hieronymo, Augustino et aliis, sophisticen nescio quam et dialecticen quandam novam profiterentur» (C. E. DU BOULAY, *Historia Univers. Parisiensis* [París 1673] VI 223).

Ockham († 1347), seguido por el dominico Roberto Holcot, Nicolás d'Autrecourt, Adam Who-
dam, Marsilio de Inghen, Pedro d'Ailly, Gabriel
Biel, etc., embiste con el ariete de su nominalismo
o conceptualismo a la gran síntesis teológica tomista, perece la concordia entre los teólogos, aun en
cuestiones fundamentales, dividiéndose todos en
contrarias escuelas y en diversos caminos: la *via
antiqua* de los reales (tomistas y escotistas), la *via
moderna* de los nominales (occamistas), a cuyo
lado van los agustinistas y otros [6].

Los teólogos de una escuela muerden y des-
pedazan a los de otra, haciendo alarde de un er-
gotismo palabrero, más que de seria teología.
Y mientras los reales, paralizándose en sus antiguas posiciones, se abrazan a un rígido dogmatismo y a un vacuo formalismo, con discusiones de
ningún interés, los nominales repudian la metafísica, negando a las ideas su valor objetivo, pues
no ven en los conceptos generales otra cosa que
marbetes o rótulos que resumen una serie de experiencias sensibles, transforman la metafísica o conocimiento de la última realidad de las cosas en
lógica formal o en estudio de los actos mentales;
no les interesa lo real—que juzgan incognoscible—,
sino lo aparencial, lo sensible y experimentable,
cayendo así en un peligroso subjetivismo, fuente
de muchos errores dogmáticos. Los nominales, por
lo común, subestiman la fuerza de la razón humana, no admitiendo con plena certeza racional—y

[6] De todos ellos se burlaba Erasmo: «Iam has subtilissi-
mas subtilitates subtiliores reddunt tot scholasticorum viae,
ut citius e labyrinthis temet explices, quam ex involucris
Realium, Nominalium, Thomistarum, Albertistarum, Occa-
mistarum, Scotistarum, et nondum omnes dixi sectas, sed
praecipuas dumtaxat» (*Stultitiae laus* c.53).

sólo con certidumbre de fe divina—verdades tan altas como la unidad e infinidad de Dios, la espiritualidad e inmortalidad del alma, deslizándose hacia el fideísmo y escepticismo filosófico, cuando no admiten, como los averroístas, la teoría de la doble verdad. De esta manera rompen la concordia armónica entre la filosofía y la teología, entre la razón y la fe. De una parte queda la realidad puramente religiosa, que es objeto de la fe y objeto de la experiencia mística, y de la otra, la especulación puramente dialéctica y formal. Para los occamistas está prácticamente excluida una fundamentación lógica y racional de la fe. Lutero, seguidor de esa escuela, desprecia el conocimiento natural de Dios y de sus perfecciones[7].

Unos estudian la teología de un modo formalista y seco, reduciendo casi todo a cuestiones lógicas; otros, como los seguidores de la *Devotio moderna,* y principalmente Gerson, pican en la medula sustanciosa de la teología práctica, cultivando una tendencia moral, espiritual y mística, pero sin darle a veces bastante fundamento dogmático, porque confían más en la experiencia vital y psicológica que en la virtud cognoscitiva de la razón. Y, por otra parte, sus conocimientos bíblicos son aún muy insuficientes. Esa teología espiritual seguirá el nominalista fray Martín, buscando la solución de sus problemas íntimos en la consolación subjetiva, pero tratando al mismo tiempo

---

[7] No merece el nombre de teólogo, según Lutero, el que con la luz de la razón conoce las perfecciones divinas; la única verdadera teología es la que, guiada únicamente por la fe, descubre en la cruz, en la estulticia, en la debilidad de Dios, sus ocultos misterios *(Deus absconditus)* (WA 1,361-62). W. von Loewenich, *Luthers Theologia crucis* (Munich 1929).

de fundar sus experiencias personales en la Sagrada Escritura.

Lutero aborrecía a todos los escolásticos, teniéndolos por «asnos y bestias», y a los centros universitarios, como París, Lovaina, Colonia, etc., alcázares de la teología, los denominaba «burdeles de Satanás», porque violaban y corrompían la palabra de Dios. No le era difícil a fray Martín excogitar conceptos injuriosos, porque los humanistas se le habían adelantado. Jacobo Locher (Philomusus, † 1528) decía en un epigrama que el teólogo es producto de la mula; pero ¿cómo, si la mula es estéril y no engendra sino estiércol?

La suboscuridad teológica

Una cosa quiero tocar aquí brevemente, que es consecuencia y síntoma de esa decadencia teológica de la que vengo hablando. Me refiero a lo que se ha dado en llamar *die theologische Unklarheit,* suboscuridad o penumbra teológica, imprecisión, vaguedad, incerteza de las doctrinas, las cuales no se presentaban claras a la mente del teólogo, bien porque la Iglesia no las había aún definido, bien porque de ellas se disputaba temerariamente en todas las escuelas. Conocida es la osadía de muchos bachilleres de teología en las disputas académicas *De quolibet,* en las *Vesperias, Aulica, Sorbonica,* etc., en las que a veces sostenían proposiciones muy avanzadas, aunque sólo fuese—como ellos decían—*dubitative et ad disputandum.* Pero la impresión que algunos podían sacar era que todo entraba en el campo de lo disputable. De ahí la turbadora *confusio opinionum* [8].

---

[8] «Theologiam—escribe Lutero en 1519—meris opinionibus tractari... et adeo confundi omnia, ut nihil certi pene

Aquellas disputas escolásticas, que fueron en un principio magníficas escaramuzas del ingenio, con finalidad sabiamente pedagógica, y que tanto contribuyeron a precisar las ideas y a encontrar la verdad, se convirtieron luego en meros torneos de la ingeniosidad y de la agudeza dialéctica. Contra aquellos maestros de la sofistería, que jugaban con cañas frágiles, en vez de combatir con espadas aceradas, disparará sus dardos Melchor Cano en el libro nono, capítulo primero, de sus *Loci theologici* (Salamanca, 1563), y antes Luis de Carvajal en su libro *De restituta theologia* (Colonia, 1545)[9].

Tomistas, escotistas y nominalistas digladiaban entre sí, más por lucir sus habilidades disputadoras que por hallar la verdad, y, a fuerza de distingos y subdistingos, lo mismo defendían un absurdo que destruían la proposición más inconcusa. ¿No llegó a sostener Nicolás d'Autrecourt que *Deus est, Deus non est, penitus idem significant, licet alio modo?*[10]

nobis relictum sit» (WA 2,467). Y más tarde repetirá: «Ideo scholastica theologia nihil aliud est quam opinio» (WA 44,732). Ya Grisar en 1911 habló *von der Unklarheit der Theologie,* del joven Lutero *(Luther* I 56 nota 12). Pero quien ha generalizado la expresión ha sido J. Lortz: «Die theologische Unklarheit der katholischen Theologie war eine der besonders wichtigen Voraussetzungen für die Entstehung einer kirchlichen Revolution» *(Die Reformation in Deutschland* I 137).

[9] Lo de las cañas frágiles lo había dicho ya Wimpheling en 1511. ALLEN, *Opus epistol. Erasmi* I 464. Del eximio teólogo y escriturista J. Maldonado son estas palabras pronunciadas en París en 1565: «Relictis armis, id est, omissis et quodammodo relictis libris sacris..., ne viderentur penitus otiosi, totos se ad aristotelicam philosophiam, tanquam ad amoeniorem aliquam sylvam, ludendi causa, contulerunt... Sic illa pura et sincera theologia cum scholastica quadam dialectica perturbata est» (J. M. PRAT, *Maldonat et l'Université de Paris* [París 1856] 564).

[10] *Chartul. Univ. Paris.* II 580.

Lo que afirmaba un tomista, lo refutaba un nominalista; lo que establecía un nominalista, lo negaba un tomista y lo destruía un escotista, o al revés. De ahí que muchas veces, después de largo disputar, se ignoraba de parte de quién estaba la razón; no se sabía si se trataba de una verdad dogmática o solamente de una opinión escolástica más o menos probable; no se distinguía la palabra de Dios de las palabras de los hombres; se desconocían los límites en que terminaba la interpretación del maestro y empezaba el dogma de fe. El dogmatismo categórico con que cada cual propugnaba sus opiniones era general. Consiguientemente, muchas ambigüedades, incertezas, penumbra, *theologische Unklarheit,* teología esfuminada, sin netos deslindes dogmáticos.

Esto explica que Lutero, Melanchton y otros Novadores rechazasen como «opiniones escolásticas» muchas doctrinas que eran dogmas de fe o próximas a serlo, y, en cambio, acusasen a la Iglesia romana de tener como propias algunas proposiciones, que solamente eran defendidas por ciertos escolásticos y no de los más autorizados. «Si a los escotistas y gabrielistas—decía fray Martín en 1518—les es permitido disentir de Santo Tomás, y a los tomistas contradecir a todo el mundo; en fin, habiendo entre los escolásticos tantas sectas como cabezas y aun como cabellos de cada cabeza, ¿por qué a mí no me conceden el derecho que ellos se arrogan?» [11].

[11] «Sic licuit Scoto, Gabriel et similibus dissentire S. Thomae, rursum thomistis licet toti mundo contradicere, denique, tot fere sint inter scholasticos sectae quot capita, immo quot crines cuiusque capitis, cur mihi non permittunt idem contra eos, quod sibi ipsis ius arrogant contra se ipsos?» (Carta a Staupitz, 31 marzo: WA *Briefw.* I 160).

Concepto de Iglesia

Estimo que debe considerarse el conciliarismo como la causa principal de la suboscuridad teológica. Uno de los conceptos fundamentales que no estaba claro, ni en Lutero, ni en Erasmo, ni en los galicanos (incluyendo a P. d'Ailly y a Gerson), ni en Juan Ruchrat de Wesel, ni en la mayoría de los teólogos de aquel tiempo, era el concepto de Iglesia, Primado pontificio, Magisterio eclesiástico. De una parte, los conciliaristas, y de otra los canonistas aduladores del papa, habían oscurecido con sus exageraciones las ideas eclesiológicas. Lo que aquéllos deprimían, éstos lo exaltaban hasta el cielo. Lutero lamentaba en 1519 que a veces se confundía la curia de Roma con la Iglesia romana, y él cayó con frecuencia en tal error [12]. En otra ocasión se maravilla de que fray Silvestre de Prierio llame a la Iglesia romana *fidei regulam,* pues yo creí siempre—dice—*quod fides esset regu-*

Y el 9 de mayo a su maestro J. Trutvetter: «Sine ergo mihi licere id idem in scholasticos, quod tibi et omnibus licitum fuit hucusque» (ibid., I 171). Como si en teología todo fuera opinable. Y en 1519: «Surrexit Scotus, unus homo, et omnium scholarum et doctorum opiniones impugnavit... Idem fecit Occam... Cur ego unus hac gratia privor?» (WA 2,403).

[12] «Ut ingenue confitear, ipse paene ignoro quae sit, et ubi sit, Romana Ecclesia, ludentibus, iocantibus, confundentibus nomina Romanae Ecclesiae teterrimis illis nugatoribus» (WA 2,467). Y el mismo fray Martín confundía a veces la Iglesia romana, universal, con la diócesis de Roma. Es útil la lectura del art. de H. JEDIN *Zur Entwicklung des Kirchenbegriffs im 16. Jahrhundert:* «Congresso intern. di Scienze Storiche» (Florencia 1955) IV. 59-73. Véase también F. MERZBACHER, *Wandlungen der Kirchenbegriffs im Spätmittelalter:* «Zeitsch. Savigny-Stiftung Kan. Recht» 39,1953 274-361.

la Romanae Ecclesiae, como si nunca hubiera leído en su padre San Agustín que los libros de la fe o de la revelación, el *depositum fidei,* fueron puestos por Dios bajo la custodia de la Iglesia, que, asistida por el Espíritu Santo, sale garante de su genuinidad, inspiración y verdadero sentido. Y en el abad Trithemius podía haber hallado esta respuesta: «Sin la Escritura, la Iglesia no tiene autoridad; sin la Iglesia, la Escritura no merece crédito» [13].

Ni Santo Tomás en su *Summa Theologica* ni ninguno de los eximios teólogos que vinieron tras él (aunque estimemos en lo mucho que vale la *Summa de Ecclesia* del cardenal Torquemada) habían elaborado un tratado completo y exacto sobre la Iglesia. Aun después del Concilio de Florencia quedaban muchas cuestiones sin perfilar ni definir. De ahí que muchos siguiesen defendiendo proposiciones antitéticas sobre la institución de la Iglesia y del Primado, así como sobre la potestad del papa y del Concilio.

De todas las escuelas teológicas, quizá sea la nominalística la más responsable de la decadencia que he señalado en los siglos XIV y XV, y eso principalmente por su virtuosismo dialéctico, por su recurso continuo a la filosofía aristotélica, por su afán de novedades y por su crítica demoledora de las demás doctrinas.

---

[13] Las palabras de Lutero son éstas: «Miror quid velis, quod Ecclesiam Romanam fidei regulam vocas. Ego credidi semper, quod fides esset regula Romanae Ecclesiae et omnium Ecclesiarum» (WA 1,662). Las de San Agustín: «Ego vero Evangelio non crederem, nisi me Catholicae Ecclesiae commoveret auctoritas..., qua infirmata, iam nec Evangelio credere potero» (*Contra Epist. Manichaei* I 5: PL 42,176). Las de Trithemius, en F. KROPATSCHEK, *Das Schriftprinzip der lutherischen Kirche* (Leipzig 1904) I 441.

2. El nominalismo occamista de Lutero

Fue Denifle el primero que estudió profundamente la dependencia de Lutero del nominalismo. Hoy día se nota una tendencia a atenuar el influjo de los nominalistas en la doctrina luterana. Con todo, no se puede negar que el joven Martín tuvo en Erfurt maestros nominalistas, como J. Trutfetter y B. Arnoldi de Usingen. Siendo ya fraile, no se demuestra que estudiase teología en Erfurt (1506-1506) bajo Juan Nathin, discípulo del occamista G. Biel, pero es probable que iniciase en Wittemberg sus estudios teológicos bajo el signo del nominalismo, aunque sabemos que muy pronto reaccionó lanzándose al extremo agustinismo. Esto no obstante, siempre se profesó discípulo de Ockham.

«Occam, magister meus, summus fuit dialecticus, sed gratiam non habuit loquendi» [14], decía una vez en sus *Charlas de sobremesa.* «Alioqui cur et meae sectae resisterem, scilicet occamicae, seu modernorum, quam penitus imbibitam teneo» [15]. «Sum enim Occamicae factionis» [16]. «Occam, mi querido maestro» [17].

Y en cuanto a sus lecturas favoritas, atestigua Melanchton que leía Lutero con asiduidad los escritos de Ockham y se sabía casi de memoria los

[14] WA *Tischr.* 2544a, II 516.
[15] WA 6,195.
[16] WA 6,600. Karl Holl quiso desvirtuar este testimonio, sosteniendo que Lutero lo dice por broma o con ironía, «ut sic iocer», pero aun así dice la verdad y se confirma con otros muchos testimonios del mismo. Holl, *Gesammelte Aufsätze* (Tubinga 1927) I 49.
[17] «Occam, mein lieber Meister» (WA 30,2 p.300).

de Pedro d'Ailly y Gabriel Biel, típicos representantes del nominalismo [18].

La teoría básica de todos los seguidores de Ockham en filosofía es la que se refiere al conocimiento; niegan que los conceptos universales de
géneros, especies, etc., respondan a la realidad;
son ficciones de nuestro entendimiento o términos colectivos para significar un conjunto de individuos; la ciencia humana no conoce más que
lo individual y sensible. Esta doctrina la abrazó
Lutero de joven y la mantuvo siempre [19].

Si en lo concerniente a la inteligencia humana
el nominalismo es pesimista, pues le niega el poder penetrar más allá de lo fenoménico y aparencial, del mismo modo que niega a la razón el poder demostrar con certeza la espiritualidad e inmortalidad del alma y aun la existencia, unidad
e infinitud de Dios, únicamente demostrables por
la revelación (fideísmo), por el contrario, en lo
concerniente a la voluntad es optimista hasta el
exceso. Ockham proclama la autodeterminación
absoluta del querer, y la voluntad interviene aun
en las operaciones discursivas del entendimiento.

Para Ockham, el voluntarismo divino es tan absoluto que raya en la arbitrariedad. El único lími-
te de la omnipotencia de Dios es la oposición con-
tradictoria. *De potentia absoluta* Dios puede hacer
todo cuanto no incluya contradicción, aunque de
potentia ordinata no hará de hecho sino lo que
él mismo arbitrariamente desde la eternidad de-

[18] «Gabrielem et Cameracensem paene ad verbum me-
moriter recitare poterat. Diu multumque legit scripta Occam. Huius acumen anteferebat Thomae et Scoto. Diligenter et Gersonem legerat» (Prólogo al t.2 de *Lutheri
Opera,* Wittemberg 1546).
[19] Véase WA 9,45. *Tischr.* 5134, IV 679; 6419, V 653.

cretó hacer, escogiendo un orden determinado. Las
leyes morales no se fundan en el ser, en la santidad y perfección de Dios, sino en su voluntad
absoluta. Los discípulos de Ockham niegan que
las acciones sean buenas o malas en sí, por su
propia naturaleza; el adulterio, el asesinato, el
robo, la blasfemia, la mentira, el odio, son malos
solamente porque Dios quiso prohibirlos, que de
lo contrario podrían ser buenos; así como la oración, la castidad, la temperancia, la caridad, son
buenas solamente porque Dios las ha mandado,
es decir, buenas extrínsecamente, porque Dios así
lo quiere [20].

Lutero aceptó sin dificultad estas doctrinas [21].

En consecuencia, sostenían los nominalistas que
Dios puede *de potentia absoluta,* aunque nunca

---

[20] «Malum nihil aliud est quam facere aliquid, ad cuius
oppositum faciendum aliquis obligatur» (G. OCKHAM, *In
II Sent.* q.5. Cf. *In IV Sent.* q.9). Un discípulo moderado
de Ockham, Gabriel Biel, tan leído por Lutero, escribe:
«Sola voluntas divina est prima regula omnis iustitiae...
Nec enim, quia aliquid rectum est aut iustum, ideo Deus
vult, sed quia Deus vult, ideo iustum et rectum» (*In I Sent.*
dist.17. Cit. en CARL FECKES, *Die Rechtfertigungslehre des
Gabriel Biel* [Münster 1925] 12). Antes había escrito otro
teólogo bien conocido de Lutero, P. d'Ailly: «Nullum est
de se peccatum, sed praecise quia lege prohibitum» (*In
I Sent.* f. IV). Y más adelante: «Occam... concedit nec
reputat inconveniens, quin voluntas creata possit meritorie
Deum odire, quia Deus posset illud praecipere» (*In I Sent.*
q.14 a.3). La Universidad de París prohibió en 1347 esta
proposición de Juan de Mirecourt: «Odium proximi non
est demeritorium, nisi quia prohibitum a Deo temporaliter»
(*Chartul. Univ. Paris* II 611). Gerson pensaba como su
maestro y amigo P. d'Ailly. *Liber de vita spirituali,* en
Opera omnia III 13.

[21] Enalteciendo la absoluta soberanía de Dios, escribía
en *De servo arbitrio* contra Erasmo: «Non enim quia
sic debet vel debuit velle, ideo rectum est quod vult;
sed contra, quia ipse sic vult, ideo debet rectum esse
quod fit» (WA 18,712).

lo hará *(de potentia ordinata)*, condenar al infierno a un hombre justo; del mismo modo que puede justificar o santificar al pecador, sin una purificación interior y real *(sine charitate)*, por una simple aceptación exterior *(ex acceptatione Dei)*, que bastaría para que un acto natural del hombre, sin gracia actual ni habitual, pasase a la categoría de sobrenatural y merecedor de la vida eterna. Lo cual, como hizo notar Denifle, es muy semejante al concepto luterano de la justificación *ex imputatione divina* [22].

Si Lutero conservó siempre el concepto puramente externo de la justificación, que pudo brotar en su mente por reminiscencias occamistas, no así otras ideas teológicas, propias del nominalismo, que si de joven las aprendió, las rechazó luego con indignación y violencia, v. gr., cierto semipelagianismo defendido por Ockham, Pedro d'Ailly, Juan Gerson, Gabriel Biel y otros de la misma escuela.

---

[22] «Occams und der Occamisten Grundidee, die Akzeptation Gottes, ist auch die Grundidee in Luthers Haupt- und Fundamentalartikel geworden» (DENIFLE, *Luther und Luthertum* I 601). De Ockham son estas palabras: «Ostendo quod de potentia Dei absoluta, sine omni forma formaliter inhaerente, potest Deus animam acceptare... et postea vitam aeternam sibi conferre sine tali habitu praevio» *(In I Sent.* d.17 q.1). «Non includit contradictionem aliquem actum esse meritorium sine omni habitu supernaturali formaliter inhaerente... Deus potest aliquem accipere in puris naturalibus tamquam dignum vita aeterna sine omni habitu charitatis» *(In III Sent.* d.13c). Y de Lutero las siguientes: «Simul sancti, dum sunt iusti, sunt peccatores; iusti quia credunt in Christum, cuius iustitia eos tegit et eis imputatur, peccatores autem quia non implent legem» (WA 56,347). «Idem enim est iustum esse apud Deum et iustificari, id est, reputari iustum. Non enim quia iustus est, ideo reputatur a Deo, sed quia reputatur a Deo, ideo iustus est» (WA 57,26).

Según estos autores, el hombre no puede por sí mismo obtener la gracia, pero puede prepararse a recibirla, si no *de condigno,* al menos *de congruo;* por sus propias fuerzas naturales es capaz de amar a Dios sobre todas las cosas; puede también durante toda su vida, aunque con gran dificultad, resistir a todas y cada una de las tentaciones, si bien todas ellas en conjunto *(omnes simul,* dice Biel) son irresistibles, y aunque caiga en algún pecado, puede librarse de los posteriores sin ayuda de la gracia [23].

Reaccionando contra tales teorías, Lutero se abrazó con un agustinismo a ultranza, exaltando magníficamente la absoluta necesidad de la gracia, al paso que rebajaba y deprimía con negro pesimismo la razón y la voluntad y todas las facultales de la naturaleza corrompida por el pecado [24]. Cuándo el joven monje pasó de un extremo al otro no es fácil determinarlo.

Hay otros problemas en la doctrina occamística que indudablemente revelan estrecho parentes-

---

[23] Paul Vignaux, *Justification et prédestination au XIVe siècle. Duns Scot, Pierre d'Auriole, Guillaume d'Occam, Grégoire de Rimini* (París 1934) *passim.* C. Feckes, *Die Rechtfertigungslehre des G. Biel* 31-32.

[24] «Quocirca mera deliria sunt quae dicuntur, quod homo ex viribus suis possit Deum diligere super omnia, et facere opera praecepta secundum substantiam facti, sed non ad intentionem praecipientis... O stulti, o Sawtheologen!» (WA 56,274). «Prius didiceram meritum aliud esse congrui, aliud condigni, facere hominem posse quod in se est ad obtinendam gratiam, posse removere obicem..., liberum arbitrium posse in utrumque contradictorium... et id genus monstra» (WA 2,401). El se pasó al extremo contrario: «Optima et infallibilis ad gratiam praeparatio et unica dispositio est aeterna Dei electio et praedestinatio; ex parte autem hominis nihil nisi indispositio, imo rebellio gratiae gratiam praecedit» (WA 1,225). Contra su maestro Ockham *(mein Meister Occam)* reacciona en muchas ocasiones (WA 38,160).

co con Martín Lutero; me refiero a los problemas eclesiológicos. Ockham, padre del conciliarismo, sostenía que el papa no es un doctor infalible en materias de fe; es lícito, por tanto, apelar de sus decisiones doctrinales a un tribunal superior, cual es el concilio ecuménico, el cual tampoco puede decirse siempre infalible en cuestiones dogmáticas. Miembros de esa asamblea representativa de toda la Iglesia pueden ser no solamente los obispos y los clérigos, sino los laicos, incluso las mujeres [25].

«No sabemos—dice H. Boehmer—hasta qué punto el reformador antes de 1517 llegó a conocer estas radicales ideas. De todos modos no fue indiferente para su evolución el haberse educado en las doctrinas de una escuela teológica, cuyo fundador y principalísimo pregonero fue un decidido adversario del sistema papal» [26].

---

[25] Véase VÍCTOR MARTÍN, *Les origines du Gallicanisme* (París 1939) 41-51. G. DE LAGARDE, *La naissance de l'esprit läique au déclin du moyen âge* t.IV: *Ockham et son temps* (París 1926).

[26] *Luther im Lichte der neueren Forschung* (Leipzig 1917) 56-57. Sobre la influencia del nominalismo en Lutero, véase, además de Vignaux y Feckes, ya citados, H. DENIFLE, *Luther und Luthertum* I 591-612, con las notas que Paquier puso a su traducción francesa, *Luther et le luthéranisme* (París 1913) III 191-232. Del mismo Paquier, las breves páginas que dedica a ello en su largo art. *Luther* del «Diction. de théol. cath.» IX 1183-88. H. GRISAR, *Luther* I 102-132. O. SCHEEL, *Martin Luther* (Tubinga 1917) I 204-215; II 231-248. BOEHMER, *Luther im Lichte* 46-58. BENGT HAGGLUND, *Luther et l'occamisme:* «Positions luthériennes» 3 (1955) 213-23. Y del mismo, *Theologie und Philosophie bei Luther und in der occamistischen Tradition. Luthers Stellung zur Theorie von der doppelten Wahrheit* (Lund 1955). R. WEIJENBORG, *La charité dans la première théologie de Luther (1509-1515):* «Rev. Hist. Eccl.» 45 (1950) 617-69, partic.619-31. E. ISERLOH, *Gnade und Eucharistie in der philosophischen Theologie des Wilhelm von Ockham. Ihre*

3. SU AGUSTINISMO

¿Por qué Lutero reaccionó pronto y con extrema violencia contra el semipelagianismo de los nominalistas? Por el desaforado agustinismo que día tras día le fue avasallando, agustinismo que le pudo venir en parte de sus lecturas, en parte del ambiente que respiró en su Congregación, y acaso más de sus angustias espirituales. El agustino fray Martín llegó a conclusiones tan extremas como la corrupción absoluta de la naturaleza humana por efecto del pecado original, la identificación del pecado original (que no se borra con el bautismo) con la concupiscencia, la imposibilidad de obrar bien, ya que todo cuanto el hombre hace es de suyo pecado, y, finalmente, la negación del libre albedrío.

Alfonso Victorio Müller, un ex dominico convertido al protestantismo, intentó demostrar que Lutero depende, en su doctrina sobre el pecado original, sobre la concupiscencia invencible, el libre albedrío, la gracia y la justificación, de ciertos autores del siglo XII, como Herveus de Déols, Roberto Pulleyn, Pedro Lombardo, Pedro de Poitiers, Hugo de San Víctor y de otros teólogos posteriores pertenecientes a la Orden de San Agustín, como Simón Fidati de Cascia († 1348), Gregorio de Rí-

Bedeutung für die Ursachen der Reformation (Wiesbaden 1956). El mismo año que Ockham († 1349), y de la peste negra, como él, murió en Londres Tomás Bradwardine, que en varias tesis coincide con Ockham, en otras con Wyclif; a diferencia de ellos, se adelantó a Lutero en la doctrina de la justificación «sola fide sine operibus praecedentibus» (P. GLORIEUX, *Thomas Bradwardine*, en «Dict. théol. cath.» XV 770).

mini († 1358), Hugolino Malabranca de Orvieto († 1374), Agustín Favaroni († 1443) y Jaime Pérez de Valencia († 1490).

Que tales autores sean precursores de Lutero, en el sentido de que éste coincida con ellos plenamente, es teoría absolutamente insostenible. Los citados teólogos, fidelísimos a la Iglesia romana, se mantuvieron siempre en la ortodoxia, aun acentuando agudamente—como era propio de su Escuela agustinista—la debilidad del hombre caído, la fuerza de la concupiscencia identificable con el pecado original, mas no imputable después del bautismo; la imperfección de la justicia humana, que debe completarse con la aplicación de la justicia de Cristo. Pero jamás negaron el libre albedrío, ni el valor de las obras [27].

Negar que fray Martín conociese los escritos de los citados teólogos agustinianos sería demasiado. Las doctrinas de Gregorio de Rímini las conoció, tal vez sin saberlo, a través de Pedro

---

[27] A. V. MÜLLER, *Luthers theologische Quellen* (Giessen 1912) 70-183, sobre los teólogos del siglo XII. Del mismo autor, *Agostino Favaroni, Generale degli Agostiniani, e la teologia di Lutero*: «Bilychnis» 3 (1914) 373-87; *Giacomo Perez di Valencia O. S. A. vescovo di Chryspoli e la teologia di Lutero*: «Bilychnis» 15 (1920) 391-403; *Luthers Werdegang bis zum Tumerlebnis* (Gotha 1920); *Una fonte ignota del sistema di Lutero, il beato Fidati da Cascia* (Roma 1921). Fue refutado rápidamente por Grisar en «Théol. Revue» 19 (1920) 298-99; 21 (1922) 18-20; y por N. Paulus en «Zeitsch. f. kath. Theol.» 44 (1922) 169-75; a los que respondió Müller en «Bilychnis» 19 (1922) 245-57. E. BUONAIUTI, *Lutero e la Riforma in Germania* (Bolonia 1926), aunque reconoce el «merito encomiabilissimo di A. V. Müller», no admite más que «parallelismi non privi di significato» entre unos y otros (p.68-70). Contrarias a Müller son las conclusiones a que llega GONZALO DÍAZ, O. S. A., *La Escuela Agustiniana pretridentina y el problema de la concupiscencia*: «La Ciudad de Dios» 174 (1961) 309-56.

d'Ailly, cuyas *Quaestiones super IV libros Senten-tiarum* (que contienen literalmente largos fragmentos del Ariminense) fueron muy leídas y releídas por el joven profesor de Erfurt en 1509-1510. Que leyó algunos escritos de Simón Fidati en Erfurt y de Hugolino en Wittemberg parece muy probable después de las investigaciones de Adolar Zumkeller. Y Ebeling sospecha con algún fundamento que también conoció algunos tratados exegéticos de Jaime Pérez de Valencia [28].

El agustino Zumkeller ha examinado los sermones de los predicadores alemanes del otoño medieval, anotando los frecuentes pasos en que recalcan *la insuficiencia de las obras buenas* para la salvación, y viniendo a concluir que el monje sajón recibió su formación religioso-monástica en un ambiente impregnado de esa teología pesimística de tipo agustiniano [29].

Bastará lo dicho para dejar en claro que quien desee una cabal explicación histórica, aunque sea remota, de la aparición de ciertos dogmas luteranos, no puede descuidar los posibles influjos

---

[28] G. EBELING, *Luthers Psalterdruck vom Jahre 1513:* «Zeitsch. f. Th. u. K.» 50 (1953) 43-99.

[29] «So wurzelte die Lehre von der allgemeinen Unzulänglichkeit der menschlichen Werke, *auch der Gerechtfertigten,* wie sie der Augustinergeneral Seripando und andere Augustinertheologen auf dem Tridentinum vertraten, in deren typisch augustinischer Auffassung von der konkupiszenz» (A. ZUMKELLER, *Das Ungenügen der menschlichen Werke bei den deutschen Predigern des Spätmittelalters:* «Zeitsch. f. kath. Teol.» 265). «Bleibt als wichtiges Ergebnis unserer Untersuchung die Feststellung, dass der junge Augustiner seine religiös-monastische Bildung in einem Milieu empfing, dem der Gedanke an die Mängel der guten Werke und aller menschlichen Gerechtichkeit offensichtlich nicht so fern lag, als man bis jezt anzunehmen geneigt war» (p.305).

C.2. Raíces teológicas

de la teología del siglo xv, tanto en su sector nominalista como en el agustinista.

Ambiente heterodoxo

Si dentro de la ortodoxia hemos visto que se
hacían guerra corrientes antagónicas, contribuyen-
do todas con sus disputas y sus métodos decadentes a aumentar «el oscurecimiento teológico»
reinante en los dos siglos anteriores a Trento,
una rápida mirada al campo de la heterodoxia
nos hace ver, en esa misma época, un pulular de
errores muy radicales, que en algún modo preparaba el camino a los del siglo xvi: me refiero a los
de Wyclif († 1384) y Hus († 1416), sin olvidar las
peregrinas y peligrosas teorías de Juan Ruchrat de
Wessel († 1481) y de Wessel Gansfort († 1489),
entre otros.

Ninguno de ellos ejerció algún influjo directo
en Lutero, pero crearon en varias Universidades
un ambiente heterodoxo, con herejías semejantes
a las que surgieron más tarde y sobre todo con
desprecio del magisterio eclesiástico.

John Wyclif, cuyos escritos fueron pronto conocidos en los países del Imperio germánico, sostenía
que la Sagrada Escritura es la única fuente y única regla de fe; que tan sólo los predestinados son
miembros de la Iglesia, la cual, por tanto, es invi-
sible; que el papa no es vicario de Cristo, ni la
Iglesia romana es otra cosa que la sinagoga de
Satanás; que en la Eucaristía no se da la transus-
tanciación; que la libertad humana no existe; que
es fatuo creer en las indulgencias, etc. Lutero no
conoció nunca las ideas del inglés Wyclif sino muy

imperfectamente y de manera indirecta, quizá a través de las condenaciones del Concilio de Constanza. Las del checo Hus, tarde, en 1525.

Decía Wyclif que la verdadera Iglesia no tiene otra cabeza que Jesucristo. Y repetía Juan Hus que el Papado no es de institución divina, sino imperial; que la obediencia eclesiástica no es conforme al Evangelio; que el papa no puede decirse Vicario de Cristo si no vive como Cristo; que no ha de someterse a un concilio quien tiene de su parte a la Biblia.

No es fácil determinar qué cantidad de gérmenes husitas o taboritas esparcían por el Imperio los vientos de Bohemia; gérmenes antirromanos y socialmente revolucionarios que se levantaron en tolvanera apenas apareció el reformador.

De Juan Ruchrat de Wessel oiría hablar el joven Martín mientras estudiaba en Erfurt, porque en aquella Universidad había enseñado y sido rector el teólogo Wessel y allí perduraba su recuerdo con gran estima y veneración. Antes de morir retractó sus graves errores eclesiológicos, de carácter husita [30].

Y el piadoso y erudito laico Wessel Gansfort, de Groninga, *«magister contradictionum»*, no sólo negó las indulgencias y abrazó opiniones heterodoxas en materia sacramental, sino que llegó a acusar a algunos papas de «errores pestilenciales», y sostuvo que el Papado es cosa accidental en la Iglesia [31]. Cuando sus ideas llegaron a conocimien-

---

[30] N. PAULUS, *Ueber Leben und Schriften Johannes von Wessel*: «Der Katholik» 17 (1898) 44-57. L. CRISTIANI, *Ruchrat,* en «Dict. de th. cath.».
[31] E. W. MILLER, *Wessel Gansfort Life und Writings. Principal Works* translated by J. W. Studder (New York

to de Lutero, éste quiso poner un prólogo a la publicación de un tratadito o Epístola de Gansfort, en donde afirmaba que las ideas de uno y otro concuerdan perfectamente [32].

Por todo lo cual es lícito aseverar que casi todas las tesis luteranas, al menos las eclesiológicas—ya que no las soteriológicas—, habían sido defendidas públicamente en los siglos XIV y XV, *nisi quod non tam atrociter,* que diría Erasmo. Y el hecho mismo de que toda o casi toda una nación como Bohemia siguiese en masa a su héroe y reformador Juan Hus, sirvió de ejemplo para que la nación alemana corriese también multitudinariamente tras Lutero.

4. BIBLICISMO INTEGRAL Y ABSOLUTO

Es preciso tocar ahora uno de los fundamentos más hondos y definitivos en que se apoyó Martín Lutero para dar estabilidad teológica a sus experiencias religiosas y para mantener firme el edificio de sus dogmas nuevos: el *biblicismo.* Me refiero al biblicismo integral y absoluto, que no admite más verdades dogmáticas que las contenidas expresamente en los libros de la Sagrada Escritura, interpretados según el criterio y parecer de cada cual, sin ninguna atención al magisterio eclesiástico

1917) 2 vol. N. PAULUS, *Ueber Wessels Gansfort Leben und Lehre:* «Der Katholik» (1900) 11-29 138-54 226-47.
[32] «Hic si mihi antea fuisset lectus, poterat hostibus meis videri Lutherus omnia ex Weselo hausisse, adeo spiritus utriusque conspirat in unum. Mihi vero et gaudium et robur augescit, iamque nihil dubito me recta docuisse». Fecha 29 julio 1522 (WA 10,2 p.317). También Erasmo aseguraba: «Doctor Wesselus multa habet cum Luthero communia» (*Opera omnia* [Leyden 1706] X 1622).

ni a la tradición: *sola Biblia.* Fue una consecuencia necesaria del desprecio de la autoridad papal.

El biblicismo, en su justo sentido de estima, reverencia y uso constante de los libros inspirados,
fue siempre defendido y abrazado por todos los
teólogos y por las autoridades supremas de la Iglesia. Siempre se creyó firmemente que la Escritura,
porque contiene la palabra de Dios, es fuente de
la revelación divina, fuente primaria y principalí-
sima, mas no única y exclusiva, porque la Iglesia
de Cristo, desde sus orígenes, se sintió depositaria
de los misterios (hechos y doctrinas sobrenaturales)
que le reveló y encomendó su divino Fundador, y no
todos esos misterios quedaron consignados en la palabra escrita.

Además de la Biblia, existió siempre en la Iglesia la tradición apostólica, a la cual aludía el Concilio Niceno II, recordando la amonestación de
San Pablo a los tesalonicenses: «Mantened firmemente las tradiciones *(Paradóseis)* en que fuisteis
adoctrinados, ya de viva voz, ya por carta nuestra» (2 Tes 2,14). Limitar esa grande y misteriosa donación divina, que llamamos depósito de la
revelación, a su forma cristalizada en la Escritura,
es empobrecerla y quitarle vida. Jesucristo enseñó
muchas cosas a los apóstoles y éstos las comunica-
ron oralmente a sus discípulos, a fin de que fuesen
transmitidas de generación en generación, según
el consejo o mandato del Apóstol a Timoteo [33].

Es de notar que la Iglesia existió con anterio-

---

[33] «Timothee, depositum custodi» (1 Tim 6,20). «Bonum
depositum custodi per Spiritum Sanctum» (2 Tim 1,14).
«Et ea quae audisti a me per multos testes, haec commen-
da fidelibus hominibus, qui idonei erunt et alios docere»
(2 Tim 2,2).

ridad a los libros del Nuevo Testamento, y tenía vida próspera antes de que se escribiesen los Evangelios y las Cartas apostólicas. En aquellos años su fe no podía basarse en la letra de la Escritura neotestamentaria.

La Iglesia, depositaria de la revelación

Nuestro Señor Jesucristo, que no escribió nada —fuera de unas palabras misteriosas en el pavimento del templo, borradas en seguida—, lo que encomendó a su Iglesia fue primeramente su palabra viva e inmortal, más tarde —por medio de los apóstoles y evangelistas— también su palabra escrita, a fin de que la conservase y saliese garante de su carácter sacro e inspirado, y a la vez para que la meditase y rumiase, viviese de su sustancia y, reflexionando sobre ella, la comprendiese cada día más hondamente y predicase su verdadera significación. ¿Cómo sabían los fieles de tiempos posteriores la genuinidad y la inspiración de aquellos libros y su auténtico sentido sino por el testimonio y magisterio perenne de la Iglesia?

Así se explica aquella conocida frase de San Agustín, que parece sonar a paradoja: «No creería al Evangelio si no me moviera a ello la autoridad de la Iglesia». Y casi lo mismo había dicho hacia el año 200 Tertuliano [34].

Era tan grande la veneración que en la Iglesia se tenía a la Biblia, que toda la liturgia apenas era otra cosa que una oración bíblica y una glosa de la Sagrada Escritura; las artes decorativas, especialmente la pintura mural, la de los ma-

---

[34] Cit. en A. HUMBERT, *Les origines de la théologie moderne* (París 1911) 13-14.

nuscritos y de las vidrieras eran un comentario, realista o fantástico, de toda la Biblia, desde el Génesis hasta el Apocalipsis, y constituían el catecismo del pueblo; la Biblia era el pasto espiritual cotidiano de los sacerdotes y de los monjes en el coro; la Biblia era el libro básico de la enseñanza teológica en las escuelas. Solamente cuando la teología se precipitaba hacia la decadencia dejaron los escolásticos de estudiarla seriamente, poniéndose a digladiar en sus disputas con frágiles cañas dialécticas en vez de usar las nobles armas de la palabra de Dios.

Como resultado de la decadencia teológica y de la escasa autoridad religiosa del papa, cuya infalibilidad en cuestiones dogmáticas se negaba resueltamente, surgió el biblicismo exagerado de unos cuantos teólogos, que no fiándose del magisterio pontificio y despreciando la ciencia teológica, contaminada de aristotelismo, intentaron la búsqueda de otra teología más pura y más positiva, fundada solamente en la Biblia. Podía decirse que la tendencia era fructífera y excelente, pero erraba en su exclusivismo al no admitir la tradición y el magisterio de la Iglesia. Nótese, empero, que solamente los herejes y rebeldes llegan a formular la teoría de la *Scriptura sola* o el biblicismo absoluto. Los demás, por muy audaces que sean, suelen poner alguna restricción, admitiendo la decisión última de la *Iglesia universal*.

Marsilio Patavino, Ockham y Wyclif

Marsilio de Padua († 342-43), aunque declara que la única autoridad dogmática es la palabra de Dios contenida en los libros de la Sagrada Escritura, única fuente de verdad, y por más que rechace con virulencia el supremo magisterio del Romano Pontífice; más aún, aunque, a su parecer, el sentido literal de la Escritura es manifiesto y patente a todos, no puede menos de reconocer que se dan, y se darán, controversias sobre el sentido de los textos sacros; en tales casos tiene que haber un árbitro o juez supremo, que, según el autor del *Defensor pacis,* no puede ser el papa, sino la Iglesia Universal reunida en concilio [35].

Tampoco de Ockham se puede asegurar que defendiese un biblicismo integral y absoluto, porque cuando enseña que la Biblia es la única autoridad infalible, lo que pretende es negar esa infalibilidad al Pontífice Romano y a las decretales. Del Concilio universal dice que, al menos ordinariamente, es infalible, y por supuesto, es superior al papa. Pero la autoridad suprema de la Iglesia la sostiene hasta tal punto, que los mismos evangelistas—dice—, si merecen fe, es porque forman parte de la Iglesia [36].

Antes de Lutero pocos llevaron el biblicismo

[35] «Nullam scripturam irrevocabiliter credere vel fateri tenemur de necessitate salutis aeternae, nisi eas quae canonicae appellantur..., quia non sunt ab humana inventione, sed immediata Dei traditae inspiratione» (*Defensor pacis* II 18, ed. R. Scholz [Leipzig 1914], 82-83). «Dubios sensus, sive sententias Scripturae sacrae... terminare..., solius sit generalis concilii christianorum (ibid., II 19 p.83). A la afirmación de Marsilio (II 5) «quod auctoritatibus doctorum credere non arctamur, nisi *in quantum se in canone Bibliae fundant*», replicó Nicolás de Cusa: «Haec est perniciosa opinio post sanctae Ecclesiae approbationem probabilem doctorum» (*De concordantia catholica* II 34, en *Opera omnia* [Hamburgo 1965] XV 306).
[36] «Magis credendum est Ecclesiae, quae est multitudo catholicorum omnium... quam Evangelio, non quia de Evangelio sit aliqualiter dubitandum, sed quia totum maius est sua parte» (*Dialogus de imperiali et pontificia potes-*

a formas tan extremas y agudamente heréticas como Juan Wyclif († 1384). Y, no obstante su escabroso estilo escolástico, pocos han entonado tan férvidos loores a la Sagrada Escritura, voz de Cristo, única palabra de Dios, palabra de la verdad, única palabra perfecta, fuente de la sabiduría, nido de las palomitas fieles, pan puro y no adulterado, agua clara y transparente, túnica inconsútil, fundamento de toda opinión católica, modelo y espejo, alto y seguro refugio de cuantos la cultivan, regla de toda perfección humana, etc. [37]

Proclamaba—sin distinguir ni aquilatar conceptos—que toda la revelación está en la Biblia; todas las verdades católicas están allí contenidas, y a nadie es lícito añadir nada. «La Biblia sola basta para el perfecto régimen del pueblo cristiano». Nadie, sino la Biblia, merece entero crédito y obe-

---

tate [Lyón 1494] ed. fotomec. [Londres 1962] l.1 c.4). La razón, como se ve, no es nada convincente.

[37] Los textos correspondientes están citados en P. DE VOOGHT, O. S. B., *Les sources de la doctrine chrétienne d'après les théologiens du XIVe siècle* (Lovaina 1954) 108. Niega este autor el biblicismo integral de Wyclif, diciendo que el teólogo inglés admite que la Iglesia universal es juez de la fe (p.170-82), pero la impresión que se saca de todos los escritos wiclefianos es la contraria. Cierto es que en 1381 escribía W. en *De quattuor sectis novellis* c.5: «Hic profiteor et protestor, quod volo ex integro sententiare fidem catholicam, et si quidquid dixero contra illam, committo me correctioni superioris Ecclesiae et cuiuscumque militantis personae, *quae me in hoc docuerit erravisse*. Sed subduco quascumque traditiones hominum... et sic non accepto in ista materia nisi fidem Scripturae» (*Polemical Works in latin* [Londres 1883] I 256). Pero ¿no es esto lo mismo que repetía Lutero: Me someto, con tal que me convenzan de error por medio de la Sagrada Escritura? Nunca se sometió Wyclif a la Iglesia universal, ni al papa, ni a los obispos ingleses. ¿Y a qué Iglesia podía apelar, si la fundada por Cristo es, según él, externamente incognoscible y sólo la integran los predestinados?

diencia. Todas las tradiciones humanas y todas las constituciones y leyes que no se fundan en la Biblia son superfluas e inicuas [38].

Wyclif no habla, como Ockham, del Concilio, y es que las asambleas conciliares no tenían razón de ser en su concepto de Iglesia, compuesta de solos predestinados y de la que tal vez no formen parte los obispos ni el papa. No sólo los individuos, también las comunidades—¿y por qué no los concilios?—pueden errar y dar leyes inicuas. A todos y a cada uno de los cristianos les basta la Sagrada Escritura. Pero ¿cómo saber que los libros de la Escritura son genuinos y divinamente inspirados? No por el testimonio de la Iglesia, sino por la fe infusa [39].

La Iglesia oficial, visible, que no es la verdadera, puede equivocarse, y más de una vez se ha equivocado. ¿Qué debe, pues, hacer para no errar? Guiarse por la opinión de los teólogos, que conocen bien la Sagrada Escritura; es decir, que la Iglesia debe seguir a los teólogos y no los teólogos a la Iglesia [40]. El juzgar de la ortodoxia o heterodoxia de una doctrina es incumbencia de los

---

[38] «Legifer noster dedit legem per se sufficientem ad regimen universalis Ecclesiae». «Omnes traditiones humanae, quas lex evangelica non docet facere, sunt superfluae et iniquae». «Nec Petro nec alicui creaturae, citra Christum, debemus ad tantum credere, quod si quidnam asserit, ergo verum... Solum Scripturae sacrae debemus ad tantum credere». «Novae constitutiones, quae non fundantur in Scriptura sacra, sunt superfluae et iniquae» (*Tractatus de civili dominio*, ed. R. L. Poole [Londres 1885], 398.399.416.437).

[39] «Unde evidentia, quod illa est Scriptura sacra, quam Apostolus scripsit?... Oportet ex fide infusa capere quod Petrus et quilibet alius scriba Scripturae fuit divinitus inspiratus» (ibid., 418).

[40] «Necesse est sanctam matrem Ecclesiam per theologos regulari... secundum vitam Christi et Scripturam sacram»

teólogos, mas no de aquellos que se apoyan en la Biblia y en las tradiciones humanas *mixtim,* sino de los que puramente juzgan conforme a la Escritura [41].

Ya se comprende, con esta mentalidad, el empeño de Wyclif en divulgar la Biblia entre todos los fieles, para lo cual encargó a dos de sus discípulos, Nicolás de Hereford y Juan Purvey, la traducción al inglés de la Vulgata latina.

El lolardismo, o sea el movimiento reformador y revolucionario promovido por Wyclif y por los «sacerdotes pobres» que le seguían, rechazaba, igual que su caudillo espiritual, todo magisterio eclesiástico, enarbolando la Biblia como una bandera. Cuando el teólogo carmelita Tomás Waldensis (de Netter, † 1431) intentó refutarlos, resumió al principio de su obra el pensamiento wiclefita en estas proposiciones:

1. Todo cuanto dicen el papa y la sedicente Iglesia se ha de condenar, a menos que lo demuestren con la Sagrada Escritura.

2. La única regla de fe es la Escritura; y todo lo que la Iglesia común predica y los Santos Padres enseñan y aun los Concilios han determinado, es despreciable [42].

(*De veritate sacrae Scripturae,* ed. Buddensieg [Leipzig 1904], III 159).

[41] «Non nisi per notitiam Scripturae est haeresis cognoscenda, ex quo patet, quod solum ad theologum pertinet de haeresi iudicare» (*De veritate* III 274). Hasta al demonio hay que escucharle humildemente, si alega en su favor testimonios escriturísticos. «Quicumque, etiam diabolus, allegaverit fideliter fidem Scripturae pro sua sententia, acceptarem illam humiliter pro auctoritate» (*Dialogus sive Speculum Ecclesiae militantis,* ed. A. W. Pollard [Londres 1886], 94).

[42] «Docent primo Wiclevistae, sicut et veteres haeretici,

Hus y otros teólogos del siglo XV

Derrotado y casi exterminado el wiclefismo en Inglaterra, no tardó en propagarse y echar hondas raíces en Bohemia, merced a las traducciones de Juan Hus († 1415) y a las predicaciones de los husitas. Si el biblicismo de Hus parece más moderado que el de Wyclif, eso se debe al temperamento del reformador checo, menos radical que el inglés, pero al fin y al cabo seguidor de los mismos principios eclesiológicos. No hay verdad religiosa —decía Hus— que no se encuentre en la Sagrada Escritura. Esta es la fuente de toda revelación y es por sí *suficientísima* para declarar la misma fe. «El papa es falible, la Escritura infalible».

El biblicismo husita fue llevado a las últimas consecuencias por los Taboritas y más aún, si era posible, por los hermanos Bohemos, fanáticos y revolucionarios de tipo místico-social, para quienes la Biblia era la única regla de fe y la única norma de conducta. Perturbaron la Bohemia y la Moravia durante un siglo, hasta que al fin se fundieron con el luteranismo.

A fuerza de ponderar y enaltecer la autoridad suprema de la Biblia, se menosprecia la autoridad del papa en cuestiones dogmáticas y aun la del concilio ecuménico y de toda la Iglesia. Para que se vea la confusión de ideas eclesiológicas que reinaba entre los teólogos católicos del tiem-

damnandum esse quidquid Papa vel vocata Ecclesia dicunt, si non illud ex Scriptura sancta probaverint». «Postquam docuerunt quod Scriptura sancta sola est fidei regula, spernendum praedicant quidquid Ecclesia communis aut Sancti Patres docuerint, immo quidquid sacrosancta concilia decreverint» *(Doctrinale antiquitatum fidei catholicae Ecclesiae* [Venecia 1757-59] I 11.13).

po del cisma bastará recordar el tratadito del conciliarista Pedro d'Ailly († 1420), *Recommendatio
Sacrae Scripturae,* en donde afirma que la piedra
sobre la cual fundó Cristo su Iglesia, no es Pedro,
sino la Sagrada Escritura[43]. De aquí pasó naturalmente a negar la autoridad suprema del Pontífice
Romano, pero no reconoció a la Biblia como fuente única de fe, pues admite que algunas doctrinas
de la Iglesia, no consignadas en la Sagrada Escritura, proceden de Cristo y pertenecen al depósito
de la revelación[44].

Más audaces pueden parecer a primera vista las
palabras de Juan Gerson († 1429), otro de los paladines del conciliarismo en Constanza. «Contra la
Sagrada Escritura, que es regla de fe, si bien se la
entiende, no hay autoridad que valga». Con esta
aserción podría abroquelarse un hereje, oponiendo
su propia exégesis a la del magisterio eclesiástico,
pero no es tal el sentido del piadoso Gerson, para
quien la doctrina de la Iglesia nunca puede estar
en contradicción con la Sagrada Escritura, cuya autoridad, finalmente, se resuelve en la de aquélla[45].

---

[43] «Quis enim in Petri infirmitate Ecclesiae firmitatem
stabiliat?... Christus super Scripturae sacrae Petram, Ecclesiam suam aedificavit» *(Gersonis Opera,* ed. Du Pin, 1
604.605).
[44] Un ejemplo, la materia y forma del sacramento de
la Confirmación, «licet hoc non legatur in Scriptura; quia
aliter Ecclesia non sic uteretur nisi sumpsisset ex doctrina Christi» *(In I Sent.* q.4 a.1). Pedro d'Ailly apela más
de una vez al «usus Ecclesiae» y a la «auctoritas Ecclesiae».
[45] «Scriptura sacra est fidei regula, contra quam bene
intellectam non est admittenda auctoritas... Scriptura sacra, in sui receptione et expositione authentica, finaliter
resolvitur in auctoritatem, receptionem et approbationem
universalis Ecclesiae» *(Gersonis opera* I 459). Con frase
más bella y exacta el archidiácono de Barcelona, Juan de
Palomar, peroraba de esta manera en el concilio de Basilea

Que un sano biblicismo, en perfecta armonía
con el magisterio eclesiástico, fue rasgo caracte-
rístico de la *Devotio moderna,* tanto en los Hermanos de la Vida Común como en los canónigos
regulares de Windesheim, es opinión generalmente
aceptada por los historiadores [46].

De aquellos círculos devotos, que cultivaban con
amor la lectura y meditación de la Sagrada Escritura, procede el escritor Juan de Goch, llamado
Pupper, aunque el apellido de familia era Capup-
per († 1475), cuya vida no es bien conocida. Como
otros muchos teólogos de su tiempo, repite que
solamente los libros canónicos tienen autoridad
cierta e irrefragable [47].

Este *vere Germanus et gnesios theologus* [48], tan
estimado por el reformador, sostiene con cierta
petulancia sus opiniones personales, a veces bastante peregrinas, complaciéndose en disentir de
Santo Tomás y de los tomistas. Pero en el fondo
su pensamiento quiere ser perfectamente ortodoxo,
y cuando exalta la autoridad de la Biblia, no se
olvida de la inapelable autoridad de la Iglesia,
citando a San Agustín [49].

(1433) contra los husitas: «Si quis ergo optat Sacrae Scripturae profundissimum pelagus transfretare, in navi Ecclesiae
hoc tutus facit, alias infallibiliter demergetur» (MANSI,
Concilia XXIX 1112.
[46] R. G. VILLOSLADA, *Rasgos característicos de la «Devotio moderna»*: «Manresa» 28 (1956) 315-50 (p.335-38).
[47] «De solo fonte Scripturae canonicae, cuius auctoritas
sola est irrefragabilis, hauriam» *(De quattuor erroribus circa
legem evangelicam,* en C. G. F. WALCH, *Monimenta medii
aevi* [Gotinga 1757-64], citaré por la ed. fotomec. de
Ridgewood 1966, p.260. Palabras semejantes en su *Epistola
apologetica super doctrinam doctorum scholasticorum* (Amberes 1521).
[48] Son palabras de Lutero en WA 10,2 p.327.
[49] «Ecclesiae auctoritas est maxima auctoritas» *(De li-*

Con el nombre latino de *Joannes de Wesalia* suele ser citado el filósofo y teólogo Juan Ruchrat de Wessel († 1481), partidario de un biblicismo integral. Con todo, el historiador no se puede fiar demasiado de las *Paradoxa,* proposiciones extractadas de sus sermones en orden a un proceso inquisitorial. No hay que creer—decía en una de ellas— ni a los Santos Padres ni a los Concilios generales, sino tan sólo a la Sagrada Escritura [50].

Ese intento de separar y de oponer las definiciones de los concilios—y por supuesto de los papas—a la doctrina contenida en la Biblia es un abrir camino a la herejía. Y Juan Ruchrat de Wessel no sabía el grave daño que infería a toda la Iglesia cuando predicaba con palabras de acento y colorido luteranos contra todos los pastores, es decir, contra todas las autoridades eclesiásticas [51].

Ideas semejantes es fácil hallar en los escritos, más espirituales y místicos que propiamente teológicos, de Wessel Gansfort († 1489), de quien arriba hemos hecho mención. Niega la infalibilidad del papa y de los concilios, y concede al individuo la facultad de apelar a la Biblia contra las decisiones de un pastor indigno, como si la Escritura hubiese sido entregada por Dios a los

---

bertate christiana I 9), cit. en O. CLEMEN, *Goch:* «Realenzykl. f. prot. Th. u. K.».

[50] «Non credit credendum esse beatis Augustino, Ambrosio et caeteris, nec conciliis generalibus, sed solum sacrae Scripturae» (DUPLESSIS D'ARGENTRÉ, *Collectio iudiciorum* I 2 p.296).

[51] «Annon videmus Dei gregem dispersum Pastorum incuria et Pontificum tyrannide? Quid tantum bullatissimis bullis, tyrannicis oppressionibus, sathanicis devotionibus (pastoribus scilicet armis) in creditam sibi plebeculam desaeviunt, grassantur et vastatores agunt, vulpibus et lupis praestantiores?» (*De auctoritate, officio et potestate Pastorum ecclesiasticorum,* en WALCH, *Monimenta* 414).

fieles particulares y no a los Pastores de la Iglesia. Pero otras veces admite la autoridad de la Jerarquía y aun la tradición eclesiástica. Por eso —y sobre todo por otras ideas suyas enteramente antiluteranas— no es lícito colocarlo entre los «prerreformadores».

No son éstos los únicos autores del siglo XV que con sus opiniones teológicas, confusas y muchas veces francamente erróneas, enturbiaron la teología de su tiempo, mermaron la autoridad del papa, hicieron caso omiso del magisterio de la Iglesia y contribuyeron así a que la desobediencia de Lutero al Pontífice Romano pareciese a muchos legítima.

El biblicismo de Lutero

El biblicismo de fray Martín en sus primeros años de profesor era el tradicional y ortodoxo de su maestro Judoco de Trutvetter, quien repetía que todos los argumentos de los doctores humanos deben ser sometidos a crítica; solamente ante la palabra de Dios hay que bajar humildemente la cabeza [52]. Iniciaba en Erfurt su carrera de profesor de teología, y ya se ufanaba de poder refutar a insignes doctores cuando éstos se valían de argumentos humanos y él —fray Martín— tenía de su parte la divina Escritura [53].

Era católico aquel biblicismo, porque no negaba aún la autoridad suprema de la Iglesia en la interpretación auténtica de la Biblia. El paso decisivo que llevó al monje agustino a la heterodoxia

---

[52] «Ex te primo omnium didici, solis canonicis libris deberi fidem; caeteris omnibus, iudicium». A Trutvetter, 9 mayo 1518 (WA *Briefw.* I 171).
[53] Notas marginales a Pedro Lombardo, 1509-1510, en WA 9,46.

tuvo lugar cuando, diciendo que se apoyaba en la Escritura divina, opuso los textos bíblicos al magisterio de la Iglesia y a las decisiones pontificias. Este era un biblicismo integral, absoluto, individualista, contrario al biblicismo ortodoxo y tradicional. Así, cuando en 1518 el cardenal Cayetano le arguyó con la bula *Unigenitus Dei filius* (1343) del papa Clemente VI, respondió el profesor de Wittemberg: Los documentos pontificios y las decretales no son infalibles, y por encima de ellos está la palabra divina, contenida en la Biblia, en la cual yo me fundo. «Hay que obedecer a Dios antes que a los hombres». Y por aquellos días testificaba seriamente en carta a Staupitz: «Seguir a la Iglesia es lo único que deseo». Pero, claro, a una Iglesia que coincidiese con él en la interpretación de la Biblia. Le faltaba a Lutero la sumisión intelectual, consiguiente a la fe en el magisterio de la Iglesia, depositaria de la revelación.

Cuando Roma condena por primera vez las tesis luteranas, el reformador apela al concilio ecuménico contra el papa; cuando Eck le demuestra que algunas de sus tesis están en oposición con el Concilio de Constanza, niega la infalibilidad de los concilios. No le queda otro recurso sino la Biblia, y en ella, o en parte de ella—subjetivamente entendida—, se encastillará durante toda la vida, íntimamente persuadido de que sus propias doctrinas se identifican con la palabra de Dios. «No intenté divulgar sino la verdad evangélica contra las supersticiosas opiniones de la tradición humana», dirá en agosto de 1520, en carta a Carlos V. Y cuando en octubre de ese mismo año leyó la bula *Exsurge Domine* de León X, su comentario fue: Esa bula impía y mendaz con-

dena a Cristo. Por tanto, el hereje no es Lutero,
sino el Romano Pontífice, opresor de la divina
Palabra y despreciador de la Iglesia de Dios. «Ye-
rran—le dice al papa—los que te atribuyen el privilegio único de interpretar la Escritura» [54].

En conclusión, el biblicismo absoluto de Lutero
se fue preparando por los conceptos oscuros e in-
exactos que en el siglo XV se difundían entre algunos teólogos acerca de la interpretación auténtica de la Biblia y acerca de la autoridad del papa,
de los concilios y de la Iglesia [55].

[54] WA 7,48. La carta a Carlos V, en *Briefw.* II 176.
[55] Al par que los teólogos de tendencia heterodoxa exa-
geraban el valor absoluto y único de los escritos bíblicos,
aisladamente considerados, un sano biblicismo, consistente
en el estudio cada día más profundo de la Biblia y en el
amor al sagrado texto, crecía y se desarrollaba en todas
partes, reaccionando contra el escolasticismo dialéctico y
formalista de muchos teólogos. Ya en el siglo XIII, Hugo
de Saint-Cher compilaba en París hacia 1230-38 las primeras *Concordantiae* para facilitar el uso de la Sagrada Escritura, y Guillermo de la Mare componía un *Correctorium
Bibliae (ca.* 1275), de los mejores de su tiempo, coleccio-
nando las variantes para mejorar el texto de la Vulgata. Dos
hebraístas tan consumados como Nicolás de Lira († 1349),
con sus *Postillae in N. T.,* y Pablo de Santa María, obispo
de Burgos († 1435), con sus *Additiones,* contribuyen poderosamente a la fijación e interpretación del texto bíblico
en su sentido literal. John Wyclif († 1384) logra que dos
de sus discípulos hagan la primera traducción inglesa de
toda la Biblia. Los canónigos regulares de Windesheim dedicaban una hora todos los días a copiar cuidadosamente
los libros de la Sagrada Escritura. De Tomás de Kempis
sabemos por la Crónica de Agnetenberg que «Scripsit autem
Bibliam nostram totaliter». Florencio Radewijns, primer discípulo de Gerardo Groote, decía que «Libri sacrae Scripturae custodiendi sunt tamquam verissimus thesaurus Ecclesiae» (KEMPIS, *Opera* VII 204). Los Hermanos de la vida
común acostumbraban a leer el tratadito de Pedro d'Ailly
Recomendatio Sacrae Scripturae; se ejercitaban en copiar
los mejores códices bíblicos, y en sus Estatutos se les orde-
naba poner en ello la mayor diligencia: «Summe sollicitus
sit (librarius) procurare scriptoribus exemplaria correcta, ne

Pero, al fin, también hay que decir que el biblicismo absoluto de Lutero está roído por el subjetivismo, que no admite magisterio externo. El es el único intérprete de la Biblia. No sin razón escri-

gravemus conscientias nostras» (*Consuetudines* de Zwolle). Cf. R. G. VILLOSLADA, *Rasgos característicos de la «Devotio moderna»*: «Manresa» 28 (1956) 315-50 p.35-8. Con sentido más filológico y científico trabajaban los humanistas, deseosos de volver a las fuentes cristianas, empezando por L. VALLA, *In Novum Testamentum ex diversorum in utriusque linguae codicum collatione Adnotationes,* revisadas por Bessarion y por Nicolás de Cusa y no impresas hasta 1505 por cuidado de Erasmo. El abad Trithemius, en su homilía *De lectione et studio divinarum scripturarum* (1486), recomienda vivamente la lectura de la Biblia, principalmente por fines espirituales. Antonio de Nebrija publica en 1516 sus *Quinquagenae locorum Scripturae,* corrigiendo 150 lugares de la Escritura. Erasmo edita en 1516 el texto griego del Nuevo Testamento con una nueva traducción latina. Se le había adelantado Cisneros con sus sabios alcalaínos dando a la imprenta su monumental *Polyglotta Complutensis* (1514-1517), cuatro tomos para el Antiguo Testamento, uno para el Nuevo y otro para vocabularios y gramática hebrea. Desde la invención de la imprenta hasta 1500 se hicieron no menos de 123 ediciones de la Biblia (94 en latín y 29 en lenguas vernáculas), sin contar las ediciones parciales de Salterios, Epístolas y Evangelios. Cf. A. VACCARI, en «La Civ. Catt.» 1933, III 313-25 429-40. Otros cómputos más completos en H. ROST, *Die Bibel im Mittelalter* (Augsburgo 1939) 363-420 y *passim.* De las traducciones castellanas es la más famosa la *Biblia de la Casa de Alba,* hecha por Mosé Arragel de Guadalajara en 1430, a ruegos de don Luis de Guzmán. El hebraísta italiano Santi Pagnini publicó su *Biblia latina,* traducida directamente del hebraico, en Lyón 1527, y un año antes el teólogo Pedro Ciruelo, con ayuda del judío converso Alfonso de Zamora, empezó su traducción literal del Antiguo Testamento, obra de admirable exactitud (1526-1537). La famosa traducción alemana de Lutero vio la luz pública de 1522 a 1534. La francesa de Lefèvre d'Etaples, entre 1523 y 1530. Un ferviente biblicismo se dejaba sentir dondequiera, incluso en los círculos escolásticos; mas no se puede negar que, tras el advenimiento de Lutero, aquel biblicismo se hizo más intenso. El teólogo nominalista escocés Joannes Maior, doctor parisiense, escribía a Noël Beda: «Abhinc

bió J. Lortz que Lutero nunca fue un *Vollhörer des Wortes;* no quiso oír a la Iglesia, pero tampoco puede decirse un *auditor Verbi,* plenamente y sin reservas.

decem plus minusve annis magna pestilentium haereticorum cohors, cortice sacrorum fulta, quamquam abominabilia deliria invexit, hoc tamen boni suos inter errores intulit, ut sacris litteris et illarum illustrationi theologiae professores sincerius insudarint» (*In II Sent.* [París 1928], Praef. ad Natalem Bedam). Nunca se dio en la Iglesia una prohibición general de leer la Biblia en lengua vulgar. Las prohibiciones particulares (Gregorio VII, 1080; sínodos de Toulouse 1229, Tarragona 1234, Oxford 1408) responden a circunstancias locales. Cuéntase de Alfonso V el Magnánimo que todos los días leía de rodillas algunas páginas de la Sagrada Escritura. Cuando las tropas españolas se apoderaron de Prato, en 1512, cogieron cautivo, entre otros, al joven Andrés Bocchineri, el cual refiere que puesto en la prisión de un castillo cerca de Módena bajo la vigilancia de un guardia español, vio que por la noche, después de cenar, «lo spagnolo cominciò a leggere la Bibbia» (Arch. stor. ital., Apénd. al tom. I 334). En el palacio del marqués de Villena, uno de los criados, Pedro Ruiz de Alcaraz, leía privadamente la Biblia, según consta en el proceso inquisitorial de 1525: «Que el dicho Alcaraz e otras personas idiotas y sin letras se daban mucho a la lectura de la Blivia y muchas veces se apartaban en lugares secretos, donde no pudiesen ser vistos, a leer en ella» (Serrano y Sanz, en «Rev. Arch. Bibl. y M.» 7 [1903] 12-13).

Capítulo III

RAICES ESPIRITUALES Y RELIGIOSAS

Además de los teólogos de la decadencia, ¿pudieron tener los místicos alguna influencia directa en el alma de Lutero y, consiguientemente, en el luteranismo? No mucha, ciertamente, pero el problema merece retener un momento nuestra atención.

1. Misticismo germánico medieval

«En el misticismo—ha dicho Georg von Below—se esconde un cierto elemento protestante»[1]. Exageración palmaria que un teólogo e historiador de la autoridad de Adolfo Harnack supo rectificar con estas palabras: «Sustraer a la Iglesia católica la mística y hacerla propiedad de los protestantes es vaciar el catolicismo y deteriorar la fe evangélica... ¿No son grandes místicos los grandes santos de la Iglesia? Un místico que no se torne católico es un diletante... La mística jamás hará protestantizar a nadie sin dar un bofetón al rostro de la historia y del catolicismo»[2].

Con todo, no es difícil hallar un fundamento al dicho de G. von Below, porque es verdad que el misticismo, cuando no va de la mano con una teología sana, precisa y clara, suele ser peligroso, tanto que a veces aun teólogos muy estimables se han extraviado en esa infinita llanura sin

---

[1] *Die Ursachen der Reformation* 434.
[2] *Lehrbuch der Dogmengeschichte* (Tubinga 1910) III 435-36.

caminos. El alma de tendencias místicas, si no es bastante dócil y humilde, corre peligro, en sus relaciones con Dios, de buscar la unión divina sin cuidarse de la mediación de la Iglesia, o sea, sin atender bastante al magisterio y a los sacramentos.

Es un hecho histórico notable que en el siglo XIV, y aun en el XV, florece en Alemania y en los países limítrofes una gran escuela—si así es lícito llamarla—de mística, especulativa y práctica[3]. Al mismo tiempo vemos que pulula un misticismo menos conforme a la teología tradicional, influenciado a veces por el begardismo y por los Hermanos del libre espíritu. No sabiendo qué sentir de la Iglesia jerárquica, en aquellos años turbulentos, algunos despistados quieren refugiarse en las interioridades de la mística, buscando la verdad y la perfección en el recogimiento contemplativo y en la meditación privada de la Sagrada Escritura, un poco a espaldas de los teólogos, tal vez porque la teología escolástica corría entonces hacia la decadencia, metiéndose por veredas espinosas de dialecticismos formalistas y de sutilezas áridas, mientras olvidaba la palabra revelada.

A pesar de los esfuerzos de Gerson por conjugar la Escolástica y la Mística, el divorcio entre ambas era demasiado público y patente. Lutero, que aborrecía a los escolásticos, no podía menos de amar a algunos de aquellos escritores místicos. No es que fuese un entusiasta de la mística tradicio-

---

[3] Baste recordar los nombres del maestro Eckhart († 1327), Juan Tauler († 1361), Enrique Susón († 1365), Juan Ruysbroeck († 1381), Margarita Ebner († 1351), Cristina Ebner († 1356), Enrique de Nordlingen († 1379?), Rulman Merswin († 1382), Gerlach Peters († 1411), el Anónimo de Frankfurt, Tomás de Kempis († 1471), Dionisio el Cartujano († 1471), Enrique Herp († 1477).

nal; nada de eso. Despreciaba al Pseudo-Dioni-
sio Areopagita, porque el autor de la *Ecclesiastica Hierarchia*—son sus palabras—no hace sino
jugar con alegorías, como despreciaba a San Buenaventura teniéndolo casi por loco, porque discurría
sobre la unión de Dios con el alma [4]. A fray Martín no le gustaban los sentimentalismos, ni las
visiones y revelaciones privadas, ni la terminología
nupcial para expresar las relaciones amorosas de
Cristo y el alma. Amaba solamente a aquellos místicos que deprimían y despreciaban la razón humana, a los que no se valían de la lógica aristotélica
en sus escritos, a los que daban de la Escritura una
interpretación personal e independiente, a los que
ponían al alma en contacto íntimo con Dios por
medio de la humildad y confianza, a los que repro-
baban la observancia farisaica de los preceptos humanos y no insistían en las maceraciones ascéticas
y otras obras exteriores [5].

[4] WA 6,562. *Tischr.* 644, I 302.
[5] Un moderno escritor, H. Jaeger, llega a defender cierta incompatibilidad entre el luteranismo y la mística, porque
la *sola fides* es enemiga de la ascética. El protestantismo
opone a la mística una neta repulsa. «Alors que le catholique considère la mystique comme un épanouissement plus o
moins exceptionnel de la vie de foi, le protestant, lui, la re-
doute, en raison de sa théologie qui ne fait pas de place
à la grâce intérieure: la mystique risque alors de se sub-
stituer à la vie de foi... La mystique se trouve tout d'abord
liée au monachisme, à cause de la liaison traditionnel et
typicament catholique, qui existe entre l'ascèse et la mystique... De plus, par crainte de ré-introduire dans les rap-
ports entre Dieu et le fidèle des *oeuvres* et des *efforts* pu-
rement humains qui seraient *méritoires* (c'est le thème ma-
jeur de la polémique luthérienne), le protestantisme refuse
de définir la vie religieuse personnelle à partir d'une distinc-
tion entre préceptes de Dieu et conseils évangéliques. Il en
resulte, sinon le rejet total de la mystique, du moins, chez
beaucoup de protestants, une réserve à son égard» (H. JAE-
GER, *La mystique protestante et anglicane,* en la obra co-

Eckart y Tauler

Quizá el más altamente especulativo de los místicos alemanes del Medievo fue el maestro Eckhart (1260-1327), cuya noble figura de pensador
va creciendo modernamente. No obstante los esfuerzos que se han hecho por presentar objetivamente
como del todo ortodoxa su doctrina—de su ortodoxia subjetiva o de su buena intención nadie
duda—, es cierto que en varios puntos se expresó
de una manera oscura y equívoca, con palabras de
sabor panteísta, v.gr., cuando dice que el alma,
transformada por la gracia, se aniquila en Dios y el
mismo Dios se aniquila en el alma; que Dios, en
cuanto Dios (Creador), nace de la criatura, y en
cuanto Divinidad nace de sí mismo y es comple-
tado luego por las criaturas [6].

Pero no eran estas ideas del gusto de Lutero
ni aparecen jamás bajo su pluma. Mucho más le podían interesar algunas expresiones que se refieren
a la justificación y al bien obrar en orden a la
salvación, y otras de matiz quietístico con menosprecio de toda acción externa. Quien lea rápidamente ciertas frases aisladas de Eckhart, podrá ima-
ginarse que aquel gran místico no atribuye valor
alguno a las buenas obras, como si fuera un luterano *ante litteram* [7].

lectiva *La Mystique et les mystiques* [París 1964] 257-407
p.257). No coinciden con el pensamiento de Jaeger varios
autores que escriben sobre «Lutero y la Mística» en el li-
bro, también colectivo, *Kirche, Mystik, Heiligung und das
Natürliche bei Luther* (Gotinga 1967).
    [6] *Meister Eckharts Schriften und Predigten.* Aus den
Mittelhochdeutschen übersetzt und hrg. von H. Büttner
(Jena 1912-21) I 202.
    [7] «Bist du gerecht, so sind auch deine Werke gerecht.
Denke nicht, dein Heil zu setzen auf ein Tun: man muss

Varón docto y fervoroso, Eckhart no dedujo lógicamente todas las consecuencias entrañadas en su doctrina oscura y a veces enigmática. Acusado ante el arzobispo de Colonia, Eckhart defendió su propia ortodoxia y apeló al papa. Dos años después de su muerte algunas de las tesis por él enseñadas en públicos sermones fueron condenadas por Juan XXII en 1329 [8].

De las obras eckhartianas Lutero parece no haber leído nada, pero algo le pudo llegar indirectamente por conducto de otros escritores dependientes de aquel alto «maestro» y por algunos gérmenes que flotaban en el ambiente espiritual germánico.

En cambio, sabemos que conoció y estimó sumamente al otro gran místico alemán, Juan Tauler, O. P. (1300-1361), que figurará siempre entre los más altos representantes de la mística católica. La doctrina de este discípulo de Eckhart, aun-

---

es setzen auf ein Sein. Denn die Werke heiligen uns nicht, sondern wir müssen die Werke heiligen» (ibid., II 5). Las mismas palabras, aunque con sentido más radical, se encuentran en Lutero. Tampoco desagradarían a fray Martín las siguientes: «Versuchung zum Bösen bleibt beim tüchtigen Menschen niemals ohne grossen Segen und Forderung... Nur aus der Anfechtung kommt Vollkommenheit» (ibid., II 13). Ni frases como ésta: «Actus exterior non est proprie bonus nec divinus» *(Enchiridion symbolorum,* ed. Denzinger-Schönmetzer [Barcelona 1965] 517 967, con bibliografía). El quietismo o pasividad de la voluntad responde perfectamente al pensamiento de Lutero, el cual escribía: «In omni opera plus patimur quam agimus» (WA 4,80). Y sobre la resignación absoluta a la divina voluntad: «Qui vere Deum diligunt..., libere sese offerunt in omnem voluntatem Dei, etiam ad infernum et mortem aeternaliter, si Deus ita vellet, tantum ut sua voluntas plene fiat» (WA 56,391).
[8] H. Denifle, estudiando principalmente los escritos latinos de Eckhart, intentó descubrir su fidelidad fundamental al tomismo. *Eckharts lat. Schriften und die Grundauschauungen seiner Lehre:* «Arch. f. Lit. u. KG des Mittelalters» 2 (1886) 417-652 672-87.

que de una hondura misteriosa y llena de oscuridades, puede decirse plenamente ortodoxa; no se
remonta a tan sublimes especulaciones como su
maestro, porque su finalidad es eminentemente
práctica: desnudar a las almas de toda afición a
las criaturas y encaminarlas a la íntima unión con
Dios [9].

Era Tauler un celoso predicador de Estrasburgo, muy estimado como director de almas selectas,
que pronunciaba todos sus sermones o pláticas espirituales en un alemán rudo, a veces pintoresco,
a veces abstracto y oscuro. Que se expresase ne-
bulosamente, aunque no tanto como Eckhart, se
comprende, en primer lugar, porque todos los místicos, cuando se refieren a misteriosas e inefables
experiencias internas, balbucean como los poetas
y los niños; después, porque hablando oratoria-
mente al pueblo o a comunidades de monjas, no
usaba la terminología precisa y exacta de los teó-

[9] Lutero apreciaba extraordinariamente a Tauler. En 1515
halló en Zwickau sus *Sermones* recientemente publicados
(*Predigten*, Augsburgo 1508) y los apostilló de su propia
mano. El 15 de diciembre de 1516 escribía a Spalatino: «Si
te delectat puram, solidam, antiquae simillimam theologiam
legere in germanica lingua effusam, *Sermones Taulerii
Joannis* praedicatoriae professionis tibi comparare potes...
Neque enim ego vel in latina vel nostra lingua theologiam
vidi salubriorem et cum Evangelio consonantiorem» (WA
Briefw. I 79). En 1518 declaraba: «Ego plus in eo (licet
totus Germanorum vernacula sit conscriptus) reperi theologiae solidae et syncerae, quam in universis omnium Universi-
tatum scholasticis doctoribus» (WA 1,557). Y en 1522:
«Prodiit nuper vernacula lingua Joannes Taulerus... talis
qualem ego a saeculo Apostolorum vix natum esse scripto-
rem arbitror» (WA 10,2 p.329-30). «Ego sane secutus theologiam Tauleri... doceo ne homines in aliud quicquam con-
fidant quam in Christum» (WA *Briefw.* I 160). La influencia de Tauler en Lutero ha sido exagerada por A. V. MÜL-
LER, *Luther und Tauler* (Berna 1918).

logos escolásticos, y, además, porque no se valía de la lengua latina, sino de la vernácula y popular, cuando ésta aún no había sido pulida y ductilizada para expresar ideas metafísicas.

Lutero, que llegó a ser un monarca del idioma alemán, aprendía en Tauler a conocer mejor su amada lengua; pudo aprender ciertamente en aquellos sermones de tan alta espiritualidad una piedad honda y viva, un alto conocimiento de Dios y reconocimiento de la propia nada, gran desestima de las obras puramente externas, confianza total en la misericordia divina, desprecio de los fariseos que confían en sus propias obras y sólo externamente parecen buenos, deseos ardientes de refugiarse en el costado de Cristo cuando las tentaciones asaltan el alma, actitud pasiva ante Dios, que es quien por sí solo nos regenera; menosprecio del conocimiento racional y analógico de Dios, punto de partida de su *theologia crucis;* abandono de sí mismo a la voluntad de Dios y a sus inescrutables designios. Leería con interés todo lo referente a las angustias, terrores, oscuridades y sufrimientos internos que preceden al nacimiento de Dios en el fondo del alma, imaginando que iguales eran las *Anfechtungen* y desesperaciones que él había experimentado en ciertos instantes.

Tauler habla de la absoluta resignación con que el hombre debe abandonarse a la voluntad divina, aunque ésta sea de arrojarle al infierno por toda la eternidad, y Lutero lo repite con casi idénticas palabras [10].

---

[10] Dice Tauler en el sermón 26: «Der Mensch ist dann seiner selbst entblösst in volliger und wahrer Gottergebenheit, ganz tief sinkt er in den göttlichen Willen, in dieser Armut und Entblössung zu verweilen, nicht etwa eine

Lutero forzó la interpretación de ciertos pasajes de Tauler, infundiéndoles su propia alma y mentalidad. Afirma el místico predicador que la naturaleza humana fue «envenenada» por el pecado original, y, en consecuencia, «nuestra justicia delante de Dios puede decirse injusticia e impureza», y al hombre caído no le queda sino «su impotencia, su indignidad y su nada»; mas no pretendía con eso afirmar la absoluta corrupción intrínseca de la naturaleza en el sentido totalmente negativo y pesimista que le dio Lutero. Dice Tauler que el hombre caído nada puede en orden a la vida eterna sin la gracia, y Lutero entiende esa impotencia como si el hombre estuviese privado incluso del libre albedrío y como si todas las obras humanas, aun las del justo, fuesen malas e inútiles, lo cual es categóricamente negado por Tauler [11].

Más de una vez las expresiones de éste son imprecisas, quizá incorrectas; pero él mismo las corrige y completa en otros lugares, especialmente cuando incita a las buenas obras, necesarias para la salvación, y cuando exige a todos obediencia y sumisión al papa, a los obispos, a los párrocos y a la santa Iglesia.

Woche oder einen Monat, sondern, wenn Gott will, tausend Jahre oder eine ganze Ewigkeit; oder, falls Gott ihn auf ewig in die Hölle verwiese, in ewiger Pein» *(Predigten...* übertragen und hrg. von Dr. G. Hofmann [Freiburg i. Br. 1961] 183). Tal sería el verdadero abandono. Léase el último texto de la nota 7. En los escolios a la *Epist. ad Romanos* anota Lutero: «De ista patientia Dei et sufferentia, vide Taulerum, qui prae caeteris hanc materiam praeclare ad lucem dedit in lingua teutonica» (WA 56,378).

[11] Tauler, como otros muchos predicadores alemanes de su tiempo, enseñaba la insuficiencia de las obras humanas, con la gracia divina, para la perfecta justificación. Véase A. Zumkeller en «Zeitsch. f. kath. Theol.» 81 (1959) 273-75.

El anónimo de Frankfurt

Hay otro místico alemán, completamente igno-
rado hasta que Lutero lo descubrió y muy leído
desde entonces, si bien no conocemos aún su nombre. No sabemos dónde, exactamente, fray Martín
topó con un códice manuscrito en lengua alemana
que trataba de la perfección a que debe aspirar un
cristiano, y como mucho le placiese, lo publicó bajo
el título *Eyn geystlich edles Büchlein...* (Wittemberg, diciembre 1516): «un precioso librito espiritual, para entender y distinguir rectamente lo que
es el hombre viejo y el nuevo, quién es hijo de
Adán y quién de Dios, y cómo en nosotros debe
morir Adán y resucitar Cristo». A este largo título
añadía Lutero cuatro palabras de prefacio, diciendo que el opúsculo «no es como la espuma que flo-
ta sobre el agua, sino que ha sido extraído del
fondo del Jordán por un verdadero israelita, cuyo
nombre no es ni será conocido sino por sólo Dios,
ya que el códice ha sido hallado sin título ni nombre de autor» [12].

Aquel códice era fragmentario y notablemente
incompleto, pero tuvo Lutero la fortuna de encontrar dos años más tarde otro códice más cabal,
que dio en seguida a la imprenta con el título
de *Eyn Deutsch Theologia* (Wittemberg 1518):
«noble librito sobre la recta inteligencia de lo
que es Adán y Cristo y cómo en nosotros debe
morir Adán y resucitar Cristo». Le puso fray Mar
tín el título de *Deutsch Theologia,* o «Teología

S. E. OZMENT, *Homo spiritualis. A comparative Study of...
Tauler, J. Gerson and M. Luther* (Leiden 1961).
[12] WA 1,153.

germánica», para significar que tal era la verdadera
y genuina teología de los alemanes, a diferencia
de la teología escolástica, racional, árida y rastrera,
propia de los latinos o de la Iglesia romana.

Aunque escrito en un lenguaje sencillo sin or-
nato literario, «yo no he topado con un libro, después de la Biblia y de San Agustín—afirma Lutero
en el Prólogo—, donde haya aprendido más acerca
de Dios, de Cristo, del hombre y de todas las cosas... Nos injurian ciertos sabios cuando dicen que
nosotros, teólogos wittembergenses, queremos presentar novedades, como si antes de nosotros y en
otras partes no hubiese habido nadie que enseñase
lo mismo. Ciertamente, los ha habido... Lea quien
quiera este librito, y diga luego si nuestra teología
es antigua o nueva, porque esta obra no es reciente... Plegue a Dios que este librito sea cada día más
conocido, y así veremos que los teólogos alemanes
son sin duda los mejores teólogos. Amén» [13].

---

[13] «Das die deutschen Theologen an Zweyffell die besten
Theologen seyn» (WA 1,378-79). No conocemos ninguno de
los dos códices utilizados por Lutero para sus ediciones.
Comparados el primero con el segundo, en su forma im-
presa, vemos que en aquél faltan los capítulos 1-6 y 27-56.
Modernamente, la edición del segundo ha sido reimpresa
por H. Mandel, *Theologia deutsch* (Leipzig 1908). En traducción francesa, por M. Windstosser, *Étude sur la
«Théologie germanique» suivie d'une traduction française*
(París 1911?). El año 1843, el Dr. Reuss, profesor y bibliotecario de la Universidad de Würzburg, descubrió un manuscrito (copiado en la abadía cisterciense de Bronnbach
en 1497), que consta de 54 capítulos, y fue editado por
F. Pfeiffer, *Theologia deutsch* (Stuttgart 1851, 2.ª ed.
1855); nueva edición por W. Uhl, *Der Frankforter* (Bonn
1912). Se dice «el Francofurdiense» porque una nota de
ese manuscrito dice que su autor fue «un caballero teutónico, sacerdote y custodio de la casa de los Caballeros
Teutónicos de Frankfurt». Con frecuencia se le llama «el
Anónimo de Frankfurt»; pero recientemente R. Haubst,
Johannes von Frankfurt als der mutmäsliche Verfasser von

El profesor de Wittemberg devoró aquel librito espiritual con avidez, descubriendo en sus páginas cosas que sólo existían en su propia alma, pues la *Teología germánica* suele ser considerada hoy día como plenamente ortodoxa; más aún, parece que fue escrita con tendencia apologética contra los sectarios «lollardos» y Hermanos del libre espíritu, de tipo quietista e iluminista. No andaba muy errado Lutero cuando, enviándole un ejemplar a su amigo Spalatino, escribía: «Te envío como un Epítome de todos los sermones de Tauler, pues no conozco ni en latín ni en nuestra lengua una teología más sana y más concorde con el Evangelio» [14].

En efecto, el Francofurdiense sigue en la línea de Eckhart y de Tauler, con un concepto altísimo de Dios, «el Uno, el Todo, el Perfecto, el verdadero Ser», ante el cual todas y cada una de de las criaturas son «Nada»; hay que abandonarse totalmente a Dios, para que nuestra voluntad se una perfectamente con la divina, pero sin caer en el quietismo; donde está el vivir de Cristo, allí está Cristo; el que cree en Cristo, cree que su vida es la mejor y más noble de todas; el alma del hombre tiene dos ojos, el uno mira a la Eternidad, el otro al Tiempo y a las cosas sensibles, pero ambos no pueden actuar a la vez; si no hubiera

---

«*Eyn deutsch Theologie*»: «Scholastik» 33 (1958) 375-98, sospecha que su autor no era un caballero teutónico, sino el conocido teólogo Juan de Frankfurt († 1440), profesor de Heidelberg. Se disputa cuál sea, entre los códices manuscritos citados, el más antiguo y primitivo. Véase K. MÜLLER, *Zum Text der deutschen Theologie:* «Zeitsch. f. KG» 49 (1930) 307-335.
[14] WA *Briefw.* I 79, carta del 15 de diciembre de 1516.

voluntad propia, no habría infierno ni ningún espíritu malo.

¿Cómo influyeron en Lutero?

«¡Qué gozo debió de sentir el monje de Wittemberg al encontrar expresado en su lengua... el sentido vivo de la seguridad religiosa y de la confianza interior, que él hasta entonces había ávidamente bebido en místicos extranjeros! (*San Bernardo, Gerson*)... Evidentemente, este librito había sacudido lo más profundo de su alma. Aquel esfuerzo apretado y anhelante del «Amigo de Dios» de Frankfurt por enseñar al alma a salir heroicamente de sí, para sumergirse en Dios y beber a grandes sorbos embriagadores la luz y la paz en la imperturbable serenidad de la *apátheia*—meta y sueño de toda forma de misticismo individualista—; aquel propósito insistente y uniforme de solevantar el alma de la fascinación caduca e ilusoria de la fantasmagoría sensible para transportarla a la zona de la visión ultraempírica... había alimentado la conciencia dudosa del monje hasta darle toda una nueva concepción de los poderes y los fines de la vitalidad espiritual»[15].

Sin duda que fray Martín lo que con más íntimo placer saboreaba en aquellos místicos tardíamente medievales era la necesidad de entregarse totalmente, fiducialmente, a Dios, poniéndose en sus brazos misericordiosos, esperando de sólo El la salvación; la riqueza del mundo interior, la voz del corazón tanto o más alta y profunda que la de la

---

[15] E. BOUNAIUTI, *Lutero e la Riforma in Germania* 95-96. J. Paquier llega a esta conclusión: «Dans ce traité, rien de luthéranisme avant Luther» (*L'orthodoxie de la Théologie germanique* [París 1922] 71).

razón; las oscuras pruebas del alma; la escasa va-
loración de la actividad humana y de las obras exteriores, así como las pocas alusiones a los sacramentos y a la jerarquía de la Iglesia. Todo ello
podía dar un tono demasiado individualista a las
relaciones del alma con Dios.

Como ese misticismo hallaba consonancia en el
alma ardiente y atormentada del monje agustino en
sus años más críticos, no es extraño que éste, nu-
triéndose con semejante alimento espiritual, supie-
se encontrar allí ciertos elementos teológicos y sen-
timentales para el nuevo sistema heterodoxo, que
estaba brotando de su experiencia religiosa [16].

No quiero decir que estos místicos despertaran
en Lutero sus ideas extrañas al catolicismo, pues
ya éstas habían germinado en él—algunas al menos—con anterioridad a sus lecturas de Tauler y
del Francofurdiense; pero sí pudieron en alguna
manera corroborarlas, y seguramente le dieron la
ilusión de hallarse dentro de la gran tradición cristiana [17].

[16] La profunda religiosidad temperamental de Lutero era
tan manifiesta e impresionante, que al frío y razonador
Erasmo fue eso lo primero que le llamó la atención en los
escritos luteranos, y así se lo comunicó al papa León X
el 13 de septiembre de 1520: «Ex his quae tum degustavi,
visus est mihi probe compositus ad mysticas litteras, veterum
more, explanandas» (ALLEN, *Opus epist.* IV 345).

[17] No me detendré a tratar del influjo de Gerson en el
joven Lutero. El monje de Wittemberg leyó algunos escritos
del canciller parisiense sin duda antes de 1515, acaso por
recomendación de Staupitz. En las tentaciones de desesperación, en los escrúpulos, en las dudas sobre si podía o no
acercarse a la Eucaristía, halló en Gerson consuelo espiritual y luz, aunque no la paz completa. Por eso, dice, fue
llamado *Doctor consolatorius.* Gerson debió también de
agradar a Lutero por su conciliarismo. «Drumb hies mich der
Cardinalis *(Caietanus)* zu Augsburg, auch ein Gersoniesten,
cum appellarem ad Concilium Constantinum» (WA *Tischr,*

Tenemos ya al monje alemán, no diré propiamente embebido de misticismo, pero sí íntimamente persuadido de que los grandes místicos germánicos del otoño medieval le prestarán el apoyo
de su autoridad en la elaboración de la doctrina
heterodoxa sobre la pasividad del hombre ante
Dios y la inutilidad de las obras en orden a la
justificación y salvación.

2.   Evangelismo y paulinismo

Hay otro misticismo muy diferente del que hemos estudiado hasta ahora, un «misticismo»—lla-
mémosle así, aunque impropiamente—que se manifiesta en un «sentimiento de íntima consola-

5523, V 213). «Solus Gerson scripsit de tentatione spiritus... Solus Gerson valet ad mitigandas conscientias. Ipse
eo pervenit ut diceret: Ah, es muss ihe nitt alles ein todt
Sund sein: facere contra papam, nicht ein Schepler anzie-
hen, Horas nicht petten, etc.» (WA Tischr. 1351, II 64-65).
Gerson escribió frases como éstas: «Signum malum: offerre
Deo opera sua vel gratias, quasi dignum aliquid habeant
ex persona operantis et non potius sint foeditates... Omnes
iustitiae nostrae, quantumcumque sint ex divino munere,
nihilominus contaminantur quodammodo ex continuo fluxu
peccatorum et defectuum, saltem venialium, per vulnera et
ulcera mentis et per desideria orientia ex infectione peccati
originalis» (Gersonis Opera III 158-59). W. Dress, Gerson
und Luther: «Zeitsch. f. KG» 52 (1933) 122-61. Otro de
los místicos que leyó fue San Bernardo. No todo le parecía
digno de loa en el abad de Claraval, que si por una parte
condenaba la vana ciencia y el abuso de la razón en la
teología, reprendía la presunción por las buenas obras y
exhortaba a la confianza en Cristo, todo lo cual deleitaría
infinitamente a Lutero; mas, por otra, defendía el libre
albedrío y el mérito de las buenas obras, recomendaba el
esfuerzo continuo para alcanzar las virtudes y exaltaba la
vida monástica, cosas que tenían que disgustar al fraile
reformador. «Bernardus ist gulden (áureo) quando docet
et praedicat..., sed in disputationibus wurds gar ein ander
Mann» (WA Tischr. 580, I 272).

ción espiritual», procedente de la doctrina luterana de la *sola fides in Christum*. Este misticismo
consolatorio bien merece contarse entre las causas
eficaces y difusivas del luteranismo, porque actúa
radicalmente en el alma misma de Lutero y porque
influye en el fanatismo religioso con que muchos
abrazan la doctrina luterana.

Lo explicaré en las páginas que siguen.

Si el misticismo germánico medieval merece tenerse en cuenta al tratar de los orígenes del luteranismo, por el apoyo que pudo prestar al reformador alemán cuando éste daba los primeros pasos en la búsqueda de una teología nueva, diferente de la escolástica, mucho más importante debe
considerarse otro factor histórico de índole religiosa y espiritual, que influyó no sólo en el alma
del propio Lutero, sino en la génesis y en el desarrollo de todo el movimiento luterano. Me re-
refiero al paulinismo, que buscaba una religión
más interior, con desprecio de las obras exteriores y de los formulismos farisaicos, y al evangelismo que suspiraba por transformar los sistemas teológicos y las instituciones jurídicas en una corriente de vida auténticamente cristiana.

Paulinismo y evangelismo significan muchas veces la misma cosa, un ansia de reforma, de renovación espiritual, de vuelta a las fuentes primiti-
vas del cristianismo. La *Philosophia Christi* del
Roterodamo y la *Theologia vivificans* del Estapulense, aunque tan distintas entre sí, vienen finalmente a confluir en el mismo cauce: depuración
de la religiosidad por la lectura del Evangelio y
de San Pablo, vida interior más que definiciones
dogmáticas, espíritu de fe contra el fariseísmo de
las obras y ceremonias externas. De los que van

por ese camino, unos se acercan más a Erasmo,
otros se orientan lejanamente hacia Lutero. A todos ellos se debe la creación de un clima religioso,
cuyo conocimiento es necesario para comprender el
brote de las más típicas ideas luteranas.

Hacia un cristianismo más puro

El ambiente espiritual europeo estaba preparado
para escuchar el mensaje del teólogo de Wittemberg, porque casi todos los cristianos medianamente cultos se hallaban ahítos y empachados de pa-
labrería humana y tenían hambre de la pura palabra de Dios. En los Países Bajos, en Francia,
en Inglaterra, en España, en Italia, grupos selectos
de personas añoraban una piedad más sincera y
una teología más positiva. Un difuso sentimentalismo religioso y un pietismo de carácter ético y
subjetivista, originado en parte por la *Devotio moderna,* y en parte por el Humanismo—dos corrientes que mezclan sus aguas en Erasmo—, descon-
fían de los teólogos escolásticos, áridos y dogmatizantes, se sienten agobiados bajo el peso de tantos cánones y preceptos, y buscan en el Evangelio y en San Pablo un cristianismo más puro, más
sencillo, más interior; no un sistema teológico,
sino una vida espiritual; no un recetario de prácticas religiosas, sino una religiosidad viva y espon-
tánea, dominada por la caridad y el amor, más que
por el temor.

Se deseaba una vuelta al cristianismo primitivo, genuino y simple, sin las adherencias que la
tradición, la costumbre y la rutina le habían ido
añadiendo, y se hablaba y escribía—en tono espiritual o en forma satírica—contra la observan-

cia farisaica de los ritos externos y de numerosos preceptos, leyes y «constituciones humanas». El *Enchiridion militis christiani* de Erasmo es la mejor síntesis de semejantes ideas y sentimientos.

¿Cómo se había llegado a falsear la vida cristiana, haciéndola consistir en ceremonias puramente externas y a veces supersticiosas, con el cumplimiento formalista de infinitos preceptos, estatutos, usos y costumbres? Sin duda la casuística de moralistas y canonistas había contribuido a ello, dando por graves ciertas violaciones de leyes, sin saber interpretar la mente genuina de la madre Iglesia. También, el fervor de los frailes y predicadores en recomendar tan insistentemente ciertas prácticas devotas, que el pueblo llegaba a tenerlas por necesarias para la salvación. En muchas ocasiones no era sino un efecto de excesiva religiosidad, la cual pasaba de lo sustancial a muchas nimiedades. El pueblo materializa siempre un poco la religión. Agudamente ha escrito Jacobo Burckhardt, que «el proceso de santificación de todos los aspectos de la vida tiene también su lado fatal». Sobre todo en las gentes poco cultas que apenas entienden sino lo sensible, práctico y antropomórfico. «Ninguna religión—añade el citado escritor—se ha mantenido del todo independiente de la cultura de los pueblos y de los tiempos. Precisamente cuando ella reina con plena soberanía, con la ayuda de sacros documentos, entendidos a la letra, y parece que todo está regulado por ella, cuando se introduce dentro de toda la vida, entonces la vida por su parte actúa sobre la religión y se entrelaza con ella» [18].

[18] J. BURCKHARDT, *Weltgeschichtliche Betrachtungen* (Leipzig 1905) 98 y 145.

Y comenta Johan Huizinga: «La vida de la cristiandad medieval está, en todas sus manifestaciones, compenetrada y saturada de ideas religiosas. No hay cosa, no hay acción, que no esté continuamente puesta en relación con Cristo y con la fe... Pero en tal atmósfera sobresaturada, la tensión religiosa, la efectiva trascendencia, la liberación de lo terrestre, no pueden verificarse siempre. Y si la tensión decae, todo lo que estaba destinado a despertar en el hombre la conciencia de Dios se petrifica, convirtiéndose en una asombrosa banalidad» [19]. Trae el ejemplo de un santo «tan alto como Enrique Susón, en quien la tensión religiosa no decaía un instante», y, sin embargo, humanizaba tanto la religión, que «cuando comía una manzana en el refectorio solía cortarla en cuatro partes: comía tres en nombre de la Santísima Trinidad y la cuarta «por amor de la Madre celestial, que dio a comer una manzana al tierno niñito Jesús»; la comía sin mondarla, porque así lo hacen los niños. En los días posnatalicios—o sea, cuando el Niño Jesús era todavía demasiado pequeño para comer manzanas—se abstenía de comer la última cuarta parte, ofrendándosela a María para que ella se la diera a su hijo. Cuando bebía, lo hacía de cinco sorbos, en memoria de las cinco llagas del Señor, pero la quinta vez repetía el sorbo, porque del costado de Cristo brotaron sangre y agua. A tan extremas consecuencias se llegaba en la santificación de todos los aspectos de la vida.

Si aun las almas escogidas de alta espiritualidad y viva tensión religiosa caían a veces en de-

[19] J. HUIZINGA, *Herbst des Mittelalters,* trad. del holandés (Munich 1931), 214.

vociones pueriles, nimias, minuciosas, cuando no
ridículas, con peligro de recargar barrocamente la
vida cristiana, bien se comprenderá que las almas
vulgares o de piedad poco ilustrada incurrieran en
un cúmulo de ritos y costumbres extravagantes o
de prácticas supersticiosas.

«Si se prescinde del grado de intensidad de la
fe y se considera solamente su forma exterior, fácil es descubrir en la piedad de la Baja Edad
Media muchos elementos que pueden ser interpretados como excrecencias de la vida religiosa.
Se había verificado un aumento cuantitativo de
usos y de ideas que infundían preocupaciones a
los más serios teólogos. El espíritu reformador
del siglo xv no se dirigía tanto contra el carácter impío o supersticioso de las nuevas prácticas
como contra las sobrecargas de la fe misma. Mul-
tiplicábanse las señales de la gracia divina, cada
vez más generosa y benigna. Junto a los sacramentos surgían por todas partes las bendiciones;
de las reliquias se pasaba a los amuletos; la virtud de la oración se formalizaba en los rosarios;
la galería variopinta de los santos cobraba de día
en día más color y más vida. Y por más que la
teología se afanaba por trazar una neta distinción
entre *sacramenta* y *sacramentalia,* no había modo
de impedir al pueblo que pusiese su fe y esperanza en lo coloreado y mágico»[20]. El pueblo igno-

[20] HUIZINGA, 215. A. V. Müller ha copiado de los manuscritos de la Bibl. Real de Berlín una serie de anotaciones
como las siguientes: «Beatus Augustinus refert quod qui-
cunque prescriptam orationem cottidie cum devotione dixerit
flexis genibus *numquam moritur in peccatis mortalibus* et
habentur de ea duo milia annorum indulgencias». «Nota
quod venerabilis Beda dicit de septem verbis Domini, quod
quicumque ea cottidie confessus et contritus dixerit, *nec*

rante tiende a materializar la religión, sensibilizándola demasiado. Mecanizando la piedad, se incurría en lamentables supersticiones, que en vano eran reprendidas por predicadores como Gerson. Si un clérigo o fraile recomendaba insistentemente una plegaria, fácilmente el cristiano rudo la rezaba y repetía, atribuyéndole virtudes sobrenaturales, casi mágicas, porque ponía la confianza en la pronunciación de la fórmula más que en la súplica del corazón.

El teólogo Pedro d'Ailly, figura prominente del Concilio de Constanza, escribió en 1416, mientras se hallaba en aquella general asamblea, un tratado *De reformatione Ecclesiae,* en el que presenta un programa completísimo de reforma, estigmatizando todas las corruptelas y abusos que se notan en el cuerpo eclesiástico, desde el papa y los obispos hasta los frailes y el vulgo. Pues bien, tratando del culto y de la religiosidad popular, lo que más reprensible le parece es la incesante prolife-

---

malorum hominum nec diabolorum nocumenta pacietur, subitanea morte non morietur, sine receptione Eukaristie et inconfessus non discedet». «Eciam devote legenti (planctum beati Bernardi) *Jesus Christus presencialiter apparebit in hora mortis sue».* «Quicumque subscriptam oracionem cottidie devote dixerit, *sine presencia eiusdem Virginis et misterio corporis Christi non discedet,* sicut fuit revelatum beato Bernardo» (Ms. lat. theol. 8 n.30). «Hec oracio debet dici novem diebus nullum verbum loquendo usque dum oracionem compleveris, *et certa esto quicquid rogaverit, et impetrabis a Regina celorum.* Stando et elevatis manibus dic hoc responsorium, ut sequitur». «Compilata est (oratio) a sancto Thoma martire. Quicumque eam semel in die legerit vel audiverit, et si secum portaverit, *illo die in mortali peccato cadere non poterit».* «Per hanc oracionem subscriptam dimittuntur, *sententia damnacionis eterne mutabitur in penam purgatorii»,* etc. *(Luthers theologische Quellen* 236-38). Como se ve, las falsedades históricas se daban la mano con las creencias supersticiosas.

ración de ceremonias, de preceptos, de ritos litúrgicos prolijos, de imágenes de santos, de días festivos, de Ordenes mendicantes, etc. Lo cual viene
a significar que aquella religiosidad estaba profusa-
mente recargada de elementos accesorios, como un
árbol al que el muérdago y otras plantas pará-
sitas le chupan la savia [21].

Gerson se vio obligado a escribir breves trata-
ditos contra las supersticiones, amuletos y hechi-
cerías [22], falsas creencias y plegarias mágicas, frecuentes en el culto de las reliquias, en la invocación de determinados santos, en las peregrinaciones y en el mismo uso de los sacramentos.

«Devoción moderna» y Humanismo

Contra el concepto casi pagano de una religión consistente en prácticas externas y formalistas no tardó en producirse una enérgica reacción,
encabezada por Gerardo Groote y sus discípulos
de la *Devotio moderna*.

«El reino de Dios—predicaba 'el Venerable
Maestro Gerardo'—consiste en la justicia, paz y
gozo con el Espíritu Santo, y todos los ritos de

---

[21] «De tertio gravamine Romanae Ecclesiae quod imponit
aliis in onerosa multitudine Statutorum, Canonum et Decre-
talium, et maxime illorum quae videntur ad graves poenas
et praecipue ad mortales culpas obligare» *(De reformatione,*
en *Gersonis opera* II 908). «Ut in divino servitio non tam
onerosa prolixitas, quam devota et integra brevitas servare-
tur. Ut in ecclesiis non tam magna imaginum et picturarum
varietas multiplicaretur. Ut non tot nova festa solemniza-
rentur. Ut non novae ecclesiae aedificarentur. Ut non tot
novi sancti canonizarentur. Ut praeter diebus dominicis et
in maioribus festis ab Ecclesia institutis, liceret operari post
auditum Officium... quia dies operabiles vix sufficiunt pau-
peribus ad vitae necessaria procuranda... Ut diminuerentur
religiones Ordinum Mendicantium» (ibid., 911).
[22] *Gersonis opera* I 203-225.

devoción sólo valen en cuanto ayudan a la vida interior». Tanto insistía en la disposición interna y
en el menosprecio de lo ritual, que a veces parecía
negar a los sacramentos su virtualidad *ex opere
operato,* como si únicamente dependiese su eficacia
ex opere operantis [23].

Y el autor de la *Imitación de Cristo* repetía:
«Si en estas observancias exteriores ponemos el
progreso religioso, pronto se acabará nuestra devoción» (I 11). «Aprende a despreciar las cosas
exteriores y a consagrarte a las interiores, y verás
que viene a ti el reino de Dios» (II 1) [24].

Paralelamente a la corriente ética y espiritual de
la *Devotio moderna,* fluye otra radicalmente diversa y aun contraria en su concepto del hombre
y del mundo, la corriente cultural y sapiencial del
Humanismo italiano, que, sin embargo, coincide
con aquélla en la crítica de las exterioridades, de
los ritualismos, de las especulaciones escolásticas,
y podemos decir que también en su biblicismo, aun-

---

[23] «Regnum Dei constat ex iustitia, pace et gaudio cum
Sancto Spiritu; omnes autem devotionis ritus eo usque tantum valent, quoad hanc interioris vitae substantiam parare
possint» (G. DE BONET-MAURY, *De opera scholastica Fratrum
Vitae Communis* [París 1889] 37).

[24] Textos semejantes abundan en el Kempis. Pero no se
crea que todos los «devotos», o seguidores de la *Devotio
moderna,* se mantenían libres del formalismo y del culto
excesivo de las devociones ritualistas, puramente externas.
Un hombre tan santo como Juan Standonch, «vir in quo
non damnasses affectum, sed iudicium omnino desiderasses»
(ERASMO en *Ichthyophagia)* impuso en la *domus pauperum*
y aun en todo el Colegio de Montaigu las observancias más
rigurosas y minuciosas de una cartuja, que le hacían decir
a Erasmo: «In veste aut cibo gloriam quaerere, pharisaicum
est» (ibid.). Discípulo y segundo sucesor de Standonch en
la Principalía de Montaigu fue Noel Beda, «el antierasmista»
por antonomasia.

que los humanistas aportaban un sentido filológico, del que carecían los «devotos».

Lorenzo Valla, precursor de Erasmo en tantas cosas, sintetizó en una frase su crítica de la religiosidad farisaica o formalista: «No es el hombre exterior el que agrada a Dios, sino el interior» [25].

Nada tiene de particular que los discípulos de Petrarca, que preferían la *devotio litterata* a la *devota rusticitas,* y los seguidores de Marsilio Ficino, cuyo ideal humanístico se cifraba en la *docta religio* (que Erasmo traducía: *ut cum bonis litteris floreat sincera pietas)* censurasen con acrimonia la religiosidad popular, rutinaria, rezandera, ceremonial, que no raras veces era designada como «monástica», porque eran monjes y frailes los que la predicaban y recomendaban [26].

[25] «Non exterior homo sed interior placet Deo» (*De professione religiosorum,* en E. GARIN, *Prosatori latini del Quatrocento* [Milán 1952] 578).

[26] «Ut putent summam pietatem hac una in re sitam, si quamplurium psalmorum... quotidie percenseant; neque aliud in causa esse iudico, quod videmus *monasticam pietatem* sic ubique frigere, languere, evanescere, quam quod in littera consenescunt» (*Enchiridion,* en H. HOLBORN, *Des. Erasmi Rot. Ausgewählte Werke* [Munich 1933] 34). En la Italia del siglo XV se llamaba a veces jesuitismo *(jesuitatem)* a la piedad consistente en frecuentes jaculatorias, compostura modesta y otras beaterías, quizá porque los *jesuatos,* fundados por el beato Juan Colombini († 1367), andaban por las calles muy recogidos y saludaban con la invocación del nombre de Jesús. Poggio Bracciolini escribía a Francisco Barbaro: «Iam tandem gaudeo, te factum esse christianum, relicta *Jesuitate* illa, quam adscribebas principiis litterarum tuarum. Animadverte quidem, te descivisse ab eorum impudentia, qui nomini Iesu soli inhaerentes, novam haeresis sectam moliebantur» (*Historiae de varietate fortunae libri IV... accedunt Epistolae* [París 1725] 176).

Colet y Erasmo

De los humanistas de la Academia Florentina, especialmente de Marsilio Ficino y Pico de la Mirándola, depende en gran parte la espiritualidad crítica y biblicista de John Colet († 1519). Apenas regresado de Italia en 1496, aunque no había obtenido ningún grado en teología, empieza a tener lecciones libres en la Universidad de Oxford sobre las epístolas de San Pablo a los Romanos y a los Corintios [27].

Llamado en 1504 a Londres para ser deán de la catedral de San Pablo y rector del colegio adjunto, fue condecorado con el título de Doctor y dio comienzo a su predicación inspirada casi únicamente en la Sagrada Escritura. Siguiendo igual método que en las lecciones de Oxford, comentaba la palabra de Dios, desechando las agudezas de los escolásticos, a quienes reprendía por haber introducido en la enseñanza y en la predicación cristiana unas doctrinas abstractas, que de nada sirven para la vida espiritual [28].

[27] Por el mismo tiempo, Marsilio Ficino redactaba en Florencia su comentario *In Epistolas Divi Pauli,* que sólo comprende los primeros capítulos de la *Epist. ad Romanos.* Allí leemos que la verdadera religión y culto de Dios consiste *in spiritu et veritate:* «Christus et Paulus materialem cultum vel improbant, vel minime probant» *(Opera omnia* [Basilea 1561] I 432).

[28] Erasmo trazó de Colet una larga y magnífica semblanza: «Opinionibus a vulgo multum dissidebat, sed mira prudentia hac in re sese attemperabat aliis, ne quos offenderet... Cum nemo magis faveret christianae pietati, tamen erga monasteria... minimum habebat affectus... Nulli mortalium generi erat infensior quam episcopis, qui pro pastoribus lupos agebant, nec ullos magis execrabatur, quod cultu sacro, caeremoniis, benedictionibus ac veniolis sese venditarent populo... Ut minus esset iniquus iis qui non probarent sic passim in templis adorari imagines pictas, ligneas, saxeas,

Erasmo escuchó con encanto y admiración en 1499 sus lecciones sobre San Pablo, y quedó desde entonces ganado para el paulinismo, con una concepción más espiritualista de la religión y con el afán de reformar la teología a base de Escritura y Santos Padres.

Contra el escolasticismo y contra el fariseísmo de las obras externas levanta John Colet la bandera del paulinismo, que Erasmo se encargará de hacerla flamear con sus escritos a todos los vientos de Europa [29].

Ese paulinismo tenía mucho de común—si no se identificaba del todo—con el evangelismo, término acuñado por P. Imbart de la Tour para significar «un movimiento doctrinal, dirigido con-

---

aereas, aureas, argenteas» (ALLEN, *Opus epist.* IV 520-22). «Quam avide hauserat pectus ac spiritum divi Pauli!», exclama Erasmo en carta a Lipset, IV 152.

[29] Erasmo creyó haber hallado el año 1501 en Saint-Omer un hermano espiritual de Colet: el guardián del convento franciscano de aquella ciudad, fray Juan Vitrier. Este austerísimo franciscano predicaba con frase mordaz y violenta contra la relajación de los frailes y de las monjas, sin perdonar los abusos del culto de los santos y de las indulgencias, por lo cual varias de sus proposiciones fueron condenadas por la Sorbona en octubre de 1498 (DUPLESSIS D'ARGENTRÉ, *Collectio iudiciorum* I 2 p.340-41). Sin ningún influjo humanístico, se había alejado de la teología escolástica, leía sin cesar los escritos de los Santos Padres y se sabía de coro las Epístolas de San Pablo. Al igual de Colet, censuraba las ceremonias supersticiosas del vulgo y cultivaba afanosamente una espiritualidad paulina. Erasmo hace el panegírico de Vitrier en la misma epístola que de Colet, diciendo entre otras cosas: «Joannes Vitrarius... nulla ex parte posthabendus Coleto... Libros divinos, praesertim Epistolas Pauli, sic edidicerat, ut nemo melius teneret ungues digitosque suos, quam ille Pauli sermonem... Nonnumquam septies concionabatur uno die; nec unquam illi deerat sermonis eruditi copia, quoties de Christo loquendum erat... Superstitioni ac caeremoniis minimum tribuebat» (ALLEN, *Opus epist.* IV 508-11).

tra cierta teología mucho más que contra el dogma, contra los métodos de la escuela más que contra las prácticas o las fórmulas de la fe. La vuelta a la antigüedad cristiana, a la Escritura y a los Padres, un cristianismo más espiritual, una Iglesia más libre: tales eran las tendencias que habían constituido el evangelismo»[30].

Lo que pretendía era desterrar de la teología el dialecticismo de los escolásticos y hacer triunfar en ella la Sagrada Escritura y los Santos Padres de la Iglesia, y al mismo tiempo depurar la religión cristiana de muchas adherencias seculares que estorbaban a la genuina piedad. Quería presentar la religión como una norma de vida, más bien que como un conjunto de verdades dogmáticas, y ver en la Iglesia el Cuerpo místico de Cristo, más bien que una institución con leyes y jerarquía. Esa fue la tarea que se impuso Erasmo desde que conoció a Colet, y particularmente desde que en 1503 publicó en Amberes el *Enchiridion militis christiani,* verdadero manual—si no queremos llamarle manifiesto—de la nueva religiosidad, pura expresión de lo que él denominaba «filosofía de Cristo»[31].

[30] IMBART DE LA TOUR, *Les origines de la Réforme* (París 1905-35) III, *L'Évangélisme 1521-1538* p.59.

[31] En carta a Colet, diciembre 1504, confesaba claramente la finalidad del libro: «*Enchiridion* non ad ostentationem ingenii aut eloquentiae conscripsi, verum ad hoc solum, ut mederer errori vulgo religionem constituentium in caeremoniis et observationibus paene plusquam iudaicis rerum corporalium, earum quae ad pietatem pertinent mire negligentium» (ALLEN, *Opus epist.* I 405). La filosofía de Cristo es un cristianismo libre de ceremonias superfluas y no recargado de dogmas, pero vivido con sinceridad y afecto: «Christi philosophiam non caerimoniis tantum et propositionibus, sed ipso pectore totaque vita referret... Hoc philosophiae genus in affectibus situm verius quam in syllogis-

Al *Enchiridion* siguieron las Prefaciones al Nuevo Testamento (*Paraclesis, Methodus, Apologia*) y la *Ratio seu Methodus compendio perveniendi ad veram theologiam* (Lovaina 1518), que delinean más acabadamente el programa y proclaman repetidamente el mensaje erasmiano. Reforma de la teología y reforma de la vida cristiana, menos formulismo religioso y más religión personal [32].

Ha sido muchas veces acusado Erasmo de moralismo y de poca comprensión del misterio cristiano, pero no faltan pasajes en sus escritos en que aconseja al teólogo besar con reverencia las verdades que se le muestran y adorar desde lejos los misterios del divino Espíritu [33]. Y no es cierto

---

mis, vita magis est dicenda quam disputatio» (HOLBORN, 144-45). Erasmo se alegra de que de unos años a esta parte surge un auténtico linaje de cristianos que profesan con su vida esta filosofía.

[32] He aquí algunos de los textos más significativos. «In affectibus est Christi perfectio, non in vitae genere; in animis est, non in paliis aut cibis». «Neque tamen usquam damnamus moderatas caerimonias», con tal de que no se ponga en ellas la santidad (*Epist. ad Volzium,* en HOLBORN, 12 y 16). Ceremonias suele llamar Erasmo a los ayunos, abstinencias, peregrinaciones, uso de agua bendita, culto a las reliquias, devociones populares a los santos, hábitos monásticos, fe en el número fijo de ciertas plegarias, etc. Son respetables todas aquellas prácticas, «quae ecclesiastica comprobavit auctoritas; sunt enim nonnunquam, tum indicia, tum adminicula pietatis». «Monachatus non est pietas, sed vitae genus, pro suo cuique corporis ingeniique habitu vel utile vel inutile» (*Enchiridion,* en HOLBORN, 76 y 135). «Is mihi vere theologus est, qui non syllogismis arte contortis, sed affectu... sed ipsa vita doceat» (*Paraclesis,* en HOLBORN, 143). «Instituimus... theologum, qui quod profitetur malit exprimere vita quam syllogismis» (*Methodus,* en HOLBORN, 161). «Evolve Testamentum omne novum, nihil usquam reperies praeceptum, quod ad caerimonias pertinet. Ubi de cibis aut veste verbum ullum? Ubi de inedia aut similibus ulla mentio? Solam caritatem suum praeceptum vocat» (*Ratio,* en HOLBORN, 239).

[33] «Quod datur videre, pronus exosculare; quod non

que sólo insista en la caridad fraterna, porque enseña que el cristianismo se funda en la fe y en la caridad, y declara que el deber fundamental del cristiano es entender que toda nuestra esperanza se cimienta en Dios misericordioso [34].

El Estapulense

Hay que advertir, con todo, que este elemento más hondamente espiritual se le agrega al evangelismo poco a poco y se acentúa vigorosamente poco después de la aparición de Martín Lutero. Al monje de Wittemberg se le adelanta en ensalzar la justificación por la fe, al modo paulino, Lefèvre d'Etaples (*Jacobus Faber Stapulensis*, † 1536).

Ya en 1512, al publicar en París *Sancti Pauli Epistolae XIV* con breves comentarios, no puede menos de detenerse a explicar el pasaje de San Pablo: *Arbitramur iustificari hominem per fidem sine operibus legis* (Rom 3,28), pero lo hace en forma perfectamente católica, exaltando la fe, pero una fe activa, que obra por la caridad. Y, por otra parte, cuando comenta otros pasajes del Apóstol, como *Mortificate ergo membra vestra* (Col 3,5), recomienda las obras de mortificación, los cilicios y disciplinas, los ayunos y abstinencias, pero con tal que no se ponga en ellas la confianza, sino en Dios solo [35]. Fe inmensa, esperanza firmí-

datur, tamen opertum quicquid est, adora procul ac venerare» *(Methodus,* en Holborn, 151).

[34] «Ut intelligamus omnem spem nostram in Deo positam esse, qui gratis nobis largitur omnia per Filium suum Iesum» (Allen, *Opus epist.* IV 118).

[35] «Tuum cilicium, tuum ieiunium, tua abstinentia, tua verbera, tua oratio, tuae lacrimae, tuus squalor in pulvere nihil sunt; sed cilicium Christi, ieiunia Christi, abstinentia Christi, flagellatio Christi, oratio Christi, lacrimae Christi et squalor Christi. Non tamen illa putes tibi inutilia...

sima y caridad ardiente, tal es el don de sabiduría que Dios concede a los que bien le conocen, dice en su glosa a los Efesios (1,1.17-18).

Cuando más adelante Lefèvre, llamado por el obispo de Meaux, se constituye en cabeza, inspirador y padre espiritual de aquel grupo de reformadores que trabajaban a la sombra de Guillermo Briçonnet, el evangelismo parece colorearse un poco de luteranismo. Es entonces cuando el Estapulense avanza en su teología paulina mucho más que Erasmo, y con frases muy semejantes a las de Lutero predica que la salvación se debe a las obras de Cristo Redentor, no a las del hombre; sólo Cristo nos ha de salvar. «La noche del pecado ha pasado y el día de la gracia está cerca, porque Jesucristo nos trae gracia y remisión de todos nuestros pecados. Todo nos es perdonado en Jesucristo, con la sola condición de que tengamos fe en él» [36]. «Basta la fe para ser heredero del reino de los cielos» [37]. Expresiones que podrían entenderse en sentido luterano—y como tales fueron censuradas por la Sorbona en noviembre de 1525—si pocas líneas antes no hubiese declarado el autor que «esta fe es una fe viva, que obra por la caridad. El sol que ilumina y no calienta, no vivifica nada; de igual modo la fe sin la caridad» [38].

Si te respicis, ducem amittis» *(Pauli Epistolae* [Col 3,17] fol.178-9).
[36] «La nuit de péché est passée, et le jour de grâce est approché, car Jesucrist nous apporte grâce et remission de tous nos pechez. Tout nous est pardonné en Jesuscrist, seulement si nous avons foy en lui» *(Les Épîtres et Évangiles des cinquante et deux Dimanches de l'an* [Lyón 1542] f.2, cf. la 1.ª ed. de 1525).
[37] «Pour estre héritier du Royaume des cieulx, il ne fault que foy» (ibid., f.276r).
[38] «Mais ceste foy est une foy vive, qu'oeuvre par cha-

Evangelismo español

También en España desde 1512 cunde una especie de evangelismo que presenta dos caras notablemente distintas: de una parte, el alumbradismo (o iluminismo), y de otra, el erasmismo. El autor del *Enchiridion* influye poderosamente en el ambiente español durante la segunda y tercera década del siglo XVI, con su crítica de lo ceremoniático y su anhelo de un cristianismo interior. Son muchos los españoles cultos que se declaran erasmistas, y muchos también los que erasmizan sin confesarlo. Un erudito tan respetable como M. Bataillon ha tentado de acercar y casi unificar este erasmismo con el iluminismo, pero los alumbrados son en Castilla anteriores a los erasmizantes y los distingue un matiz popular y pseudomístico, que inútilmente se buscará en Erasmo. Indudablemente existen también afinidades y semejanzas, que han hecho escribir al citado historiador estas palabras: «El *iluminismo* se hace a su vez mucho más comprensible cuando se le estudia relacionado con el movimiento erasmiano. Las tendencias de los alumbrados ofrecen analogías evidentes con las de la gran revolución religiosa que conmueve por entonces a Europa, y que palabras como *protestantismo* o *reforma* resumen de manera tan engañosa» [39].

---

rité. Le soleil qui enlumine et ne eschauffe point, il ne vivifie rien; aussi ne fait la foy sans charité» (ibid.). Las mismas ideas expuso en otros libros, como *Commentarii initiatorii in quatuor Evangelia* (París 1522).

[39] M. BATAILLON, *Erasmo y España: estudio sobre la historia espiritual del siglo XVI*. Trad. A. Alatorre (México, Buenos Aires 1950), I 194. Importante complemento de esta obra es el trabajo de E. ASENSIO, *El erasmismo y las*

No es de este lugar el hacer distinción de las diversas clases de alumbrados y aun de las variedades de erasmizantes [40]. Pero sí quiero llamar aquí la atención sobre el pulular de «evangelismo» que se nota en el grupo reformista de Alcalá, en el círculo de Meaux, en el cenáculo valdesiano de Nápoles y en el de Reginaldo Pole en Viterbo.

Bataillon fue el primero en advertir «la existencia, en la porción más selecta de los españoles, de un fervor evangélico análogo al que animó en Francia a las personas que rodeaban a la princesa Margarita o al obispo de Meaux, Briçonnet. Pero—diferencia notable entre los dos países—el evangelismo francés tiene a un Lefèvre d'Etaples, cuya acción es independiente de la de Erasmo... El evangelismo español, en cambio, toma de Erasmo su alimento casi exclusivo» [41].

Mezcla de erasmista y de alumbrado era aquel Juan de Valdés († 1541), que volará de España huyendo de la Inquisición y pondrá su nido en

corrientes espirituales afines: «Rev. de Filol. esp.» 36 (1952) 31-99.

[40] Clara síntesis en DOMINGO DE SANTA TERESA, O. C. D., *Juan de Valdés. Su pensamiento religioso y las corrientes espirituales de su tiempo* (Roma 1957) 12-45; y en mi libro *Loyola y Erasmo* (Madrid 1965), con bibliografía.

[41] *Erasmo y España* I 189-90. La última frase me parece exagerada. El iluminismo español (que puede considerarse como parte del evangelismo) no depende de Erasmo, sino del afán de perfección espiritual, producido en torno a ciertos conventos franciscanos, como consecuencia de la reforma cisneriana; luego se ramificó en diversas tendencias, algunas de las cuales eran afines al erasmismo, mas no en su raíz. «Si algún peligro de errores han nascido en este reyno, como los dexados y alumbrados y beatos, han seydo con desseo de ferviente fe y devoción», decía en 1537 el autor de las *Excelencias de la fe,* citado por E. ASENSIO, 70.

la quinta napolitana de Chiaia, frente al azul ca-
brilleante del golfo y la humareda del Vesubio.
No enseñaba doctrinas propiamente luteranas, pero
creía interpretar fielmente a San Pablo, negando
el mérito de las obras humanas; y de su escuela
salieron Ochino, Vermigli, Bonfadio, Galeazzo Ca-
racciolo e Isabel Briceño, que al fin cayeron en
el protestantismo. Oyeron devotamente su fasci-
nadora palabra y sus exhortaciones a una religiosidad interior, iluminada y biblicista, personajes
como Julia Gonzaga, Catalina Cibo, Marco Antonio Flaminio, el desventurado Pietro Carnesecchi,
quizá de paso Victoria Colonna, que bastarían para
aureolar suavemente su figura de laico (al menos
no sacerdote) director de almas escogidas[42].

Quizá San Juan de Avila en sus primeros fer-
vores se encaminó también por las vías del evangelismo, o por mejor decir, paulinismo acentuado.
Por algo le instituyó proceso la Inquisición en
1531-33, aunque lo halló del todo inocente; y
por algo su primera redacción del *Audi, filia (Avisos y reglas cristianas,* Alcalá 1556) fue incluida
en el *Catalogus librorum qui prohibentur* (Valladolid 1559) ordenado por el inquisidor Fernando
de Valdés[43]. Y algo parecido se puede afirmar del

---

[42] Véase fray Domingo de Santa Teresa, ya citado, y
E. CIONE, *Juan de Valdés e il suo pensiero religioso* (Nápoles 1963), con recensión de los estudios hechos hasta
entonces sobre Valdés. M. MORREALE DE CASTRO, *La antítesis paulina entre la letra y el espíritu en la trad. y coment. de
Juan de Valdés:* «Estudios bíblicos» 13 (1954) 167-83.
[43] Sobre el proceso del santo véase L. SALA BALUST,
Obras completas del beato Juan de Avila (Madrid 1952)
I 67-92. La segunda edición, corregida y muy aumentada,
la clásica, es de 1574. El texto de la primitiva redacción
lo ha publicado L. SALA BALUST, *Avisos y reglas cristianas
sobre aquel verso de David, Audi filia* (Barcelona 1963) t.10
de «Espirituales españoles». Mejor, *Obras completas del*

arzobispo toledano Bartolomé Carranza de Miranda, cuyo *Catecismo cristiano* fue severamente censurado por la Inquisición [44].

Evangelismo italiano

También el evangelismo italiano presenta matices muy diversos. Vemos primero un reducido grupo de reformadores influidos por Erasmo, como Juan Mateo Giberti († 1543), Federico Fregoso († 1541), Jacobo Sadoleto († 1547), Gregorio Cortese, O. S. B. († 1548), y otro grupo mayor y no menos selecto de personas profundamente espirituales, a cuya cabeza van los cardenales Gaspar Contarini († 1542), Reginaldo Pole († 1558) y Juan Morone († 1580), escoltados por Marco Antonio Flaminio († 1550), Alvise Priuli († 1560), Jerónimo Seripando († 1563) y otros, entre los que debemos poner a Victoria Colonna († 1547) y Miguel Angel Buonarroti († 1564). En un tercer grupo podríamos incluir a cuantos gravitaron un tiempo en torno a Juan de Valdés, y habría que destacar el

santo Maestro Juan de Avila (Madrid, BAC, 1970) vol.I. Cfr. R. GARCÍA-VILLOSLADA, *El paulinismo de San Juan de Avila:* «Gregorianum» 51, 1970, 615-646.

[44] ¿Estuvo el piadosísimo pero incauto arzobispo en relaciones amistosas con Juan de Valdés? Así lo afirmó fray Domingo de Rojas en el proceso, citado por M. MENÉNDEZ PELAYO, *Historia de los heterodoxos españoles* (BAC, Madrid 1956) II 19-20. También debió de simpatizar con el cardenal Pole el año 1539, a causa del común evangelismo, pues consta que Pole un día le invitó a su mesa: «Fr. Bartholomeus Miranda, hispanus, nunc Archiepiscopus Toletanus, accersitus a Polo cardinale ad convivium», leemos en un *Compendium processuum Sancti Officii Romae* (fol.271) publicado por C. Corvisieri en «Arch. della Soc. Rom. di Stor. patria» 3 (1880) 261-90. Véanse los recientes estudios de J. I. TELLECHEA, *El arzobispo Carranza y su tiempo* (Madrid 1968) I 349-462.

tratado formalmente luterano o calvinista, *Del beneficio di Giesù Cristo crocifisso verso i cristiani* (Venecia 1543), cuyo autor no fue otro que fray Benedetto de Mantova, O. S. B., aunque el poeta Flaminio retocase su forma literaria [45].

Los espirituales italianos, como casi todos los que en otras naciones de Europa profesaban el evangelismo que arriba queda descrito, vivían un paulinismo muchas veces exagerado y unilateral, leyendo las epístolas del Apóstol con ojos espirituales y devotos más que con mirada agudamente teológica. Les angustiaba el problema del pecado y de la justificación. Parece como si sintiesen cierta delectación en reconocerse pecadores, en confesar su incapacidad e impotencia para el bien, al mismo tiempo que se complacían en ensalzar la omnipotencia de la gracia y el beneficio de la redención. Magnificaban con hermosos sentimientos la misericordia de Jesucristo y exhortaban a poner en él solo toda nuestra confianza. Cosas excelentes, bien entendidas, sólo que

---

[45] Reeditado en «Opuscoli e lettere di Riformatori italiani», ed. G. Paladini (Bari 1913), I 1-60: «C.1. Del peccato originale e della miseria dell'omo». «C.2. Che la legge fu data da Dio, acciochè noi, conoscendo il peccato e disperando di poterci giustificare con le opere, ricorressimo alla misericordia di Dio e alla giustizia della fede». En este c.2 habla de la «impotenza di ubbidire alli comandamenti di Dio» (p.7). Y en el siguiente: «Sarà bastante la giustizia di Cristo a farci giusti e figliuoli di grazia senza alcune nostre buone opere... Avendo già esso... fatto un perdon generale a tutta l'umana generazione, del quale gode ognuno che crede all'Evangelio» (p.11). Como se ve, su espiritualidad no es la valdesiana, sino francamente protestante, a pesar de lo cual no pocos varones espirituales, como el cardenal Morone, lo «devoraban con avidez» y lo conservaban «encuadernado en oro», como el cardenal Madruzzo. Cf. VALDO VINAY, *Die Schrift «Il beneficio di Gesù Cristo» und ihre Verbreitung in Europe:* «Arch. f. Ref-Gesch» 58 (1967) 29-71.

muchos de aquellos hombres interpretaban a San Pablo con el corazón y el sentimiento, y no tan conforme a la sólida teología, incurriendo en inexactitudes y errores, como el de pensar que la naturaleza se halla tan corrompida por el pecado original, que nada de cuanto el hombre haga, aunque sea con la gracia, puede decirse mérito. El solo oír hablar de *méritos humanos* les horrorizaba.

San Pablo era el maestro supremo, tanto de aquellos reformistas erasmianos que anhelaban un cristianismo más íntimo, más puro, más simple y menos recargado de obras farisaicas y de ceremonias exteriores, como de aquellos más espirituales que, desconfiando de sus propias obras, se abandonaban a la misericordia divina [46].

[46] La segunda mitad del siglo XV y la primera del XVI son una época de ardiente paulinismo. Lorenzo Valla apellidaba a San Pablo «Omnium theologorum longe principem ac theologandi magistrum» (*Encomium S. Thomae,* ed. G. Bertocci, Roma 1888). Y Erasmo aconsejaba: «Paulum tibi facito familiarem» (*Enchiridion,* en HOLBORN 135). En Salamanca se estampan en 1496 las cartas de San Pablo (*Recollectio epistolarum*). En 1496 y 1497, John Colet, ferviente admirador del Apóstol, lee en Oxford las *Epist. ad Romanos* y *ad Corinthios.* En 1499 muere Marsilio Ficino, dejando sin acabar su gran comentario *In divi Pauli Epistolas.* Ese mismo año se imprime en París una *Expositio in Epistolas Pauli ex S. Augustino collecta,* preparada por el teólogo Gaufrido Boussard. Erasmo escribe en 1501 un comentario a San Pablo en cuatro volúmenes, que no llegará a ver la luz (ALLEN, I 404). Lefèvre d'Etaples publica en 1512 el texto no diré crítico, pero sí revisado, de las Epístolas paulinas con una breve declaración, reeditada en 1515, 1517, etc. Erasmo hace otro tanto, con más preparación filológica, en su edición del *Novum Testamentum,* 1516, y de 1517 a 1521 comenta todas las Epístolas apostólicas, empezando por la *Paraphrasis in Epist. Pauli ad Romanos.* Poco antes, Martín Lutero explicaba esa misma epístola en su cátedra de Wittemberg (1515-16), siguiendo con la *Epist. ad Galatas* (1516) y *ad Hebraeos* (1517). Melanchton empieza a explicar la *Epist. ad Hebraeos* en

Existían en todas partes almas cristianas, ávidas de una religiosidad más sincera, almas que se fiaban poco de clérigos ignorantes, de frailes formalistas,

1519, y al año siguiente continúa leyéndola ante centenares de alumnos que le escuchan con avidez. Enrique Bullinger dicta lecciones públicas en Kappel sobre la carta a los Romanos el año 1525. En España, por aquel tiempo, los alumbrados se reunían para leer en común las Epístolas de San Pablo. Y otros buenos cristianos hacían lo mismo, tanto que el autor de *Excelencias de la fe* daba la voz de alarma: «Es muy dificultoso a los sabios, cuánto más a la señora beata y a la mujercilla, que se olvida de la rueca por presumir de leer a Sant Pablo. ¡Angeles santos, ved tal tempestad! ¿Qué tiene que ver mujercilla, por más santa que sea, con las Epístolas de San Pablo?» (E. Asensio, p.51). Hacia 1527 inicia Juan de Avila en Ecija sus lecciones sacras sobre la *Epist. ad Hebraeos*. En 1529, Alvar Gómez de Ciudad Real publica su *Musa Paulina,* parafraseando en verso latino las Epístolas. El lovaniense, humanista y teólogo Martín Dorp comenta en un curso estivo las Epístolas de San Pablo, que luego publicó en Amberes (1519) con un panegírico del Apóstol y una exhortación a leer la Sagrada Escritura. Francisco Titelmans da a la imprenta en 1528 su *Elucidatio in omnes Epistolas canonicas,* y al año siguiente, *Collationes super Epistolam ad Romanos.* En 1524, Pedro Caroli comentaba la *Epist. ad Romanos* en la iglesia de Saint-Paul, de París, no sin escándalo del público, como había sucedido a sus amigos del círculo de Meaux. El cardenal Cayetano publica en Venecia, en 1531, sus exposiciones de las Epístolas paulinas. Entre 1532 y 1538, el agustino Dionisio Vázquez las explica en su cátedra de Alcalá. Del teólogo parisiense Juan de Gaigny, tránsfugo del escolasticismo al humanismo, es una paráfrasis, *In Epistolam divi Pauli ad Romanos* (París 1533) y *Brevissima et facillima in omnes divi Pauli commentaria* (1543). El cardenal Sadoleto estampa en 1535 sus comentarios *In Pauli Epistolam ad Romanos,* reimpresa al año siguiente con correcciones. Los *Commentaria in Epistolas divi Pauli* de Herverto de Mans, monje del siglo XII, se imprimen a nombre de San Anselmo, en París en 1533 y en 1549, en Colonia en 1533 y en Venecia en 1547. En 1537, el benedictino Marco de Cremona tiene lecciones públicas en su monasterio de Padua sobre las Epístolas de San Pablo, con gran satisfacción de muchos estudiantes universitarios y con aplauso de Contarini, si bien no faltaron algunos de doctores rutinarios y dogmatizantes, y por lo mismo buscaban nutrimiento para su piedad en la lectura privada del Evangelio y escogían a San Pablo

que se escandalizaron. El 6 de junio de 1537, el docto abad Gregorio Cortese escribe a Contarini que va a empezar a oír las lecciones del dominico Pedro de Módena sobre las Epístolas de San Pablo, y pocos días después le anuncia que en Mantua «il nostro Frate Pietro da Modena con grandissima e gratissima audienza legge ancor esso le Epistole di S. Paulo», mientras en Verona las lee públicamente fray Reginaldo, O. P. (*G. Cortese Omnia scripta* [Padua 1774] p.120). El franciscano conventual Cornelio Musso explicaba en su cátedra de Roma, en 1539, las Epístolas paulinas. En igual fecha hace lo mismo en Valladolid fray Bartolomé Carranza. El cardenal Marino Grimani publica en Venecia sus *Commentaria in beati Pauli Epist. ad Romanos et ad Galatas* (1542). En Nápoles escribe Juan de Valdés († 1541) su *Comentario o declaración breve y compendiosa sobre la Epístola de San Pablo a los Romanos,* y otro sobre la primera a los Corintios. Pedro Mártir Vermigli y Bernardino Ochino, antes de su apostasía, al igual que otros muchos, escogen como tema preferido de su predicación las cartas del Apóstol, especialmente la de los Romanos. En 1538-39, Victoria Colonna asistía a las lecciones sobre San Pablo que fray Ambrosio Catarino Politi predicaba en la iglesia romana de San Silvestre. En 1542 termina de escribir G. Contarini sus *Scholia in Epistolas divi Pauli.* El agustino Juan Hoffmeister publica su *Commentario alla Lettera ai Filippensi* (1543) y *Comm. alle due Lettere ai Corinzi* (1545). Al dominico Clemente Araneus debemos una *Expositio... super Epistolam Pauli ad Romanos* (Venecia 1547). Jerónimo Seripando escribía por los años de 1547-48 los comentarios a los Romanos y a los Gálatas, que sólo vieron la luz muchos años más tarde. El comentario de Domingo de Soto a la Epístola a los Romanos se publica en 1550, y al año siguiente el de Catarino a todas las Epístolas paulinas. Incluso los comentarios antiguos del Ambrosiaster (París 1534), de Teofilacto (París 1542, 1552 y 1554) y de Santo Tomás (tres ediciones entre 1522 y 1532) se leían con avidez, como lo patentizan las frecuentes ediciones. En su retiro de Yuste, el emperador Carlos V, según refiere Sigüenza, se hacía predicar la Epístola a los Romanos por fray Bernardino de Salinas.

Todos estos datos y otros muchos que no sería difícil recoger eran síntoma y expresión del paulinismo reinante.

como maestro espiritual, a San Pablo, cuyas expresiones fuertes y tajantes no son fáciles de entender en su recto sentido, como ya lo anotaba en su tiempo San Pedro (2 Petr 3,16).

Reaccionando esas almas contra cierto semipelagianismo difundido en el pueblo y entre ciertos teólogos nominalistas, despreciaban hasta el exceso la participación del hombre en la obra de la propia salvación, abandonándose totalmente y en actitud pasiva a Cristo redentor y misericordioso. Había muchos que estaban ya hartos de tantas devocioncillas—a veces supersticiosas—y suspiraban por la devoción esencial y única a Dios, a Jesucristo, sin muchas ceremonias, ni ritos, ni formulismos, y sin otra teología que la derivada directamente del Evangelio, eliminando las superestructuras escolásticas.

El Evangelio y San Pablo: eso pedían y eso les bastaba. Todo cuanto a eso se añadiese les parecía cosa despreciable, obra humana, judaísmo condenado por el Apóstol [47].

Anchísima es la gama de matices entre todos ellos, matices que van de la interpretación católica de San Pablo a la interpretación semiluterana del mismo. Hablo de los que quieren mantenerse dentro de la ortodoxia.

---

[47] Son muy significativas estas palabras del *Enchiridion* erasmiano, canon 5: «Christum visibilibus rebus ob invisibilia colere et in his fastigium religionis ponere..., hoc est nimirum a lege Evangelii, quae spiritalis est, desciscere et in Iudaismum quemdam recidere... Quantum ubique sudavit praecipuus ille spiritus assertor Paulus, ut Iudaeos a fiducia operum abductos ad ea, quae sunt spiritalia, promoveat... Pudet me referre, quanta superstitione plerique istorum observent caerimoniolas quasdam..., quanta securitate his fidant... His factis suis coelum deberi putant» (HOLBORN, 77).

3. Explosión paulinista de Lutero

Pues bien, en ese ambiente religioso europeo, más lleno de inquietudes espirituales que de claridades teológicas, cae la palabra explosiva del atormentado monje de Wittemberg, que grita a todos: ¡Confianza! La salvación está en sólo Cristo y no en nuestras obras. Siempre y en todo somos pecadores. Pero la fe fiducial en Cristo nos salvará. *Iustus ex fide vivit.* La Biblia, o sea, la Palabra de Dios, es la única que debe ser escuchada, no las leyes y constituciones humanas. Así, desde 1515, en que empieza a comentar la Epístola a los Romanos.

Dotes excepcionales daban realce a su fuerte personalidad y comunicaban eficacia a sus discursos y a sus escritos. Una persuasión íntima de predicar la verdad absoluta; una elocuencia arrebatadora, por una parte popular, mas no demagógica, por otra parte docta, siempre apasionada; una fantasía encendida junto con un realismo crudo y unas expresiones hiperbólicas; un hondo y desgarrador sentimiento religioso; y, por fin, una inexplicable fascinación personal, que refulgía en sus ojos de alucinado: «ojos de halcón», dirán algunos; «ojos de basilisco», según otros; o bien «ojos de león», «ojos rutilantes como estrellas», «ojos cuyo mirar nadie resiste»...: así nos lo describen los que le vieron en los años más dramáticos de su vida [48].

---

[48] El nuncio Aleandro describe a fray Martín en Worms «versis huc et illuc daemoniacis oculis» (P. Balan, *Monumenta Reform.* 170). P. Vergerio dice en 1535 que su mirar era estrábico, «ha li occhi sguerzi», como de un «spiritato» (W. Friedensburg, *Nuntiaturberichte* [Gotha 1892] I 541). Cfr. J. Jordan, *Luthersbild:* «Luther. Mitt. L. G.» 1,1919,64-69.

Y hablaba a ratos con el lenguaje de los místicos y de los profetas, y se presentaba como el men-
sajero de Dios, el anunciador del verdadero Evangelio, el reformador y purificador del cristianismo
romano, repitiendo de mil maneras unas pocas ideas
muy fáciles de entender y portadoras de consolación a los pecadores que sentían las mordeduras de
la concupiscencia y aspiraban a tener a Dios propicio y salvar su alma. Confiemos en Cristo, no
miremos a nuestras obras.

Yendo camino de la Dieta imperial de Worms,
predicaba estos conceptos en Erfurt el 7 de abril de
1521: «Uno construye iglesias, otro va en peregri-
nación a Santiago o a San Pedro, el tercero ayuna,
o reza, porta cogulla, camina descalzo o practica
otra obra cualquiera. Tales obras no valen absolutamente nada y es preciso acabar con ellas totalmente. Y reparad en lo que os digo: Todas vues-
tras obras no tienen valor alguno... Cristo ha destruido la muerte para nosotros, de modo que por
su obra, extrínseca a nosotros, y no por nuestras
obras propias, somos justificados. Pero la autoridad
del papa nos ordena otra cosa: ayunos, rezos, abstinencias, para alcanzar la salvación... Y con eso
seduce al pueblo, como si la santidad y la justificación dependiesen de nuestras propias obras...
Pero yo os digo: Ningún santo—por grande que
fuese su santidad—obtuvo la salvación por sus propias obras... La salvación no procede de las obras,
sino de la fe... Cristo el Señor dice: Yo soy vues-
tra santificación, Yo he destruido los pecados que
lleváis sobre vosotros» [49].

---

[49] WA 7,808-810. M. Bucer confesó más tarde: «Non in-
gratum eis fuit audire, iustificari nos fide in Christum, non

Refiere el humanista Eobanus Hessus que «los discursos de Demóstenes no llenaron de tanta admiración a los Cecrópidas; ni el gran orador romano entusiasmó tanto a los que se sentaban a sus pies; ni la elocuencia de Pablo conmovió los ánimos tan hondamente como el sermón de Lutero al pueblo de las orillas del Gera» [50].

Tal era el mensaje luterano, un mensaje de consolación de las conciencias atribuladas. Lo importante de ese mensaje es que llevaba una carga muy fuerte de misticismo, de experiencia religiosa viva y en cierto modo contagiosa, lo cual influyó mucho en que las nuevas doctrinas fuesen aceptadas no sólo en Alemania, sino también en otros países. Por eso merece retener nuestra atención.

La doctrina consoladora

Otros herejes, como Arrio, Nestorio, Pelagio, Speroni, Wyclif, presentaban sus herejías como un sistema doctrinal, o una serie de proposiciones más o menos abstractas y teoréticas, contrarias a ciertos dogmas de la Iglesia. Lutero, en cambio, presenta su herejía—que no quiere ser tal—como una experiencia religiosa, como algo vivencial y cuasimístico, que le iluminó las profundidades del dogma cristiano, proporcionándole una infinita consolación del alma. Yo soy pecador—venía a decir el teólogo de Wittemberg—, y no hay en mí sino miseria y corrupción. ¿Cómo compareceré ante la tremenda majestad de Dios y cómo le hallaré propi-

bonis operibus, quorum nullo tenebantur studio» (*De regno Christi* [Basilea 1557] 56).

[50] J. JANSSEN, *Geschichte des deutschen Volkes* II 205.

cio? Mis obras, aun las más santas, son pecado;
no puedo, pues, salvarme por mí mismo; pero
Dios es misericordioso, y Cristo, mi Redentor y Salvador, ha expiado mis culpas. Si yo confío en él,
desconfiando de mí mismo, su sangre redentora me
cubrirá como un precioso manto de púrpura; y así,
aun siendo internamente pecador, apareceré ante
Dios como justo y santo *(simul peccator et iustus);*
la fe me salvará, no mis obras.

Refiere el mismo Lutero que, cuando él llegó
a esta conclusión, creyó que se le abrían de par en
par las puertas del paraíso [51].

Y se puso a predicar a todos una doctrina tan
consolatoria.

Este misticismo luterano de la justificación por
la *fe sola* reclutó numerosos adeptos, que decían
hallar en esta doctrina una paz interior y una tranquilidad de conciencia que en vano promete la
Iglesia al que recibe los sacramentos y practica
obras de piedad, de obediencia o de mortificación [52].

---

[51] «Me prorsus renatum esse sensi, et apertis portis in
ipsum paradisum intrasse» (Prólogo escrito en 1545 para
la edición de sus obras completas: WA 54,186). Si Lutero
se hubiera limitado a criticar las obras, afirmando que las
fuerzas del hombre, por sí solas, nada valen en orden a
la justificación, porque ésta es pura gracia y donación gra-
tuita de la misericordia divina, no se hubiera apartado un
ápice de la enseñanza católica; pero al sostener que esa
justificación—meramente imputativa y forínseca—es independiente de toda cooperación humana, destruía el dogma
cristiano, y queriendo interpretar la mente de San Pablo,
lo que hacía era falsearla.

[52] Las obras que la Iglesia prescribe, según Lutero, no
traen consolación al alma, porque «Conscientia non potest
firmam consolationem ex operibus habere» (WA 43,536-
37). Por eso dice, recordando sus personales experiencias:
«Cum laboravit conscientia in Papatu, nemo potuit verbum
consolationis et erectionis dicere» (WA 40,2 p.317). Y poco

No menos que Lutero insiste Melanchton en la *consolación* del alma, como motivo para abrazar la doctrina de la fe sin obras [53].

Y ese misticismo de honda consolación espiritual se reforzaba infinitamente con la certeza absoluta de la propia salvación eterna. Aquí ha de buscarse la causa del ardor sagrado y fanático que caracterizaba a los primeros novadores y de la eficacia enorme de su proselitismo. Sin este hondo sentimiento religioso y casi místico, la herejía no hubiera podido conmover y arrastrar tantas almas. Supongamos que, en lugar de Lutero, se hubiera alzado algún humanista, por ejemplo, el príncipe de todos ellos, Erasmo, predicando elegantemente en agudas sátiras y en bellos tratados las mismísimas doctrinas del monje de Wittemberg. ¿Cuál hubiera sido el resultado? Muy diferente, sin duda.

después: «Theologia nostra... est ad afflictos, pusillanimes, abiectos *consolandos*» (p.461). «Ista doctrina *(de la fe sola)* affert *firmam consolationem* conscientiae in veris pavoribus» (WA 40,1 p.235). «Alioqui nulla est Ecclesiae *consolatio*» (WA *Tischr.* 3774, III 604).

[53] «Experiuntur piae et pavidae conscientiae *plurimum* eam (doctrinam) *consolationis* afferre, quia conscientiae non possunt reddi tranquillae per ulla opera, sed tantum fide» *(La Confessione Augustana del 1530,* art.20. Intrr. y coment. de M. Bendiscioli (Como 1943) 75. Y en la *Confessio Augustana (variata)* de 1540: «Olim, cum haec *consolatio* non proponeretur, multae pavidae conscientiae mederi sibi conabantur operibus; alii confugiebant ad monasticam vitam, alii alia opera eligebant, quibus mererentur remissionem peccatorum et iustificationem, sed nulla est *firma consolatio* praeter hanc doctrinam Evangelii» *(Melanchthons Werke,* ed. R. Stupperich (Gütersloh 1951), VI 28. El mismo Melanchton, en *Epitome renov. eccl. doctrinae:* «Vide autem *quantum sit solatii* miseris conscientiis in hac praedicatione... Novi, qui ante cognitionem huius doctrinae, cum satisfactionibus et commentitiis operibus non posset erigi conscientia, plane spem omnem suae salutis abiecerant» *(Melanchthons Werke* I 183).

Tal vez Erasmo hubiera señalado las corruptelas morales con más fino acierto; tal vez hubiera sistematizado mejor sus doctrinas heterodoxas y las hubiera confirmado con argumentos más claros y más vasta erudición; pero, careciendo de sentido místico y de profunda experiencia religiosa, no hubiera tenido fuerza para arrastrar multitudes.

Fray Martín, en cambio, llevaba en el alma y reflejaba en sus palabras, escritas o habladas, una religiosidad existencialista, trágica y tremenda, que tenía el don del contagio, porque se reproducía fácilmente en los que entraban en contacto con él. No fue Lutero el inventor ni el padre de aquella espiritualidad paulina y evangélica que flotaba en la atmósfera de Europa; pero fue él, ciertamente, quien la vivió más dramáticamente; fue él quien se apoderó con más fuerza de aquel paulinismo o evangelismo, y lo cargó de altísima tensión, hasta hacerlo estallar en heterodoxia. Y no cabe duda que lo proclamó tan alto, que en casi toda Europa se agudizó el problema religioso ya existente, y, como consecuencia, los gérmenes que latían en muchos reformistas y espirituales brotaron y pulularon vigorosamente en todos los países germánicos y latinos.

Capítulo IV

RAICES POLITICAS, SOCIALES
Y PSICOLOGICAS

Entre los factores históricos—llámense causas, o raíces, o circunstancias favorables—que hicieron posible la aparición y triunfo del luteranismo, hay que colocar el ambiente alemán, dentro del cual resultó fácil que germinasen ciertas semillas y que fermentasen ciertos elementos revolucionarios.

Por eso no se puede olvidar aquí un breve estudio de las condiciones políticas, sociales, religiosas y psicológicas del pueblo germánico en el alba del siglo XVI. Lutero llegó a su hora justa. Apenas abrió los ojos al mundo circundante, vio que su nuevo evangelio encontraría eco en buena parte del Imperio y que muchos de sus compatriotas le seguirían. Esto le infundió valor e intrepidez para alzar la bandera de la revolución religiosa.

1. Situación política de Alemania

Cuando todas las principales naciones, como España, Francia e Inglaterra, se habían constituido ya en monarquías absolutas, domesticando áulicamente a los nobles y sujetando a todos los señores más o menos feudales con un régimen centralizador, de integración nacional, régimen que aspiraba a reunir todos los poderes en manos del rey, favorecido incluso eclesiásticamente por el Romano Pontífice, vemos que Alemania permanecía fraccionada en innumerables estados o estadillos distintos,

sin un rey todos los alemanes, porque el emperador, desde la época del Interregno (1256-73), puede decirse que no ejercía verdadera autoridad fuera
de los territorios hereditarios de su familia. Era un
príncipe más de tantos como integraban la nación
alemana; era el «Presidente de las comunidades
germánicas», y para mayor debilidad, su presiden-
cia no era hereditaria, sino electiva. No habían fal-
tado tentativas de reformar la constitución del
Imperio, especialmente bajo Maximiliano I, pero
habían resultado vanas [1].

Debilidad del emperador

Pedro d'Ailly decía, al tiempo del Concilio de
Constanza, que un capitán de soldados en Italia
era más respetado y temido que el emperador o
rey de romanos [2]. Nicolás de Cusa, añorando los
tiempos áureos de los Otones, escribía en 1433:
«Pero el día de hoy, cuán decaído está el régimen».
Y echaba la culpa a los príncipes electores, que
tenían hipotecado al emperador y no miraban sino
a sus propias ventajas [3].

[1] Sobre la reforma del Imperio bajo los Habsburgos,
F. VON BEZOLD, *Geschichte der deutschen Reformation* (Ber-
lín 1890) 51-74. K. LAMPRECHT, *Deutsche Geschichte* (Berlín
1896) V 15-48. K. S. BADER, *Kaiserliche und ständische
Reformgedanken in der Reichsreform des endenden 15.
Jahrhunderts:* «Hist. Jahrb» 73 (1953) 74-94. F. HARTUNG,
Berthold von Henneberg, Kurfürst von Mainz: «Hist.
Zeitschr» 103 (1909) 527-551.
[2] «Hodie adeo depressa est imperialis potestas, ut magis
honoretur ac vereatur... aliquis capitaneus gentium armi-
gerorum in Italia, quam Imperator vel Rex Romanorum»
(H. VON DER HARDT, *Magnum oecumenicum concilium Cons-
tantiense* [Frankfurt 1962] I 322). Cosa semejante decía
Maximiliano I en 1502, según refiere L. RANKE, *Deutsche
Geschichte im Zeitalter der Reformation* (Leipzig 1881) 98.
[3] «Quantum abscessit hodie regiminis Status!... O cae-

«Cuando todas las monarquías de Europa se consolidaban—son palabras de Ranke—, el emperador (Federico III) fue expulsado de sus dominios hereditarios y vagó por el Imperio como un fugitivo; comía en los monasterios y en las ciudades que gratuitamente le daban hospitalidad; con los exiguos emolumentos de su cancillería sufragaba sus demás necesidades; a veces tuvo que hacer su camino con una yunta de bueyes. Nunca la alteza del Imperio se redujo a forma tan despreciable» [4].

Y cuando, en la Dieta de Augsburgo (1474), el conde palatino Federico, *der böse Fritz,* fue declarado proscrito, no tuvo el mismo emperador bastante poder para que se ejecutase la condena. Ni siquiera el bandidaje de los caballeros podía ser reprimido por las armas imperiales. En cierta ocasión en que Francisco de Sickingen sitiaba la ciudad de Worms, Maximiliano I hizo un llamamiento a sus Estados del Alto Rin para que le ayudasen contra aquel brigante. Respondiéronle que la empresa era superior a sus fuerzas y que sería menester llamar a todo el Imperio para liberar a Worms.

Consecuencia de la debilidad política del emperador era su penuria económica. Sus ingresos, reinando Segismundo (1410-37), no pasaban de

citas maxima! Non credant principes de bonis Imperii divites fieri et permanere posse aliquandiu!... Quoniam, sicut principes Imperium devorant, ita populares *(devorabunt)* principes» *(De Concordantia catholica* 1.3: «Opera omnia», ed. G. Kallen, vol.14 [Hamburgo 1959] 433 y 435-36). Eneas Silvio Piccolomini escribía en 1458 dirigiéndose a los alemanes: «Nulla ei *(Imperatori)* potentia est. Tantum ei paretis quantum vultis, vultis autem minimum» *(Germania,* ed. A. Schmitd [Colonia 1962], 68).
[4] L. RANKE, *Deutsche Geschichte* 56-57.

13.000 ducados, la mitad de lo que percibían algunos obispos alemanes[5]. No era mucho más halagüeña la situación financiera de Carlos V en el siglo XVI. «Las capitulaciones que los electores habían impuesto al nuevo soberano antes de la elección equivalían a una completa victoria del principio oligárquico sobre el monárquico. Añádase a esto que el tesoro del joven rey estaba «agotado hasta el fondo», pues la corona le había costado cerca de un millón de florines de oro, cantidad fabulosa para el valor que entonces tenía la moneda»[6].

El mismo Lutero, viendo cómo Francia, España e Inglaterra habían sustituido al Imperio en la política internacional, exclamaba con afligido acento patriótico: «Si Alemania tuviese un solo señor, sería invencible. Así lo fue bajo Enrique I, padre de Otón el Grande. Entonces estuvo bien Alemania, y a continuación gobernaron potentemente los tres Otones»[7]. Y agregaba muy exactamente: «El César no reina en Alemania, como el Monarca francés o inglés en sus reinos; son los electores..., esos septenviros, iguales al César en poder, aunque

---

[5] Así lo afirmaba Teodorico de Niem: «Reperitur enim illic *(in Alemannia)* aliquis archiepiscopus vel episcopus, qui forte in duplo habet in redditibus, quam percipit Rex Romanorum in omnibus terris sibi subiectis..., deficientibus rerum facultatibus et potentia saeculari et imperio, restat quod Imperator vel Rex Romanorum sit pauper et impotens et christianum populum defensare non possit» *(De scismate* III 43, ed. g. Erler [Leipzig 1890], 306-7).

[6] J. JANSSEN, *Geschichte des deutschen Volkes* (Freiburg 1915) II 174. Se añade en nota: «En julio de 1520 sus deudas montaban a un millón de ducados; las entradas de Castilla estaban empeñadas» (ibid.).

[7] «Germania si sub uno domino esset, esset invincibilis» *(Tischr.* 3636, III 470).

no en dignidad»[8]. Y más gráficamente en otra
ocasión: «Alemania es como un caballo valien-
te..., pero le falta un jinete..., le falta un caudillo»[9].

Lo que no advertía el doctor de Wittemberg era
que si Carlos V hubiese sido en Alemania un monarca absoluto, como Francisco I lo era en Francia y Enrique VIII en Inglaterra; si hubiera podido jinetear con pleno señorío sobre el corcel germánico, el luteranismo no hubiese triunfado en
Alemania; habría sido sofocado y aplastado en su
nacer, porque el edicto de Worms, que proscribía
a Lutero del Imperio, se hubiese ejecutado pun-
tualmente, y el reformador hubiera tenido que huir
lejos de su patria si no quería perecer en la ho-
guera. No le faltó a Carlos V voluntad; le faltó
poder frente a otros príncipes y pequeños Estados
coaligados contra el emperador y favorables al luteranismo. A raíz de su elección imperial tenía las
manos atadas para obrar contra los que le habían
otorgado la corona y no disponía de un ejército
fuerte y bien equipado; más adelante, ni siquiera
con victorias tan resonantes como la de Mühlberg
(al año siguiente de la muerte de Lutero) le fue
posible destruir la coalición de los príncipes luteranos.

Poderío de los príncipes

«Los verdaderos dueños de los países germánicos—escribe L. Febvre—eran los príncipes y las

---

[8] «Caesar non est monarcha in Germania... Septemviri
sunt...» (*Tischr*. 4342, IV 236-37).
[9] «Utinam nobis nunc esset vel Hannibal, vel Scipio,
aut Alexander! Nihil nobis esset Turca... Germania est
sicut equus strenuus..., sed deest illi sessor... Germania

ciudades» [10]. Desde la *Bulla aurea* de Carlos IV (1356), que regularizó una práctica, iniciada en el siglo precedente, siete eran los príncipes electores *(die Kurfürsten)* que disponían de la corona a la muerte del emperador y casi disfrutaban de la plena soberanía, la cual se les reconoció en la paz de Westfalia: eran los arzobispos de Maguncia, de Tréveris, de Colonia, con el rey de Bohemia, el duque de Sajonia, el marqués de Brandeburgo y el conde del Palatinado; tres eclesiásticos y cuatro laicos. Derechos y privilegios levemente inferiores adquirieron, especialmente bajo el débil Federico III (1440-93), los demás príncipes, obispos, numerosos abades y abadesas y muchas ciudades *(Reichstädte, Freistädte)*, que, habiéndose independizado en los siglos XII y XIII de los señores feudales, desarrollaron su población y su economía industrial y se hicieron fuertes contra

satis est potens viribus et viris, sed deest illis dux» *(Tischr. 5735,* V 336-37). Necesitaban de un *Dux* o caudillo que uniese a todos los alemanes. Esta opinión era corriente entonces. En 1502 lo repetía un extranjero, el cardenal legado Raimund Peraudi: «Neque quicquam apud nos dubii est, quin haec inclyta natio, ubi bene esset unita, sola omnem Thurcorum sevitiam edomaret» (cit. en G. MEHRING, *Kard. Raimund Peraudi als Ablasskommissar in Deutschland:* «Festschrift Dietrich Schäfer» [Jena 1915] 385).
[10] *Un destin. Martin Luther* (París 1925) 72. En la primera mitad del siglo XIII, cuando aún las ciudades no formaban un cuerpo estatal, se expresaba así el duque Alberto I de Sajonia (1212-1260): «In Alemannia omnes archiepiscopi et episcopi et quidam excellentiores nigri abbates et omnes duces et quidam marchiones et lantgravius Thoringie et palatinus comes de Rheno, omnes isti vocantur principes» (cit. en A. HAUCK, *Kirchengeschichte Deutschlands* vol.5 [Leipzig 1911] 66). Los territorios autónomos del Imperio (incluyendo obispados y abadías) alcanzaban la cifra de 256; según C. Hoefler, 350: *Papst Adrian VI* (Viena 1880) 10.

sus enemigos, asociándose a veces en ligas o confederaciones.

Los más eminentes príncipes alemanes consiguieron, cada cual en su territorio o principado hereditario, un poder absoluto, con que imponían su autoridad aun en materias religiosas. Ampliaban arbitrariamente sus derechos de patronato, de vigilancia y visitación de los monasterios; se arrogaban facultades que no les pertenecían, como la del *Placet* o *Exsequatur,* la de imponer tributos sobre los bienes del clero, dar leyes de desamortización, impedir o restringir el derecho adquisitivo de los clérigos, limitar la jurisdicción espiritual [11]. Así se formó en cada territorio la *Landeskirche,* de la que era dueño y señor el príncipe.

Ya el duque Rodolfo IV de Austria (1339-1365) decía: «Yo quiero ser en mi país papa, arzobispo, obispo, archidiácono y deán» [12]. Y quien más, quien menos aspiraban a que se dijese de ellos lo que del duque de Cleves: *Dux Clivensis est Papa in terris suis.* Esto, sin duda, favoreció a los electores de Sajonia, Federico, Juan y Juan Federico, al margrave Alberto de Brandeburgo, al landgrave Felipe de Hessen, al duque Ulrico de Württemberg y a tantos otros príncipes, secuaces de Lutero, para imponer por la fuerza el luteranismo en sus respectivos territorios, contra la voluntad del emperador y del papa, según el axioma: *Cuius regio, eius religio.* La oposición, por motivos políticos o personales, de muchos príncipes y

---

[11] G. von Below, *Die städtische Verwaltung des Mittelalters als Vorbild des späteren Territorialverwaltung:* «Hist. Zeitsch.» 75 (1895) 396-436 p.452-53.
[12] F. von Bezold, *Geschichte der deutschen Reformation* 88.

señores a Carlos V fue causa de que abrazasen el partido religioso contrario al del emperador.

«Hablando en general—refería en 1541 el embajador veneciano Marino Giustiniani—, todos los príncipes son contrarios a la grandeza del César, y por esa razón han prestado favor y apoyo a la herética secta luterana, no porque les mueva *zelus fidei»* [13].

Y el cardenal-obispo de Trento, Cristóbal Madruzzo, le decía a Angelo Massarelli en 1545 una cosa semejante [14]. ¡Y todavía si hubiesen sido tan sólo los príncipes alemanes los adversarios de la política imperial!

2. LA SITUACIÓN SOCIAL. LOS «CABALLEROS»

En la Introducción de este libro queda explicado cómo Lutero no predicó una revolución social, sino religiosa. No fue el factor económico, ni la lucha de clases, un elemento de importancia en la génesis y desarrollo del luteranismo. No hay dificultad en admitir que la situación económico-

---

[13] E. ALBERI, *Le Relazioni degli Ambasciatori Veneti al Senato.* Ser. I vol.2 (Florencia 1839ss) 133. Lo mismo aconteció en otras naciones, como en Suecia, en Polonia y en la misma Francia (Montmorency, Borbon, Coligny...), donde los nobles laicos favorecen al protestantismo y se oponen a los obispos.

[14] «Sopra di chè mi discorreva, che partendosi l'imperatore d'Alemagna lassando le cose nelli termini che all'hora stanno, non è dubio che S. Mtà. può far il segno della croce a Germania, di non poterci mai più nè lei nè il fratello nè figliuolo nè nepote tornarci, perochè, vedendosi hora un animo quasi concordi di tutti Germani esser volto alla depressione di casa d'Austria, per l'invidia che hanno della sua grandezza..., non è dubio che in sua absentia diventeranno Lutherani» *(Conc. Trid.,* ed. Goerresgesellschaft, I 303).

social del Imperio creaba en los ánimos de muchos una cierta inquietud, insatisfacción e inestabilidad, clima propicio para cualquier revolución. También se puede afirmar que en ciertos territorios el pueblo y la burguesía nutrían odio contra el clero privilegiado e indigno.

¿De dónde procedía aquel estado de inquietud y desasosiego que más adelante describiremos? Parte, del momento de transición y de crisis en que se hallaba la sociedad; parte, de la injusticia con que los nobles y altos prelados oprimían a la población rural, la cual no es extraño que aguardase ansiosamente el momento del desquite y de la venganza. Pero nótese que no fueron los campesinos y los oprimidos los que causaron el triunfo de la nueva religión: fueron los príncipes.

En su afán de hacerse cada día más potentes, los grandes señores solamente se sometían al emperador, ayudándole en las empresas nacionales, si de ese modo podían conseguir mayores privilegios y amplificar sus dominios. Ya se comprende que, espoleados por semejante ambición, echasen el ojo codiciosamente a los bienes eclesiásticos, que radicaban dentro de sus territorios o que de cualquier manera se hallaban al alcance de sus manos rapaces: obispados enteros, vastas posesiones de abadías y monasterios podían redondear fácilmente sus posesiones. Con sólo abrazar la nueva religión, que se decía «reformada», justificaban su rapiña. Que no fue otro el motivo de muchas conversiones lo testifica Martín Butzer en su libro *De regno Christi* [15].

---

[15] «Nec pauci eorum qualemcunque Evangelii praedicationem eo tantum receperunt, ut in opes invaderent ecclesiasticas» (*De regno Christi* [Basilea 1557] 35). Citado

La situación de los «Caballeros», o de esa clase social de nobleza inferior que se denominaba «la Caballería» *(die Reichsritterschaft)*, favoreció también al luteranismo naciente, por más que no sea fácil graduar el valor de su aportación. Nunca dispusieron los Caballeros de grandes territorios feudales, limitándose su jurisdicción a sus castillos y fortalezas con los campos y selvas adyacentes. Su edad de oro había sido el siglo de los Hohenstaufen, cuando se les ve combatir denodada y «caballerescamente» en defensa y sostén de la soberanía imperial. En el siglo XIV entran en decadencia, por su pobreza y porque no tuvieron un monarca enérgico que los agrupara y los dirigiera hacia un ideal nacional. De poco les sirvió el privilegio de Segismundo (1422), por el cual les era lícito unirse y federarse en defensa de sus derechos.

Desde la invención de la pólvora y la radical transformación del arte de la guerra, la caballería cedió mucho a la infantería de los lansquenetes, de forma que hacia 1500 había perdido mucho de su antiguo poder e influencia. Arruinados, además, por la evolución económica que depreciaba la propiedad del agro, y no pudiendo ya vivir de los frutos de sus campos ni del botín de guerra, como en los tiempos pasados, los Caballeros tenían que ponerse al servicio de señores más poderosos, que los empleaban en campañas militares, cuando no se dejaban arrastrar por su odio contra

por I. DÖLLINGER, *Die Reformation, ihre Entwicklung und ihre Wirkungen* (Ratisbona 1846) II 54. Es lo que Carlos V temía de los príncipes, según confiesa el propio Lutero: «Videt enim *(Caesar Carolus)* si religio papistarum corruit, quemquam principem episcopatus suae ditionis ad se rapere, ut fecit Brunsvicensis cum Hildesheim» *(Tischr.* 4978, IV 597).

la oligarquía creciente de los magnates y contra la prosperidad industrial de las ciudades, dedicándose a perturbar el orden público con actos de bandolerismo y saqueo de villas y monasterios [16].

La caballería alemana tuvo su última llamarada cuando tuvo la suerte de encontrar en 1519 un jefe y un programa, un «condottiero» valeroso, Francisco de Sickingen (1481-1523), y una alta empresa, que resultó imposible porque trataba de unir la fidelidad al emperador con la revolución religiosa predicada por Lutero. Verdad es que en 1516 se puso al servicio del rey de Francia, pero no tarda en abandonarlo, contribuye a la elección de Carlos V y llega a ser «la primera lanza del Imperio». Por medio de Hutten tiene conocimiento del movimiento religioso luterano, al que ofrece, en momentos decisivos, su espada, sus castillos y sus hombres armados. Lo mismo hizo el caballero Silvestre de Schaumburg, el exaltado Harmut de Kronberg y otros de quienes asegura Jerónimo Alejandro que eran una legión de diablos, pobres, sedientos de la sangre del clero, del clero alto, se entiende [17].

En ellos pensaba Lutero cuando en 1520 lanzó su manifiesto *A la nobleza de la Nación Germánica.*

---

[16] Uno de estos *Raubritter,* el turbulento caballero «puño de hierro» Goetz von Berlichingen (1480-1562) inmortalizado por Goethe, declaró la guerra a la ciudad de Nuremberg y se gloría en sus *Memorias* de haber incendiado tres pueblos en una sola noche. No favoreció a los Novadores.
[17] «Contro di noi sono una legione di nobili conti d'Allemagna, poveri, duce Hutteno, coniurati, qui sitiunt sanguinem cleri, et non cercano altro se non irruere in nos» (P. BALAN, *Monumenta Reformationis Lutheranae* [Ratisbona 1884] 31). Y en otro lugar dice de Hutten, de

El más impetuoso y virulento de todos era Ulrico de Hutten (1488-1523), el que había logrado ganar a Sickingen para la causa luterana. Este caballero humanista, de noble familia venida a menos, joven vagabundo y aventurero, poeta coronado por el emperador Maximiliano, ferviente patriota y luchador en pro de una revolución antirromana, a la que pretendía dar un carácter nacional —su germanismo se exacerbó, juntamente con su odio al Papado, durante su estancia en Italia—a fuerza de repetir «yugo romano», «lucha por la libertad», «liberación de la tiranía sacerdotal», «Babilonia de Roma, pantano y piélago de toda impureza, charca donde habita el Maligno», prestó a Lutero y a sus secuaces un acento de germanismo exasperado, que era recibido con aplauso por sus compatriotas. Y aunque su influjo, según opina Kalkoff, no fuese tan grande como algún tiempo se creyó, no cabe duda que entre los años 1520-1522 su figura fue descollante y popular [18], y sus *Epigramas,* sus *Diálogos,* sus invectivas, en latín y en alemán, en verso y prosa, produjeron en muchas partes el efecto de teas incendiarias.

El programa de Sickingen no pudo realizarse,

Sickingen y de todos los nobles, que no desean sino «immutationem rerum» (ibid., 160).

[18] P. KALKOFF, *Ulrich von Hutten und die Reformation* (Leipzig 1920). Signo de su popularidad es la *Litania Germanorum,* divulgada aquellos años, en que se invocaba del Señor, en forma de parodia, la protección divina para Hutten y Lutero, mientras se lanzaban imprecaciones contra Aleandro y el papa. «Ut strenuum illum Germaniae equitem, Ulricum Huttenum, Martini Lutheri Pyladem, in suo proposito ac provincia, pro Martino Luthero suscepta, perseverare facias, te rogamus, audi nos» (E. BOECKING, *Ulrici Hutteni Opera* [Leipzig 1859-62] II 52-54). Esta edición completa, realizada por Boecking, consta de cinco volúmenes, más otros dos de suplemento.

porque aquel capitán de aventureros, después de fracasar en su asedio de Tréveris, tuvo que retirarse a su castillo de Landstuhl, donde cayó herido y muerto en la primavera de 1523. Antes de cuatro meses moría también abandonado de todos, incluso de Erasmo, Ulrico de Hutten. Era el hundimiento de la caballería. Ciertos católicos exclamaban jubilosos aludiendo a Sickingen: «Ha muerto el seudoemperador»; y añadían, refiriéndose a Lutero: «Ahora hay que acabar con el antipapa».

Las ciudades

Al paso que decaía la clase ecuestre y se impobrecía más y más, la población se concentraba activamente en las ciudades. Son las ciudades, con sus industrias, con su artesanía y su espíritu comercial, las que crean una nueva sociedad, diversa de la feudal-agraria. La época de Lutero coincide en Alemania con los inicios del capitalismo [19].

En la vitalidad de las ciudades busca un nuevo apoyo el emperador, ya que no lo encontraba fácilmente en los grandes feudatarios ni en el alto clero. Algunas se convirtieron en pequeños Estados autónomos, y desde 1487 tenían corporativamente su representación en las Dietas. Los centros urbanos, aunque de población poco numerosa, se organizaron perfectamente bajo el aspecto burocrático, judicial, militar y financiero. En las ciudades despliegan los arquitectos una maravillosa actividad, adornándolas de soberbios templos góticos; en ellas florecían muchos hombres doctos, humanistas y más aún juristas, que ejercían notable influjo

[19] H. Barge, *Luther und der Frühkapitalismus* (Gütersloh 1951).

como consejeros de los príncipes, y se mostraban bien dispuestos a las reformas religiosas. Tales juristas prestaron al naciente luteranismo una ayuda incalculable.

Si las factorías comerciales de la Liga Hanseática empezaban a perder su antiguo esplendor, otras ciudades prosperaban con nuevos y más lejanos comercios, como el Próximo Oriente (mediante Venecia y Génova) y las más remotas islas de las Especias (mediante Lisboa). En Augsburgo radicaban las famosas casas comerciales de los Függer, los Welser y los Hochstetter. Jacobo Függer, principal banquero de la curia romana y de los Habsburgos, «rey del comercio europeo», tenía en sus manos la producción minera de Turingia, el Tirol, Carintia y Hungría, y trataba de acaparar el comercio de los metales en España. Los Welser intentaron fundar factorías en el Nuevo Mundo, recién descubierto, y tenían filiales en Roma, Milán, Ginebra, Lyón, Amberes, Lisboa e islas de la Madera [20].

Lutero, que en el vocablo *Fuggerei* veía un sinónimo de *Wucherei* (usura), no podía simpatizar con estos capitalistas, almacenadores de riquezas, y aunque se ha dicho, con razón, que el reformador se sentía hombre de la ciudad más que del campo, desaprobaba el concepto de la productividad del dinero y condenaba el préstamo a interés, base de la nueva sociedad comercial.

Ha dicho G. von Below que las ideas nuevas no

---

[20] F. von Bezold, *Geschichte der deutschen Reformation* 34. En una Introducción de 161 páginas ofrece este autor gran riqueza de datos, aunque sin citas, sobre el estado de Alemania. Acerca de la transformación económica y social del siglo xiv al xvi, puede verse K. Lamprecht, *Deutsche Geschichte* V 49-116.

surgen en los grandes centros industriales, como
Nuremberg, Augsburgo, Lübeck, etc., sino en lugares apartados de las grandes arterias [21]; pero sería demasiado deducir de ahí que la burguesía no
prestó apoyo a la revolución religiosa, al menos
en un segundo momento, abriéndole las puertas
de las ciudades. Los leguleyos y canonistas alemanes—informaba Aleandro—, todos son abiertamente luteranos y contrarios a Roma [22].

El agro

En vivo contraste con el lujo y el derroche que
cundía entre las clases superiores, sorprende des-
agradablemente la miseria de la gente campesina,
amargada por el descontento y aun por el odio contra los señores. Fermentos revolucionarios se dejan
sentir durante todo el siglo xv en la población
agraria. Y es de notar que al agro pertenecían las
tres cuartas partes de los alemanes, es decir, más
de once millones de personas. Esta enorme masa de
campesinos, aunque no fueran la «miserable raza
de esclavos» que decía Sebastián Münster, pues parece que, al menos en la Alemania del Sur, vivían
en condiciones materiales bastante soportables, sin
embargo, no gozaban jurídicamente de plena libertad. Por lo común eran casi siervos o colonos,

[21] *Die Ursachen der Reformation* 422. Aunque en esas
ciudades **no** surgen ideas nuevas, ciertamente todas ellas se
convierten pronto en focos de luteranismo.
[22] «Li legulei et canstronisti *(o canonistas)* di questi
paesi, tutti ci sono contrarii et manifestissimi Lutherani,
così li maritati come preti, et ancorchè Martino Luther
la loro professione *ubique damnet...*, tuttavia sciochi ri-
baldi lo predicano et defendono» (P. BALAN, *Monumenta
Reformationis Lutheranae* 31). La fecha de este informe
es de mitad de diciembre de 1520 (la que da Balan está
equivocada).

que tenían en enfiteusis hereditaria las tierras de
sus señores—príncipes, condes, obispos, abades—,
los cuales se mostraban a veces muy exigentes en
cobrar las rentas y censos, en imponer nuevos tributos y prestaciones personales, en prohibir la caza
y la pesca y en hacer cumplir otros antiguos derechos feudales.

Se ha hablado de cierto *patriarcalismo* que reinaba todavía en las relaciones entre los señores y
sus súbditos. Estos exponían directamente a aquéllos, o a su cancillería, multitud de deseos, de sú-
plicas o de quejas; pero eran tantas las deman-
das, que el despacho de las mismas se hacía largo
y difícil: fastidioso reverso del patriarcalismo[23].

La solución de los negocios dependía de la buena o mala voluntad, del sentido de justicia o de
la arbitrariedad del señor territorial. «Las raras or-
denaciones de algunos obispados de la Alemania
del Sudoeste, según las cuales los renteros y censa-
tarios debían ser bien tratados y aun alegrados con
música y baile, no tienen validez universal, y ni
siquiera podemos saber si eran observadas en la
práctica... Uno de los tributos más odiosos era el
que, a la muerte de un siervo, daba derecho al
señor para tomarse en herencia la mejor cabeza de
ganado o el mejor de sus vestidos... Ciertamente
alegra el ánimo escuchar lo que a veces leemos del
modo como eran tratados el carbonero y el carpin-
tero de una granja de Alsacia al momento de pagar el censo. Si llegaban temprano, cada uno reci-

---

[23] «Ueberall trug der Verkehr des Landesherrn mit dem
Volk noch durchaus patriarchalische Züge... Die durch
Häufung der Gesuche bedingte Verschleppung der Geschäfte
war die Kehrseite des Patriarchalismus» (W. ANDREAS, *Deut
schland vor der Reformation* 254).

bía el paño necesario para dos pares de calzones; por la tarde se les hacía ante el fuego una yacija de paja y se tocaba el violín hasta que se durmiesen, y a la mañana siguiente aún recibían cada uno un par de zapatos nuevos. También los recaudadores de impuestos de la madera debían proceder con toda clase de miramientos: no debían despertar al niño en la cuna ni espantar al gallo en el gallinero. Pero al lado de estas delicadezas hallamos el pagar intereses de los intereses, que a veces, por descuidar de pagarlos un año, o un día, y hasta una sola hora, se duplicaban» [24], y así otros tributos injustos y envilecedores.

En suma, los campesinos se sentían oprimidos por la nobleza y el alto clero, tenían conciencia de la injusticia que pesaba sobre ellos, y acechaban la ocasión de liberarse de los diezmos y las gabelas, de conquistar por la fuerza la plena libertad e igualdad ante la ley, tomando las armas y decapitando a los señores si era necesario. Muchas veces lo hicieron así a lo largo del siglo XV, siguiendo quizás a un caballero empobrecido o a un lansquenete aventurero, que salido de la aldea había conocido muchas tierras extranjeras, o dejándose arrastrar por el fanatismo de un predicador religioso o por las profecías de un ignorante.

Tumultos y revoluciones

Así vemos que en 1431 arden las primeras llamaradas en las cercanías de Worms, donde 3.000 campesinos con armas y banderas se presentan ante

[24] F. von BEZOLD, *Geschichte der deutschen Reformation* 41-42. El bueno de Sebastián Brant deplora que los aldeanos, que antes se contentaban con beber agua, ahora beben vino y tienen los bolsillos llenos de dinero (ibid., 42).

las puertas de la ciudad pidiendo justicia y la muerte de los **judíos usureros**. En 1462, el arzobispo de Salzburgo, solamente con la ayuda de Baviera, pudo domar la rebelión de sus súbditos, descontentos por el peso excesivo de los impuestos. Claros influjos husitas aparecen en la insurrección de Carintia (1478), en que los aldeanos se alzan contra la nobleza y el clero, exigiendo para sí el derecho a nombrar y deponer a los sacerdotes.

La más famosa de las sublevaciones campesinas fue la de 1476, acaudillada por «el timbalero de Niklashausen», en quien el pueblo sencillo creyó ver al profeta, apóstol y reformador de Alemania, al redentor de los pobres y humildes. Este joven pastorcillo, de nombre Hans Böhm, acostumbrado a tocar el tamboril y a sonar la cornamusa en las fiestas populares, era propenso a la exaltación mística y se dejó influir por un exclaustrado, quizá de tendencias espiritualistas, por un cura de aldea y por un husita que vivía en la soledad de una cueva. Y de pronto, un día de marzo de 1476, quemó su tamboril junto al pequeño santuario de la aldea de Niklashausen, y por orden de la Virgen María se puso a predicar el verdadero evangelio. Los puntos principales de su predicación se pueden resumir así: igualdad fraternal de todos, sin diferencia de clases sociales, de ricos y pobres; nada de autoridades, ni emperador, ni papa; abolición de tributos, diezmos y de cualquier impuesto; matar a todos los sacerdotes y repartir sus bienes entre la comunidad; obligar a príncipes y señores a ganarse un jornal diario para poder vivir.

Como se ve, este programa de reforma era mucho más radical que el de la *Reformatio Sigismundi,* que por entonces se divulgaba en Alemania

El timbalero de Niklashausen anunciaba próximo el reino de Dios. Miles y miles de personas corrían fascinadas a escuchar las palabras de aquel «jovencito santo», a quien le arrancaban partecicas de su vestidura para besarlas como reliquias. A las gentes de Baviera se añadieron multitudes de Suabia, Alsacia, Renania, Hessen, Sajonia. Hombres y mujeres, todos se llamaban entre sí hermanos y hermanas, y enarbolando banderas y entonando cánticos se agrupaban en torno al antiguo pastorcillo. Sus cánticos no eran siempre demasiado piadosos, pues uno de ellos sonaba así:

> Nos lamentamos ante el Dios del cielo,
> Kyrie eleison,
> de no poder dar muerte a todo el clero:
> Kyrie eleison [25].

La revolución social debía empezar el 13 de julio. Hans Böhm encargó a sus oyentes que se retirasen a sus casas y que para ese preciso día volviesen sin mujeres ni niños. El obispo de Würzburgo aprovechó la ocasión para enviar unos caballeros armados y cogerle preso. Millares de fanáticos corrieron detrás, alumbrando el camino por la noche con hachas encendidas y esperando que la fortaleza de Marienberg caería como los muros de Jericó, pero el ejército del obispo los dispersó sin dificultad y el joven timbalero de Niklashausen fue quemado vivo el 19 de julio.

El incendio no tardó en reaparecer en diversos campos. Cerca de 2.000 aldeanos se levantan en Alsacia, en 1486, siguiendo las banderas del caballero Anselmo de Massmünster, y proclamando que quieren, como los husitas, nombrar ellos las

---

[25] Cit. en LAMPRECHT, *Deutsche Geschichte* V 112.

autoridades religiosas, y aspiran a la libertad, como los suizos. Aludían a los del cantón de Appenzell, que habían sido los primeros, el año de 1403, en alzarse contra el dominio feudal de la nobleza, constituyendo una república campesina. La señal distintiva que caracterizó a todos los movimientos revolucionarios de este tipo fue un *borceguí con correas* («Bundschuh»). Parece que fueron los alsacianos los primeros en poner esta señal en sus estandartes; el borceguí, ajustado con cordones por encima del tobillo, era el calzado de los campesinos, a diferencia de los nobles, que calzaban botas. En la «Liga del borceguí» *(Bundschuh)* se unían todos aquellos que intentaban sublevarse contra la nobleza. Los de Baviera, en 1486, siguiendo al maestro Mateo Korsang, de Augsburgo; los vasallos de la abadía de Kempten, en 1491 y 92, bajo el capitán Jorge Hugo de Unterasried; en 1493, los súbditos del obispo de Estrasburgo, con el burgomaestre de Schlettstadt, Hans Ulman; en 1502, los conjurados de Untergrombach, aldea del territorio de Spira, bajo la bandera azul y blanca del exaltado Jost Fritz, bandera en la que se veía, además del crucifijo, el famoso «borceguí», y del otro lado, un aldeano de rodillas con el lema: «Nada, sino la Justicia de Dios» [26]; en el verano de 1513, los campesinos de Berna, Lucerna y Solot-

---

[26] En una poesía del tiempo se decía: «Si se le pregunta a cualquiera de ellos — qué designios tienen en la mente — cuando se reúnen en la montaña, — dicen abiertamente — que es la causa de la justicia — lo que les impulsa a ello. — ¡Oh María, Virgen Madre de Dios! — ¿Puede llamarse justicia — el perseguir criminalmente — a hombres y a mujeres — y a los prelados eclesiásticos? — Dios no lo puede permitir» (R. von Lilienkron, *Die historischen Volkslieder der Deutschen vom 13, bis 16. Jahrhundert* [Leipzig 1865-69] III 141.

hurn; en 1514, la gran sublevación de Württemberg, conocida por el nombre de «el pobre Conrado» *(der arme Kunz)*, en la que muchos habitantes de las ciudades iban unidos con los campesinos
contra la intolerable tiranía del cruel y disoluto
duque Ulrico, que en una canción se decía «Duque
y Verdugo de Württemberg» [27].

Aquel Jost Fritz, fugitivo de Spira, de palabras
seductoras y de sentimientos profundamente revolucionarios, reaparece en 1517 entre la Selva Negra y los Vosgos, preparando un *Bundschuh* con
intención de expugnar las ciudades de Hagenau y
Weissenburg en Alsacia y dar muerte a todos los
nobles, magistrados y caballeros.

Todos estos movimientos de sedición y revuelta
fueron como los pródromos de la gran revolución
social de 1524, acaudillada por el seudomístico Tomás Münzer y otros fanáticos, ante la cual Lutero
tomó una actitud ambigua, o, por mejor decir, cam-
biante; primero de benevolencia y simpatía, y al fin
de sanguinaria represión. «No es puramente histórica y objetiva, sino fundada en falsas perspectivas, la
observación apologética que pretende negar estos hechos que la predicación evangélica de Lutero atiran-
tó fuertemente e hizo explotar la enorme agitación
social del siglo xv en los ínfimos estratos sociales...
Los campesinos entendieron la libertad evangélica
predicada por Lutero de una manera más palpable
y brutal de lo que aquél pensaba» [28].

[27] Las expresiones «ser del pobre Conrado» o «pertenecer
al pobre Conrado» equivalían a «formar parte del movimiento popular de rebelión». Lo mismo que *Bundschuh*.
Así lo dice un canto de 1514, que trae R. von Liliencron,
Die historischen Volkslieder der Deutschen III 141.
[28] W. Maurenbrecher, *Geschichte der katholischen Reformation* (Nordlingen 1880) 257.

Ya el 20 de febrero de 1520 los príncipes electores de Maguncia y Sajonia, escribiendo a Carlos V,
pronosticaban una inmensa conflagración en toda
Alemania, como fruto de la inquietud social y de
los errores que veían germinar [29].

La situación del alto clero

Complemento de la situación social y parte in-
tegrante de ella debe considerarse la situación eclesiástica. Algunas noticias acerca del estado en que
se hallaba la Iglesia en Alemania, desde los obispos hasta los últimos clérigos, ayudarán a comprender, si no el origen, al menos el incremento y la
rápida propagación del incendio luterano.

Quizá en ningún país era tan poderosa y opu-
lenta la nobleza eclesiástica como en el Imperio
germánico, pues mantenía sus antiguos señoríos
feudales. La tercera parte del territorio nacional le
pertenecía. En muchas ciudades y diócesis, como
la de Worms, la mayor parte de las tierras y campos era propiedad de la Iglesia, es decir, de los
obispos y abades. La más importante de las sedes
episcopales era la de Maguncia [30].

[29] «Tale universae Germaniae incendium perspicimus,
quale nullis ante temporibus auditum arbitramur» (K. LANZ,
Correspondenz des Kaisers Carl V [Leipzig 1846] I 57).
Y antes, Jerónimo Aleandro (aunque por otros motivos)
decía en 1516: «Che io temea tumulto germanico *contra
Sedem Apostolicam*, perchè l'havea gia inteso da molti
in questi paesi, li quali non expettavano altro, se non un
pazzo che aprisse la bocca contra Roma» (BALAN, *Monum.
Ref. Luther*. 74). El mismo Aleandro seguía presagiando
tempestades e incendios en 1541, por efecto del odio creciente contra la clase sacerdotal: «Quis est porro qui non
prospiciat quanta impendeat republicae tempestas, quantum
incendium, nisi materia iam ad concipiendum ignem apta
atque composita subducatur?» (*Conc. Trid.* XII 353).
[30] «Moguntinus episcopatus tantae magnitudinis est, ut

De los siete príncipes electores del Imperio, tres eran eclesiásticos: los arzobispos de Maguncia, Tréveris y Colonia. Unos 50 obispos, 26 abades y 18 abadesas ejercían jurisdicción temporal sobre vastos territorios, como señores feudales. Eso explica tantas ambiciones por obtener semejantes dignidades eclesiásticas. Por eso las familias nobles dedicaban a la Iglesia alguno de sus hijos que no fuese el primogénito, heredero natural del señorío familiar. Según el cómputo de Janssen-Pastor, al estallar la revolución luterana no menos de 18 episcopados estaban regidos por hijos de príncipes: Bremen, Freissing, Halberstadt, Hildesheim, Magdeburgo, Maguncia, Merseburgo, Metz, Minden, Münster, Naumburg, Osnabrück, Paderborn, Passau, Ratisbona, Spira, Verden y Verdun [31].

Cosa análoga hay que decir de los cabildos catedralicios, de los que se excluían estatutariamente cuantos no fuesen nobles, a lo menos en bastantes ciudades. Aquellos canónigos, que muchas veces no eran sacerdotes, usufructuaban las rentas del beneficio; vestían trajes lujosos, no el hábito talar, contra las reiteradas disposiciones de los concilios; asistían a banquetes profanos y a torneos caballe-

totius Germaniae maximam partem sub ecclesiastica iurisdictione contineat, habens sub se XII episcopatus eosque amplos, antiquos et populosos» (J. Coclaeus, *Speculum antiquae devotionis circa Missam et omnem alium cultum Dei* [Maguncia 1549] 223). En cuanto a la jurisdicción no eclesiástica, sino territorial, era mayor Colonia, según A. Hauck, V 104. Lutero decía: «Episcopi multo sunt potentiores principibus Germaniae». WA *Tischr.* 6202, V, 536.
[31] J. Janssen, *Geschichte des deutschen Volkes* I 740. Más bien que a Janssen, pertenece a L. Pastor esta última parte del vol.1. El discípulo ha querido desde la séptima edición completar y perfeccionar la obra del maestro. Las cifras de monasterios con jurisdicción temporal las tomo de Hauck, V 74.

rescos, y, lo mismo que los prelados, conducían una vida de gran mundanidad, cuando no de escándalo. De cura de almas, ni hablar.

Pocos prelados de la estatura moral y política de Bertoldo de Henneberg, arzobispo de Maguncia (1484-1504). Personaje excepcional. De su antecesor en la sede primada de Alemania, Dietrich de Isenburg (1459-1461 y 1475-1482), refiere un cronista que nunca celebró misa, sino el día de su coronación, y aun entonces salió en seguida a correr montes, persiguiendo la salvajina [32].

Asegura el humanista alsaciano Jacobo Wimpfeling que los obispos de Estrasburgo tenían tan guardadas—y tan olvidadas—sus insignias episcopales, como el báculo y la mitra, que durante más de cien años nadie las tocó, ni para usarlas ni para repararlas [33]. De uno de esos obispos, Ruperto, conde palatino de Simmern († 1478), se cuenta que en casi treinta años no celebró misa; comulgaba una vez al año, por Pascua, mezclado con la servidumbre de su castillo, *more laicorum,* y vestía ordinariamente como los caballeros, con espada al flanco. Aún bien entrado el siglo XVI, otro obispo de la misma diócesis de Estrasburgo, Guillermo, conde de Hohenstein (1506-1541), no acostumbraba celebrar en público; pero un día, a ruegos del célebre

---

[32] JANSSEN-PASTOR, *Geschichte* I 737. De este prelado maguntino, que en comandita con el jurista Gregorio Heimburg dio tanta guerra a Pío II con sus desobediencias, apelaciones al Concilio y tendencias cuasicismáticas, hemos dicho algo en el c.1. Depuesto por el papa en 1461, fue nuevamente elegido en 1475. Véase, además de la historia de los papas, de L. Pastor, la monografía de K. MENZEL, *Diether von Isenburg* (Erlangen 1868).

[33] JANSSEN-PASTOR, *Geschichte* I 735, que remite a F. GUILLIMAN, *De episcopis argentinensibus* (Freiburg 1608) 431.

predicador Geiler de Kaysersberg, pontificó solem-
nemente y asistió a la procesión eucarística del
Corpus Christi, lo cual pareció tan nuevo, que mucha gente de los pueblos vecinos no se quiso privar de semejante espectáculo, nunca visto. De Hermann, conde de Wied, arzobispo de Colonia (1515-
1547), se decía que tres veces en su vida había
celebrado el santo sacrificio. Era tan ignorante, que
cuando en 1519 el embajador inglés le presentó las
credenciales en latín, pidió que se las tradujeran
al alemán. Hizo, con todo, algunas obras buenas
en su diócesis bajo el influjo de J. Gropper y del
carmelita E. Billick, hasta que en sus últimos años
se dejó arrastrar por los luteranos [34].

Retratando a los obispos alemanes, dice Erasmo
en su *Encomio de la locura* que, olvidando las
bendiciones y los ritos de la liturgia, *plane sa-
trapas agunt.* «En la Dieta de Nuremberg de 1487
el obispo Federico de Augsburgo pareció un tipo
raro, un *güelfo* aspirante al cardenalato, porque
llevaba vestiduras episcopales; todos los prelados
allí presentes se complacían, como él escribe, en
vestir de tal forma que podían ser tenidos por histriones. En cierta fiesta durante la Dieta de Colonia de 1505, el arzobispo, una abadesa y cierto número de canonesas abrieron el baile en presencia
del monarca. Y el cardenal Mateo Lang hasta se
permitió la broma de asistir al baile de carnesto-

---

[34] Excomulgado por Paulo III en 1546, murió en su
condado de Wied en 1552. C. HOEFLER, *Carls I Königs
von Aragon und Castilien Wahl zum römischen König*
(Viena 1873) 49. De él decía Carlos V: «E homo nè
Christiano nè Lutherano, ma gentile» (W. SCHWARZ, *Römi-
sche Beiträge zu Joh. Groppers Leben und Wirken:* «Hist.
Jahrb.» 7 [1886] 392-432 p.393).

lendas con máscara de beguina. Estos ilustres señores se hallaban a veces mejor sobre el arzón del
caballo o en la sala de baile que leyendo la gramática latina y el ritual» [35]. «Hay prelados—decía
el satírico Tomás Murner—que cazan, tocan la
corneta, abaten venados..., ¿y es acaso clerical que
los sacerdotes se conviertan en cazadores y que
los perros canten la misa?» [36]

Resultado de tal género de vida y de su falta de
vocación sacerdotal era la consuetudinaria violación
del celibato, la ambición y codicia, que les impulsaba a acumular muchas prebendas y beneficios (episcopados, canonjías, parroquias, etc.), y como consecuencia natural de este cumulativismo, la imposibilidad de residir en todos los lugares en donde
tenían cura de almas. El absentismo de los pastores
fue una de las pestes más dañinas de la Iglesia
antes del Concilio de Trento.

Algunos obispos alemanes que trabajaban con
buen espíritu y celo, como los de Osnabrück, Münster, Minden, Paderborn y Colonia, murieron en

[35] Bezold, *Geschichte der deutschen Ref.* 81-82. Lo que
dice Bezold del obispo de Augsburgo está tomado de la
conmovedora carta que este humilde y piadoso prelado
dirigió a su director espiritual, Geiler de Kaysersberg. Ese
obispo Federico, en las fiestas de la Virgen, de los apóstoles y otras semejantes, nos dice que por devoción *tota die
rocketo indutus incedo,* y en la mesa, aunque tuviese hués-
pedes, hacía que su capellán leyese un libro espiritual *usque
ad secundas epulas.* La carta puede leerse en L. Dacheux,
Un réformateur catholique, J. Geiler de Kaysersberg (París 1876) 384-87.
[36] Janssen-Pastor, *Geschichte* I 737. Desde la Dieta de
Nuremberg escribía el Nuncio F. Chieregati el 22 de noviembre de 1522: «Vescovi et archivescovi vanno in volta
in salto, in balli così togati come sono, et dicono che sono
principi, et quando ballano et danzono, chel pontificato
dorme». Cit. *ibid.* II, 414.

1508; los que les sucedieron, coetáneos de Lutero,
nada hicieron por prevenir o resistir a la herejía.
Eran buenos prelados los de Eichstätte, Augsburgo,
Chiemsee; los demás dejaban algo o mucho que
desear. Les faltaba conciencia de su deber pastoral
y—como decía Morone—«espíritu de Cristo» [37].
Con tales jefes, la Iglesia no estaba en condiciones
para resistir eficazmente a la embestida avasallado-
ra del luteranismo.

También los cabildos de las catedrales, que se
componían casi siempre de miembros de la roble-
za y no siempre sacerdotes, cumplían mal sus fun-
ciones canonicales, vivían libremente y se preocu-
paban de la caza, de sus halcones y perros más
que del coro y de sus deberes [38].

En el cabildo de Worms, hacia 1496, la tercera parte de los canónigos no asistía al coro, ha-
ciéndose representar por vicarios; pero como éstos con frecuencia eran párrocos, las parroquias
quedaban abandonadas. En esa misma diócesis consta que sólo el 7 por 100 de los párrocos cum-
plía su deber de residencia [39].

[37] El Nuncio en Alemania J. Morone escribía a G. Contarini el 21 de mayo de 1542: «La Germania è più volta
al lutherismo che mai sia stata... Nelli prelati non si può
sperare riformatione, perchè non hanno il spirito de Christo, e tropo sono invecchiati nelli lor vitii» (MHSI, *Fabri
Monumenta* [Madrid 1914] 444). El despertar del episcopado fue tan lento, que todavía en 1576 deploraba San Pedro Canisio la inacción de tantos «dormientes passim episcopos e gravi somno excitandos» *(B. Petri Canisii Epistulae
et Acta,* ed. O. Braunsberger [Freiburg 1922], VIII 362).
[38] Así, por ejemplo, el cabildo de Spira. Cf. D. SIEBERT,
Speyerer Domklerus vor der Reformation: «Historischpoli-
tische Blätter» 150 (1912) 333-41.
[39] H. EBERHARDT, *Die Diözese Worms am Ende des 15.
Jahrhunderts* (Münster 1919) 85. Pero, según este autor,
no existía en Worms aquella «gran masa de proletariado
clerical» de otras ciudades (p.42).

El proletariado clerical

El clero inferior, al menos en ciertas zonas, yacía en el mayor abandono, pobreza, ignorancia y corrupción. Podemos dar crédito a Wimpfeling cuando afirma que él había conocido en los seis obispados del Rin a muchos sacerdotes de vida íntegra, de costumbres puras y esclarecidos por su doctrina [40]. El mismo era digno sacerdote, como el abad Trithemius, el predicador Geiler de Kaysersberg, Ulrico Surgant († 1503), párroco y profesor de Basilea, Enrique de Pflummern y tantos otros. Pero por muy numerosos que los supongamos, parece que eran excepción, si hemos de creer a los testimonios de autores serios e imparciales, como el erudito y piadoso Trithemius († 1516) en su tratado *De vitae sacerdotalis institutione* [41]. En la visita ca-

---

[40] Cit. en JANSSEN-PASTOR, *Geschichte* I 715. El mismo Wimpfeling advierte que antes, por falta de libros, reinaba gran ignorancia entre los sacerdotes, pero después de la invención de la imprenta «multi in dies docti prodeunt, qui non inutiliter animarum curae praeficiuntur» (*Diatriba de proba institutione puerorum* c.13, cit. en DACHEUX, *Un réformateur catholique* 136). También es digno de crédito el agustino, maestro de Lutero, Bartolomé Arnoldo de Usingen, que en 1525 escribía: «Ecce quot sunt honesti viri sacerdotes per ambo huius oppidi collegia ecclesiastica, quot denique per paroquias et coenobia, quos nebulones isti pessimi diffamant, nugacissime conspurcant. Taceo virgines vestales...» (*De merito bonorum operum* [Erfurt 1525], cit. en N. PAULUS, *Der Augustiner B. Arnoldi von Usingen* [Freiburg 1893] 58).

[41] Dice en el c.2: «Adeo hoc vitium incontinentiae in clero iam praevaluit, ut quasi coeperit esse licitum, quia publicum est... Quorum *(concubinariorum)* tantus hodie invenitur numerus, ut si praesul aliquis in sua dioecesi tales voluerit corrigere, sola multitudine victus, a proposito terreretur» (*J. Trithemii Opera pia et spiritualia* [Maguncia 1605] 769). De menos autoridad es el autor de *Onus Ecclesiae,* en el fol.40: «In Alemania, mehercle, pauci

nónica de 1533 en el ducado de Jülich se averiguó que el 19 por 100 de los párrocos y el 17 por 100 de los vicarios o coadjutores vivían en concubinato, número inferior al de otras regiones [42].

El concubinato cundía principalmente en Sajonia, Franconia, Baviera, Austria y particularmente el Tirol, Constanza, el Alto Rin y en las grandes ciudades rebosantes de clérigos. Y esto aunque la Iglesia, por los concilios y por los teólogos, lo condenaba insistentemente [43].

sunt curati, qui non foetore concubinatus marcescunt». Véase lo que del autor decimos en la nota 94. Asegura Denifle que la situación moral del clero en Alemania era peor que en otras naciones: «Das Unheil war allgemein, im skandinavischen Norden wie in Frankreich, in Spanien und in Italien—hier vielleicht noch am wenigsten—, *am schlimmsten jedoch in Deutschland*» (DENIFLE-WEISS, *Luther und Luthertum* II 26-27). La afirmación es discutible para los años que preceden a Lutero, pero es muy cierta para los decenios siguientes, pues la revolución religiosa y la falta de vigilancia de parte de los obispos fueron causa de una relajación nunca vista.

[42] A. BRECHER, *Die kirchliche Reform in Stadt und Reich Aachen von der Mitte des 16, bis zum Anfang des 18. Jahrhunderts* (Münster 1957). El mismo resultado, poco más o menos, dieron las visitas de 1550 y 1559-60. «Etwa ein Drittel der Geistlichen lebte im Konkubinat» (p.22). El número mayor correspondía a la diócesis de Lieja. En el arcedianato de Xanten, hacia 1514, sólo el 7,33 por 100 de los clérigos (serían éstos de 450 a 600) fueron reprendidos por el arcediano a causa de irregularidades morales.

[43] Los teólogos de Colonia hicieron publicar en 1507 el siguiente *Avisamentum de concubinariis non absolvendis quibuscunque... cum additionibus sacratissimorum canonum* (Estrasburgo 1507), obra de Arnoldo de Tongern. Piensa H. Finke que en las provincias de Westfalia y de Schleswig-Holstein la corrupción moral no estaba tan extendida. *Die kirchenpolitischen und kirchlichen Verhältnisse zu Ende des Mittelalters nach der Darstellung K. Lamprechts. Eine Kritik seiner «Deutschen Geschichte»* (Roma 1896) 11-12. Sin embargo, el cuadro—muy restringido en verdad—que nos pinta J. HASHAGEN, *Zur Sittengeschichte des Westfälischen Klerus im späteren Mittelalter* (Tréveris 1904) es bastante som-

Donde la moralidad señalaba un índice más bajo solía ser en el clero rural y en aquella ínfima clase de sacerdotes, denominados «altaristas», que vivían en las ciudades sin tener otro oficio, fuera del breviario, que el de servir a un altar, diciendo en él la misa y cobrando la fundación. Esa enorme masa de sacerdotes que no habían pasado por un seminario ni por otro instituto de formación clerical—porque entonces no los había—es la que ha sido designada con el apelativo de «proletariado eclesiástico»; convivían con el pueblo, trabajaban como obreros, artesanos o labradores, participaban de las costumbres y del descontento social de sus camaradas y estaban dispuestos a adherirse a cualquier revolución [44].

La miseria en que vivían estimulaba su odio hacia el alto clero, que nadaba en las riquezas. La ignorancia los hacía ineptos para la cura de almas. Y su excesiva numerosidad era causa de que lan-

brío. Casi igual el de J. LOHER, *Methodisch-kritische Beiträge zur Geschichte der Sittlichkeit des Klerus, besonders der Erzdiözese Köln am Ausgang des Mittelalters* (Münster 1910). Algo mejor parece que era la situación moral de Osnabrück, según las investigaciones de J. VINCKE, *Der Klerus des Bistums Osnabrück im späten Mittelalter* (Münster 1923), y acaso mejor la de Lübeck, según K. NEUMANN, *Das geistige und religiöse Leben Lübecks am Ausgang des Mittelalters:* «Zeitschr. des Vereins f. Lübeckische Geschichte» 21 (1922) 172-82, cit. en P. WUNDERLICH, *Die Beurteilung der Vorreformation in der Geschichtschreibung seit Ranke* (Erlangen 1930) 68. Un nivel más alto de vida moral y religiosa aparece en Basilea. Cf. WUNDERLICH, *Die Beurteilung* 71-75, el cual se apoya en R. Wackernagel, *Mitteilungen über Raymundus Peraudi und die kirchlichen Zustände seiner Zeit in Basel:* «Baseler Zeitschrift f. Geschichte» 2 (1903) 171-271.

[44] «Die geistliche Proletariat war bereit, jeder Bewegung sich anzuschliessen, welche seinen niederen Trieben Vorschub zu leisten versprach» (JANSSEN-PASTOR, *Geschichte* I 741).

guideciesen en el ocio más desmoralizador. Conviene, sin embargo, andar con cautela para no generalizar demasiado, pues acaso el número de altaristas no era tan grande como frecuentemente se repite, y sabemos que en algunas ciudades no había tanta diferencia ni tan fuerte contraste entre el alto y bajo clero.

La afirmación de J. Agricola—fundada sólo en rumores—que atribuía a la ciudad de Colonia no menos de 5.000 curas, frailes y monjas, y más edificios sacros que casas, nos parece enormemente hiperbólica si se tiene en cuenta que su población total no llegaba a los 40.000 habitantes [45].

Que en Alemania, como en casi todas las naciones de entonces, el clero abundaba en demasía, se verá por algunos datos concretos. La ciudad de Colonia, «la Roma germánica», tenía 11 colegiatas, 19 parroquias, más de 100 capillas u oratorios, 22 monasterios, 12 hospitales, 76 casas religiosas [46], a más de 106 beguinajes. De la población de Breslau, que se acercaba a los 30.000 habitantes, formaban parte, según A. O. Meyer, unas 1.000 personas eclesiásticas [47], de las que 206 serían altaristas. Erfurt, con algo más de 20.000 almas, poseía entre colegiatas, parroquias, capillas, templos conventuales y hospitales, alrededor de 90 edificios sacros [48].

En Estrasburgo, que contaría unas 20.000 almas,

---

[45] Para toda Alemania, que tendría unos quince millones de habitantes, calculó el mismo teólogo luterano J. Agricola († 1566) la cifra excesiva de 1.400.000 religiosos y religiosas (JANSSEN-PASTOR, *Geschichte* I 743).

[46] F. VON BEZOLD, *Geschichte der deutschen Ref.* 93.

[47] A. O. MEYER, *Studien zur Vorgeschichte der Reformation* (Munich 1903).

[48] T. KOLDE, *Das religiöse Leben in Erfurt beim Ausgange des M-A* (Halle 1898) 3-5.

había 9 parroquias y 180 capillas públicas o privadas y más de 60 beguinajes. Los canónigos del «gran coro» catedralicio eran 63 en 1520; además había en la catedral 38 capellanías; en la iglesia de Santo Tomás, de la misma ciudad, 30; en la de San Pedro el Viejo, 7; y cosa semejante debía de ocurrir en las parroquias de San Martín, Santa Cruz y Santa Aurelia, en las capillas de Santa Walpurgis, Santa Isabel y la muy modesta de San Nicolás, que, sin embargo, no contaba menos de 12 prebendas para capellanes. La catedral tenía más de 50 altares; Santo Tomás, 20; San Pedro el Viejo, 5; San Nicolás, 7, y cada altar tenía adscritos muchos capellanes [49].

En Braunschweig encontramos 15 iglesias, la más ilustre de las cuales, la colegiata de San Blas, con 26 altares y más de 60 sacerdotes, más de 20 capillas, 5 monasterios, 6 hospitales y más de 12 beguinajes. «Maguncia contaba en 1450 poco más de 7.000 habitantes, con 19 colegiatas, 8 conventos de frailes, 7 de monjas, 3 de Ordenes militares. Al número total de iglesias, que era de 19, hay que añadir por lo menos 9 capillas. Un cuarto de la población pertenecía al estado eclesiástico» [50].

_____

[49] Tomo estos datos de L. DACHEUX, *Un réformateur catholique J. Geiler* 144-45. Con algunas diferencias en JANSSEN-PASTOR, I 742. Sobre Frankfurt, que tenía cerca de 10.000 habitantes y más de 200 entre clérigos, frailes y monjas, véase JANSSEN-PASTOR, I 537 nota. Sabemos que el templo de Santa Isabel de Breslau tenía 47 altares, a los que servían 122 altaristas; el templo de Santa Magdalena, de la misma ciudad, 58 altares con 114 altaristas, todos los cuales no hacían otra cosa que celebrar la misa allí fundada (JANSSEN-PASTOR, I 742). Nuevos datos en W. MÜELLER, *Die Kaplaneistiftung...*, en el libro colectivo: *Von Konstanz nach Trient* (Paderborn 1972) 309.

[50] H. BOEHMER, *Luther im Lichte der neueren Forschung*

La ciudad de Leipzig, con apenas 8.000 habitantes, no tenía más que 1 colegiata, 9 entre parroquias y oratorios, 2 monasterios de varones, 1 de monjas y 2 hospitales. Tampoco Wittemberg, que en 1517 contaba poco más de 2.000 habitantes, poseía más que 1 colegiata (con 23 sacerdotes y otros 30 clérigos inferiores), 1 parroquia, 3 oratorios y 2 conventos de frailes.

También los religiosos de uno y otro sexo eran excesivamente numerosos. Opina Lortz que «la vigésima parte de la población total de las ciudades era de eclesiásticos, y la décima parte si entran en la cuenta los frailes y monjas» [51]. Y Böhmer decía en 1917: «Apenas se puede poner en duda que en la Alemania de entonces había relativamente tantas personas de uno y otro clero como soldados el día de hoy» [52].

En resumidas cuentas, muchos frailes, demasiados clérigos, la mayoría ociosos e ignorantes. Entre los religiosos se había iniciado aquí y allí una renovación disciplinar y espiritual por medio de las

(Leipzig 1917) 268 nota. «Nuremberg, con más de 20.000 almas en 1449, sólo 446 personas eclesiásticas» (p.269). Sobre la ciudad de Worms (6.000 habitantes) y su catedral, 4 colegiatas, 4 parroquias, 13 oratorios o capillas y numerosos conventos; véase H. EBERHARDT, *Die Diözese Worms am Ende des 15. Jahrhunderts* (Münster 1919) 14-28, con muchas estadísticas.

[51] J. LORTZ, *Die Reformation in Deutschland* I 86.
[52] H. BOEHMER, *Luther im Lichte* 270. «El número de monasterios y conventos había crecido de modo increíble: los frailes menores, por ejemplo, poseían en su provincia austríaca más de 30 conventos, y en la de Sajonia, cerca de 80; los ermitaños de San Agustín, que no podían competir con ellos, tenían en toda Alemania más de 80. A la multitud de laicos de uno y otro sexo, que de terciarios habían abrazado la tercera regla de San Francisco, se unieron las asociaciones medio-eclesiásticas de las beguinas» (F. VON BEZOLD, *Geschichte der deutschen Reformation* 94).

«Congregaciones de observancia», pero abundan testimonios, como los de Geiler de Kaysersberg, sobre la relajación de monjes y monjas en verdad impresionante, porque los conventos a donde no llegaban las corrientes de reforma seguían empantanados [53].

Consecuencias

No hay duda que la corrupción, ignorancia y resentimiento del clero inferior fue causa de que muchísimos sacerdotes se pasasen a las filas de los

---

[53] En el clero secular no aparece, dentro de Alemania, ningún movimiento reformatorio organizado, como se daban en otras partes. Y por efecto de la revolución religiosa, el clero se desmoralizó mucho más. El 9 de septiembre de 1538 Jerónimo Aleandro comunicaba al papa Pablo III que en las regiones católicas de Alemania son «li preti pocchissimi, dissolutissimi et ignorantissimi» (*Nuntiaturberichte* vol.III, ed. Friedensburg, p.161). El beato Pedro Favre escribía desde Worms a San Ignacio el 10 de enero de 1541: «Pluguiese al Señor nuestro, que en cada ciudad destas de acá hubiese dos o tres sacerdotes, no concubinarios, ni en otros pecados notorios, los cuales tuviesen celo de las ánimas» (MHSI, *Fabri Monumenta* 59). Lo mismo el nuncio J. Morone al cardenal Farnese el 3 de marzo de 1542: «Quasi tutti li sacerdoti, o curati o non curati, sono concubinarii publici, talmente habituati, che mi fanno temer debbino più tosto lasciar la religione che la concubina» (*Nuntiaturberichte aus Deutschland,* e. L. Cardauns, VII 120). No llevaba trazas de mejorar en 1562, pues hablando ante los Padres del Concilio de Trento el embajador del duque de Baviera, se expresó así: «In proxima visitatione per Bavariam facta, tam frequens concubinatus repertus fuit, ut vix inter centum ter vel quatuor inventi sint, qui aut manifesti concubinarii non fuerint, aut clandestina matrimonia non contraxerint, aut uxores palam non duxerint. Quae morum turpitudo in clero vehementer offendit imperiti populi animos, tantopere ut sacerdotium una cum sacerdotibus, doctrinam cum doctoribus exsecretur, dirisque devoveat» (*Conc. Trid.* VIII 622). Para evitar que muchos de esos concubinarios se pasasen al protestantismo, pedía el duque, con el emperador, que se les permitiese el matrimonio.

luteranos, que predicaban una vida más libre, la abolición del celibato eclesiástico, la supresión de la confesión auricular obligatoria, la inutilidad de los ayunos, abstinencias y mortificaciones, la negación de la jerarquía, etc. [54]

El deseo de mayor libertad y la falsa persuasión de que Lutero no iba contra los dogmas, sino contra los preceptos de la Iglesia y contra ciertas costumbres tradicionales, impulsaron a muchísimos a seguir a los Novadores. Lo asegura el mismo Melanchton [55].

---

[54] I. DÖLLINGER, *Die Reformation, ihre innere Entwicklung* I 301-302. La Orden militar de Caballeros Teutónicos abundaba en riqueza y había perdido la finalidad de su instituto y el espíritu religioso; se pasó en gran parte al luteranismo con su gran maestre Alberto de Brandeburgo-Ansbach († 1568), primer duque de Prusia. También los agustinos dieron gran porcentaje a la Reforma, no precisamente por relajación moral, sino por afinidad de ideas y sentimientos con fray Martín; por ejemplo, Juan Lang, Wenceslao Link, Enrique de Zütphen, Gabriel Zwilling, Gaspar Güttel, Miguel Stiefel, etc. No tanto los franciscanos, aunque no faltan nombres, como Enrique de Kenttenbach, Juan Eberlin de Günzburg, Esteban Kempe, Federico Myconius, Conrado Pellican, Juan Briessmann. Y mucho menos los dominicos, benedictinos, carmelitas, etc. Los cartujos tenían fama de ser los más observantes; sin embargo, en algunos conventos penetró la herejía, según escribe Aleandro desde Bruselas en 1521: «Ho inteso *nunc primum,* che li Cartusini et li Benedictini di questa terra (homini che per troppo ocio et solitudine sempre esser melancholici) sono molto infetti di questa ribaldaria, et hanno gran numero di tal libri, e che peggio è, le monache di San Benedetto et Bernardo in questi contorni ancora elle sono cascate in tal errore» (P. BALAN, *Monumenta Reform. Luther.* 284). Del clero secular sería prolijo dar nombres, ni siquiera los más representativos, después de Karlstadt, Spalatino, Amsdorf, Justus Jonas, W. Capito, Bugenhagen (Pomeranus), etc.

[55] «Multos ex plebe videmus Luthero favere, tamquam libertatis auctori, pertaesos morum veterum... Non parum multi sunt qui existimant, nihil docere Lutherum, nisi humanarum traditionum contemptum. Atque hi se valde pios esse

En 1540 se calculaban cerca de 10.000 sacerdotes apóstatas. Y con los pastores se fueron las ovejas, dejándose seducir por las libertades que ofrecía el nuevo cristianismo predicado por el teólogo de Wittemberg y por la ambigüedad con que se presentaba la nueva doctrina, pues para muchos el luteranismo no quería ser de ningún modo una herejía, sino simplemente una reforma, la reforma eclesiástica reclamada por tantos varones doctos y piadosos en toda la cristiandad.

Quizá ni el mismo Lutero comprendió en un principio toda la trascendencia y el carácter herético de sus doctrinas; por eso repitió una y otra vez, en la controversia de las indulgencias, que no pretendía atacar la autoridad del papa ni apartarse de la Iglesia romana [56].

Años adelante, el fidelísimo discípulo de Lutero Felipe Melanchton opinaba que sustancialmente estaban ellos de acuerdo con la Iglesia de Roma [57].

putant, ubi in sacerdotes fortiter debacchati sunt, aut contra morem carnes edunt» *(Epitome renovatae ecclesiasticae doctrinae,* en «Melanchthons Werke in Auswahl», ed. R. Stupperich [Gütersloh 1951], I 180 y 186).

[56] Podemos, sin embargo, dudar de la sinceridad de Lutero cuando escribía a León X en mayo de 1518: «Haereticus, apostata, perfidus et sexcentis nominibus imo ignominiis accusor... Intelligent omnes qui volent, quam pure simpliciterque *ecclesiasticam potestatem et reverentiam Clavium quaesierim et coluerim...* Quare, Beatissime Pater, postratum me pedibus tuae Beatitudinis offero me cum omnibus quae sum et habeo. Vivifica, occide... *Vocem tuam vocem Christi* in te praesidentis et loquentis agnoscam» (WA I 527-29). Probablemente ya entonces no creía en el Primado romano ni en la infalibilidad pontificia; y estaba dispuesto a oír en la voz del papa la de Cristo, con tal que sus tesis no fuesen condenadas, porque éstas «revocare non possum».

[57] Así escribía al nuncio L. Campeggi, legado pontificio en la Dieta de Augsburgo (1530): «Dogma nullum habemus diversum ab Ecclesia Romana... Parati sumus obedire Eccle-

En aquellas incertidumbres, como bien ha escrito Jedin, «fue la guerra de los campesinos, más que la bula *Exsurge,* la que contribuyó a esclarecer la situación. Había entonces ilustres seglares, como los juristas Scheurl y Zasius, a quienes Lutero, con sus escritos espirituales, había ganado para sí, y que no se apartaron de él hasta que leyeron los escritos posteriores y observaron que el resultado final era la herejía y la revolución eclesiástica» [58].

La confusión de las ideas llegó a tanto, que todavía a mediados del siglo XVI no era fácil discernir si algunos párrocos eran luteranos o católicos; quizá ni ellos mismos lo sabían, actuando en forma más bien luterana, bajo la obediencia externa de un obispo o príncipe católico [59]. La ignorancia teológica se daba la mano, unas veces con el libertinaje, otras con el anhelo de reforma social. Así, no es

siae Romanae, modo ut illa... pauca vel dissimulet vel relaxet» (*Corp. Reform.* II 170).

[58] H. JEDIN, *Geschichte des Konzils von Trient* (Freiburg 1951) I 152. Cristóbal Scheurl escribía a su amigo J. Eck, el 18 de julio de 1519, que en la cuestión de Lutero se trataba solamente de la reforma de la enseñanza teológica y del descubrimiento de San Pablo (*Briefbuch,* ed. F. von Soden-J. K. Knaake [Postdam 1867-72], II 83). Y mientras algunos juristas y humanistas iban poco a poco abriendo los ojos, el doctor Lázaro Spengler, del consejo de Nuremberg, persistió en su luteranismo, diciendo que la Iglesia podría fácilmente tolerar aquellas doctrinas, pues se trataba de meras divergencias teológicas, como las que existen entre tomistas, escotistas y nominalistas (JEDIN, I 152).

[59] El jesuita Jerónimo Nadal escribía a San Ignacio desde Viena el 8 de mayo de 1555: «No hay religiosos, no hay clérigos, no hay theólogos, en modo que *etiam* los príncipes y obispos cathólicos no saben qué hacer, y hartos cathólicos entiendo que por penuria suffren (y) curas casados o públicos concubinarios y predicadores en buena parte lutheranos, por no haber otros; y quasi tengo miedo que no sean ya todos començados a se corromper, digo los que se dicen cathólicos» (MHSI, *Epistolae Hier. Nadal* I 301).

de maravillar que la masa del pueblo no se diese
cuenta de haber abandonado la religión de sus
padres.

3.   Ambiente de angustia y de pavor

Fruto de la inquietud social que hemos descrito,
acrecentada por las continuas guerras, pestes, ham-
bres y calamidades públicas; consecuencia también
de una profunda religiosidad mal orientada y poco
instruida, fermentaba en los brumosos países septentrionales un sentimiento de ansiedad, congoja,
temor; estado de ánimo que tal vez en nadie se
reflejará mejor que en Lutero. Por eso ha podido escribir Friedrich Heer que «Martín Lutero es
hijo de la angustia germánica» [60].

Es curioso que mientras el jocundo Renacimiento italiano, por el pincel de sus pintores y la voz
de sus poetas, entonaba suaves himnos a la ale-
gría del vivir, como si el mundo fuese una perenne primavera o una aurora de esperanzas, siguiese todavía el cielo alemán encapotado de tristes presentimientos. La *Melancolía,* grabada en
cobre por Alberto Dürer en 1514, puede ser un
retrato del alma germánica en aquellos días: roza-
gante matrona alada, meditabunda y escrutadora
como una sibila, sentada al pie de una balanza, un
reloj y una campana, entre diversos instrumentos,
símbolos de las ciencias, y mirando en el horizon-
te un cometa de mal agüero y un arco iris.

Que la atmósfera espiritual de Alemania estaba cargada de sombríos sentimientos, no obstan-

[60] «Martin Luther ist ein Kind der deutschen Angst»
(*Die dritte Kraft* [Frankfurt 1960] 184).

te el florecer de la vida en muchas de sus manifestaciones, se demuestra con una rápida mirada a
la literatura devota, al arte religioso, a los sermones y a las crónicas del tiempo. La piedad era intensa y exuberante, aunque con excrecencias repren-
sibles, y se teñía con frecuencia de colores patéti-
cos. El hombre del otoño medieval tenía conciencia vivísima del pecado y anhelaba con toda el
alma la salvación eterna. Acaso nunca como entonces el hombre se ha sentido pecador. Esto, en sí,
es bueno y profundamente cristiano, con tal que
no degenere en lo patológico y con tal que vaya
unido al sincero arrepentimiento, con propósito de
volverse a Dios.

Conciencia del pecado

¿Se pecaba más que en otras épocas? Yo no lo
acabo de creer; pero se pecaba mucho, y como la
fe religiosa estaba muy arraigada, surgía inevita-
blemente la conciencia del pecado, conciencia in-
quietante, perturbadora, que de suyo debería llevar
al arrepentimiento, a la confesión sacramental, a
la paz con Dios; pero las pasiones eran fuertes,
las ocasiones muchas, la ayuda moral de los pastores de almas casi nula, y el hombre pecador,
intranquilo, con remordimientos, seguía adelante
con su pecado a cuestas. En tiempos de menos fe,
el pecador fácilmente se convierte en libertino y
pierde incluso la conciencia del pecado. En los siglos XIV y XV, el libertino despreocupado es raro. Lo
ordinario es el cristiano que peca vencido por la
tentación, y cuando entra dentro de sí, desea ex-
piar sus culpas con penitencias a veces durísimas.
Cuando se encuentra con un fraile predicador, se

confiesa con auténticos sentimientos de humildad
y dolor; pero en las circunstancias ordinarias pro-
longa su vida desordenada, aunque en todo lo que
no se refiera a su pasión dominante proceda como
el mejor de los cristianos. Es frecuentísimo en
aquellos siglos encontrar un caballero que ama a
la Iglesia, está dispuesto a dar su vida por la fe
de Cristo, y, en cambio, no respeta el sexto y el
nono mandamiento, a veces ni el quinto; teme a
Dios, le da culto y a la hora de la muerte se
confiesa con indudable sinceridad. Esto les ocu-
rría a muchos sacerdotes concubinarios. También
la gente del pueblo, particularmente los jóvenes,
pasaba largas temporadas en estado de pecado, porque en aquellos tiempos la confesión no se hacía
más que una vez al año. Entonces se ponían en
gracia de Dios, para caer después de Pascua, pero
conservando viva la conciencia del pecado. Esta
conciencia les encendía el deseo de perdón, la estima de las indulgencias no siempre bien entendidas, el afán de rezar determinadas oraciones a
determinados santos y en determinadas circunstancias, con mezcla de superstición.

«Libido peregrinandi»

De ahí el correr multitudinario a Roma en los
años jubilares, a Tierra Santa, a Santiago de Com-
postela, a venerar las reliquias indulgenciadas de
Aquisgrán, o la santa túnica de Tréveris, o las
hostias sangrantes de Wilsnack, o bien a los santuarios marianos de Altötting, Grimmenthal, etc. [61]

[61] Literatura sobre los santuarios más célebres, en JANS-
SEN-PASTOR, I 795-96. Lutero se pregunta en un sermón
de 1526: «Quid fecimus in papatu?» Y responde: «Pere-

La exaltación del sentimiento religioso era la causa fundamental de este afán de peregrinar, ocasionado también por la inquietud y el desasosiego de la época; pero, como escribe Bezold, «una serie de testimonios ponen fuera de duda que en primera línea se trataba de una verdadera enfermedad, de una epidemia espiritual. Con insuperable lucidez, el eclesiástico y cronista de Erfurt, Conrado Stolle, narra cómo en 1475 en Turingia, en Franconia, en Hessen, en Meissen y en otras partes, niños y jóvenes de ocho a veinte años de edad, sin avisar a sus padres, súbitamente se reunían en pelotones de doscientos o trescientos y marchaban cantando y a bandera desplegada, precedidos por una cruz roja. Los niños se escapaban por la fuerza de sus padres, las niñas de sus madres; éstas corrían detrás, llorando y gritando, mas no podían retenerlos. Si se les encerraba, parecían locos, todos se echaban a llorar y temblaban como si tuvieran escalofríos, sin poder hablar, ni cesaban en sus lágrimas hasta que salían de casa y se ponían en camino. Corrían descalzos, semidesnudos, en camisa o con una blusilla, la cabeza descubierta, sin dinero, sin pan, sin provisión alguna; y aun cuando tuviesen el alimento preparado en la mesa y ellos estuviesen en ayunas, corrían fuera, sin alimentarse. De cien, no se hallaba uno que se dejase persuadir; y si eran llevados a confesarse, era vana la acción del confesor... También las personas adultas se dejaban contagiar de aquella epidemia» [62].

grinati sumus» (WA 20,471). El abominaba las peregrinaciones a los santuarios.

[62] F. VON BEZOLD, *Geschichte der deutschen Ref.* 105. La «currendi libido» no era sólo hacia los santuarios indulgen-

Joseph Lortz, al igual de Bezold y de tantos
otros historiadores que estudiaron aquella época, se
ha detenido a describir la situación psicológica de
Alemania antes de la Reforma. Después de afirmar
que la vida religiosa de aquel tiempo es de una
enigmática complejidad, añade: «Esta abundancia
de elementos enmarañados da testimonio de una
extraña excitabilidad, tanto más que la conciencia
del pecado, y el ansia del perdón, y una solicitud
—que rayaba en angustia—de la salvación del alma,
y la penitencia, y la consideración de las graves pe-
nas que padecen los difuntos en el Purgatorio, y el
pensamiento de la propia muerte, dejaban honda
marca, no raras veces excesiva, en aquella religiosidad. Ahora bien: la excitabilidad es una disposición impropia de la piedad católica. Por eso
negaron algunos tal carácter a la religiosidad del
pueblo cristiano medieval. Cierto que la mayoría de
los que frecuentaban la iglesia no vivían ordina-

ciados y milagrosos; era un fenómeno más general. Los
doctos salían al extranjero, como Agrippa de Nettesheim;
si eran estudiantes, corrían de universidad en universidad
y bajaban a Padua, Bolonia, Florencia, Roma... Las «peregrinaciones» muchas veces se llamaban «correrías» *(cursus)*.
Así escribe el agustino Juan Paltz: «Quod oporteat eos
currere, sicut factum est isto anno 1503 per Misznam et
Thuringiam, quando homines *cucurrerunt* ad quendam novum *cursum* in Franconia, scil. Grymmental» (Cit. en
R. WEIJENBORG, *Miraculum a M. Luthero conflictum expli-
catne eius reformationem?:* «Antonianum» 31 [1956] 269
nota). Fray Juan Paltz distinguía las peregrinaciones loables
de las vituperables. Lutero las condenaba todas sin distinción, cuando en 1535 recordaba lo que había visto de joven:
«*Cum iuvenis,* tum Walfahrt zum Grimtal, war solch lauf-
fen von Männern, Weibern, Kindern 7 *annorum,* barfus.
Hoc vidi an Heller, etc. Ein Frau sol von der Wiegen, Pfaff
von der Vesper. Das war kein Doktor, Bischof, *qui potuisset
dicere etc. Erphordiae multi Doctores,* Mönche und Pfaffen,
nullus dixit: Cur sic facitis? Sed eitel, kostlich, gut Werk.
Et etlich Huren und Buben kamen zusamen» (WA 41,449).

riamente con la angustia del pecado y el terror del juicio. La vigorosa vida cotidiana y la vida espiritual de los cristianos, nutrida de la liturgia de la Iglesia, hacen imposible ese supuesto. Pero la excitación existía. Aquella época estaba psíquicamente convulsionada y a ratos enferma... Era imposible que los grandes trastornos en el campo político, eclesiástico y social, y la labor socavadora de los grandes predicadores de esa época, preñada de expectación, no efectuasen una conmoción psíquica» [63].

La peste «incurable», la sífilis, que con nombre de «mal francés» venía de los ejércitos de Nápoles, a partir de 1495, y causaba pánico en todas partes, por su incurabilidad y porque no perdonaba ni a los personajes más encumbrados; la guerra que incendiaba los campos, amontonaba ruinas en las ciudades, y personificada en el jinete apocalíptico del Turco saltaba amenazadora las vallas del Imperio; el odio mortal que hervía en los corazones de los oprimidos contra los opresores; el hambre de unos y la crueldad inhumana de otros, todo contribuía a crear una atmósfera de pasión, en la que fácilmente podía desencadenarse cualquier tempestad.

El demonio en la vida cotidiana

En la psicología angustiosa y en la imaginación visionaria de aquellos hombres no podía me-

---

[63] LORTZ, *Die Reformation in Deutschland* I 99-100. Ideas semejantes en W. ANDREAS, *Deutschland vor der Reformation* 187-209. Sobre esto y sobre lo que en seguida diremos de la muerte, del diablo, de la piedad patética y dolorosa, etc., merecen leerse los c.11-14 del clásico libro del holandés J. HUIZINGA, *El otoño de la Edad Media,* trad. esp. (Madrid 1930).

nos de jugar un papel importante lo demoníaco. En todos los géneros literarios y artísticos aparece continuamente el diablo en múltiples formas; tan pronto es un monstruo horrendo y fiero como una figura chusca de comedia popular.

Un hombre tan docto y erudito como el abad de Trittenheim pensaba, como el vulgo, que toda la tierra está poblada de espíritus malignos sin otra ocupación que la de hacer daño a los hombres mortales. Los demonios más altos y sutiles habitan en el fuego y en el aire, más abajo de la luna; los ígneos no tienen comercio con los hombres; los aéreos provocan las perturbaciones atmosféricas; otros tienen su morada en los bosques y son los que extravían a los viajeros; otros se hunden en lugares acuáticos y aparecen en forma de animales; otros se esconden siempre en las tinieblas, para espantar y hacer todos los males posibles; los inferiores y de ingenio más obtuso viven en las cuevas, cavernas y profundidades de la tierra [64].

Por eso los mineros tenían tanto miedo a los espíritus infernales, y el padre de Lutero, que trabajaba en las minas de Eisleben y de Mansfeld, lo transmitió a su hijo Martín, en quien la obsesión del diablo fue continua.

Los únicos que poseen verdadero imperio sobre los demonios—prosigue Trithemius—son los santos, por sus virtudes y dones sobrenaturales, y los exorcistas, que para ello tienen potestad de la Iglesia. En cambio, las brujas y los nigromantes son gente embaucadora, que se ufana de tener bajo su voluntad a los espíritus malignos, siendo

---

[64] *Octo quaestionum libellus,* quaest. 5, public. al fin de las obras de C. AGRIPPA DE NETTESHEIM, *Opera omnis* (Lyón 1600) I 643-44.

así que las hechiceras son esclavas del diablo e instrumentos de su maldad, y los nigromantes no hacen sino mentir y engañar cuando prometen encerrar al demonio en un pequeño círculo, en un cristal o en un vaso cualquiera [65].

Los remedios o defensas que recomienda contra sus maleficios son los sacramentos, el sacrificio de la Misa y el uso de cosas bendecidas por la Iglesia [66].

Lutero suele señalar, como armas contra el diablo, la fe, las palabras de la Sagrada Escritura, y a veces, más humorísticamente, algún chiste o burla y aquella indecencia sonora, que es la única música que pone Dante en el Infierno (cant. 21, 139) [67].

[65] «Annulis, pentaculis, imaginibus, exorcismis et coniurationibus, dicunt se daemones posse coartare malignos, ut in circulo vel in crystallo seu alio receptaculo visibiles appareant, et ad omnia interrogata distincte respondeant... Paucissimi nostris temporibus inveniuntur, quibus maligni spiritus etiam malis per hunc modum obediant... Crede mihi, Caesar, quoniam hoc mendacissimum genus hominum sacro imperio tuo valde est perniciosum, et ideo non minus quam maleficarum scaturigo penitus exterminandum... Varios contra fidem Christi committunt errores» (ibid., 645-46).

[66] «Raro enim maleficiis daemonum laeditur, qui sacramenta et ritus Ecclesiae catholicae honore veneratur... Quod Missarum auditio et usus rerum benedictarum ab Ecclesia multum infirment daemonum potestates» (ibid., quaest. 7, I 667). El mismo Trithemius da buena doctrina sobre el modo de resistir a las tentaciones diabólicas en *Opera pia et spiritualia* (Maguncia 1605) 668-72.

[67] «Den Teuffel kan ich mit einem Fortz verjagen» (*Tischr.* 2970b, III 123). Chocarrerías semejantes en *Tischr.* 122, I 48; 469, I 205; 6817, VI 210. Armas o defensas más espirituales en WA 1,406.458; 20,629. También puede servir un vaso de cerveza (*Tischr.* 17, I 7) o una burla sarcástica: «Vitae tentationes vinco articulo remissionis peccatorum, aut irrideo Sathanam et dico: Sancte Domine Sathan, ora pro me, quia *du bist seer fromm*» (*Tischr.* 571, I 261). Bajo el título «Luther et le démon» tiene un capítulo

¡Cuántas veces nos habla fray Martín de los demonios que desataban las tempestades y granizos; de los que envenenaban el aire y hacían perecer las cosechas y los animales; de los que pululaban en Sajonia y se escondían en las selvas, en los lagos y ríos, en las serpientes, en los monos, en éstos particularmente, que no son sino diablos degenerados! ¡Cuántas veces creyó ver con sus propios ojos al Maligno, junto a la cama o en el jardín, haciéndole muecas ridículas, en forma de perro negro, o de cerdo, o de antorcha encendida y humeante! Una vez, estando en Coburgo, lo contempló como serpiente de fuego que se transformaba en una estrella. Y continuamente se sentía perseguido por él. Era en esto un hijo de su tiempo y de su país [68].

La brujería

¿Cómo liberarse de la terrible obsesión del diablo, tan frecuente en aquellos días? Pactando con él, como las brujas y las hechiceras; vendiéndole el alma—y a veces el cuerpo, en tremendas autosugestiones y sueños alucinatorios—; valiéndose de amuletos, de talismanes y de objetos sacros, como reliquias, imágenes de santos, conjuros, plegarias,

L. Cristiani, *Luther et le Luthéranisme* (París 1909) 184-206. Trata ampliamente el argumento Grisar, *Luther* III 231-57 616-32. Y toda su demonología, H. Obendieck, *Der Teufel bei Martin Luther. Eine theologische Untersuchung* (Berlín 1931).

[68] Sobre el poder del demonio en todas las cosas, véase un texto significativo en WA 40,1 p.314. Grisar ha resaltado el tremendo pesimismo de Lutero, para quien en este mundo todo es satánico *(Luther* III 109). «Tanta est vis et potentia Satanae, ut omnes morbi et defectus ab ipso veniant». WA *Tischr.* 6023, V, 443.

versos mágicos, fórmulas de encantamiento; o bien
—como lo hacían los buenos cristianos y lo acon-
sejaban los más doctos eclesiásticos—acudiendo a
la oración, a los sacramentos de la Iglesia, a los
sacramentales e incluso a los exorcismos.

Todos estos medios lícitos e ilícitos, santos y
reprobables, se empleaban en ocasiones. El temor
maniático de las brujas era común en Alemania,
como en todos los países del Norte. Corrían mil
leyendas que el pueblo creía a pies juntillas. De-
cíase que ciertas mujeres pactaban con el diablo,
a fin de obtener poderes preternaturales para cau-
sar maleficios a los hombres en la vida, en la sa-
lud, en los animales, en los campos; que dichas
brujas tomaban a veces forma de gatos; que tenían
trato sexual con el demonio *(incubus);* que los
sábados, y especialmente el 1 de mayo *(Walpurgis-
nacht),* se juntaban en los montes para celebrar con
el demonio sus aquelarres; que renegaban de la
fe, etc. El antiguo derecho romano, aceptando
la existencia de tales hechiceras, se mostraba cruel
con ellas; lo mismo se diga del derecho germánico (Sachsenspiegel 1225; Schwabenspiegel 1275).
Muchos Santos Padres condenaron, como supersti-
ciosa, tal creencia. Gregorio VII prohibió al rey
de Dinamarca dar muerte a las mujeres acusadas
de provocar tempestades, epidemias, enfermedades. A pesar de todo, en los países del norte de
Europa cundió, como una plaga, tal superstición.
Y el pueblo pedía la muerte de las personas sospechosas de brujería. En el siglo xv, la persecución
se hizo sistemática. Más de 200 brujas (?) fueron
quemadas en el espacio de año y medio en el cantón de Valaise o Wallis. Una fue quemada en
Berlín en 1423, y en los años siguientes (1444,

1447, 1458, 1477, 1482, etc.) reciben igual pena grupos de mujeres de Hamburgo, Heidelberg, Nassau, Hildesheim, por la razón de siempre: que tenían tratos con el demonio, causaban toda clase de enfermedades y maleficios, impedían la fecundidad de las mujeres y de los animales, destruían las cosechas. Era uno de tantos desahogos de aquellos ánimos angustiados y empavorecidos.

Actuaban severamente contra las brujas en Alemania dos inquisidores dominicos, Enrique Institoris, autor principal del *Malleus maleficarum,* y su colaborador Jacobo Sprenger; y como tropezasen con la resistencia y protestas de muchos, acudieron a Inocencio VIII, pidiéndole que confirmase sus poderes; así lo hizo el papa en su bula *Summis desiderantes affectibus* (5 dic. 1484), lo cual significa que Inocencio VIII, lo mismo que Lutero, Melanchton y Calvino, participaba de los prejuicios populares de su época[69].

Lutero habla de las brujas o hechiceras de su tiempo como de cosa evidente; dice que su propia madre vivía bajo la influencia o fascinación de una de ellas, que moraba en una casa próxima; por encantamiento o maleficio de una bruja murió en la niñez un hermano menor de Martín. Este recordaba haber visto de niño varias hechiceras, algunas

---

[69] *Bullarium Romanum* (Turín 1857) V 296-98. Trithemius distingue cuatro especies de brujas: las que no pactan con el diablo, sino que hacen mal con brebajes y hierbas; las que ejercen la hechicería con ritos y conjuros prohibidos por la Iglesia; las que abiertamente tienen trato con los demonios, y, finalmente, las más peligrosas de todas, que reniegan de la fe cristiana y se entregan en cuerpo y alma al diablo. Un resumen de su opúsculo *Antipalus maleficarum* en M. ZIEGELBAUER, *Historia rei litterariae Ord. S. Benedicti* (Augsburgo 1754) III 293-94. Análisis del mismo en J. SILBERNAGEL, *Johannes Trithemius* (Ratisbona 1885) 132-58.

con cara de demonios. Y en 1540 afirmaba que las brujas habían querido matarle a él y a Catalina, su mujer.

La persecución jurídica contra las brujas perduró hasta el siglo XVIII. En 1570 unas 60 mujeres, acusadas de brujería, fueron ajusticiadas públicamente en Quedlimburgo; unas 40 el año 1574, y 133 en 1589. En Rostock fueron 16 las que padecieron igual muerte en 1584. Y en Wolfenbüttel, durante el año 1590, hubo días en que fueron quemadas 10 y aun 12 brujas [70].

¡Cuántos miles de víctimas inocentes! Lo curioso y sorprendente, y que muchas veces daba pie al fundamento jurídico de la condena, es que aquellas pobres e ignorantes mujeres, sometidas a la tortura, confesaban todo lo que querían sus acusadores [71].

Era el temor exagerado y patológico a las potestades infernales el que movía a aquellos hombres a ensañarse con las brujas. Los artistas, en cambio, solían liberarse de la obsesión diabólica por medio de una catarsis sublime: dejando que su fantasía trasladase a la piedra, al lienzo, a la

[70] Abundancia de datos en JANSSEN, *Geschichte des deutschen Volkes* VIII 531-68. Sobre Lutero y las supersticiones populares, E. KLINGNER, *Luther und der deutsche Volksaberglaube* (Berlín 1912).
[71] En uno de los procesos se hace esta pregunta: «Quomodo ad tempestates et grandines concitandas proceditis?» Y se responde: «Primo verbis certis in campo principem daemoniorum imploramus, ut de suis mittat aliquem a nobis designatum; percutiat deinde, veniente certo daemone, in campo aliquo viarum pullum nigrum immolamus, eum in altum proiiciendo ad aëra. Quo a daemone sumpto, obedit et statim auram concitat... grandines et fulgura proiiciendo» (cit. en JANSSEN, VIII 649). Cf. N. PAULUS, *Haxenwahn und Hexenprozess* (Freiburg 1910).

tabla o a la lámina de cobre la imagen del diablo
en formas espantables, caprichosas o ridículas [72].

Lo demoníaco en el arte

Tremendamente sobrecogedora resulta una ojea-
da, por rápida que sea, a la pintura alemana del
siglo xv y principios del xvi, por causa del elemento demoníaco que en ella impera. El tema preferido para tratar la figura del diablo es el de las
tentaciones: tentaciones de San Antonio en el de-
sierto y tentaciones de cualquier hombre en la agonía de la muerte [73].

Hacia 1466, el iniciador del Renacimiento alemán, con influencias flamencas, Martín Schongauer (1435-1491), graba en cobre la imagen del
santo eremita, impasible en medio de una bandada
de fantásticos monstruos y vestiglos volantes. Poco
después, figuras aún más monstruosas, deformes y
quiméricas, con algo de sapos, dragones, monos,
aves nocturnas, salen de la paleta fuerte y cálida,
todavía medieval, del wirceburgense Matías Grünewald (1475-1528) para pintar el mismo tema de
las tentaciones, como si el pintor intentara así librarse de las obsesiones diabólicas. El artista y agitador religioso de Berna Nicolás Manuel Alamand
(1484-1530) hace en las *Tentaciones de San Antonio* que lo demoníaco se convierta en horrendo
y nauseabundo. Lucas Cranach (1472-1553), el

---

[72] Acerca de *L'Umanesimo e il demoniaco,* 16 artículos
de diversos autores en «Atti del Congresso Internaz. di
Studi Umanistici» (Roma-Milán 1953) bajo la dirección de
E. Castelli.
[73] Ambos temas han sido tratados con abundantes ilustraciones gráficas por E. CASTELLI, *Il demoniaco nell'arte*
(Milán-Florencia 1952).

amigo y retratista de Lutero y de Catalina Bora, volverá sobre el mismo asunto. En cambio, el gran Alberto Dürer (1471-1528) nos dejará una imagen monstruosa, sí, mas no tan escalofriante, del diablo en su inmortal grabado en cobre, titulado *El Caballero, la Muerte y el Diablo* [74].

Analizando las características del «Otoño del Medievo», Huizinga resaltó los tonos crudos, los contrastes y el violento *pathos* de la vida en aquella sazón histórica en que se podía aspirar a la vez olor de sangre y de rosas. En la Germania preluterana aparece esa crudeza, tanto en la vida social como en la religiosa y artística. En las representaciones sacras, a las que el pueblo era tan aficionado, alternaban escenas de bárbaro naturalismo con otras de burla y escarnio. No había fronteras entre lo sagrado y lo profano, entre lo trágico y lo humorístico.

«En los libros de devoción—nota W. Andreas—juegan gran papel las consideraciones sobre el Purgatorio. Las pinturas del Juicio universal delatan, con su predilección por el detalle, cuánta fantasía caviladora y desenfrenada se volcaba en el tema de las postrimerías. El pánico se hallaba terriblemente embargado por el pensamiento del demonio. Lo espeluznante y lo humorístico se daban la mano... Difícil es determinar quién pintaba el

---

[74] Se ha dicho, aunque sin pruebas, que se inspiró en el *Enchiridion militis christiani* de Erasmo, librito publicado en Amberes un año antes. El caballero, armado de todas armas, un poco ensimismado, con la vista fija hacia adelante, sin arredrarse por los que le acechan a ambos lados, cabalga, a través de una floresta escuálida, quizá hacia el castillo torreado que se divisa a lo lejos. A su derecha cabalga también la Muerte, barbuda y coronada de sierpes, mostrándole un reloj de arena que mide el correr del tiempo. Detrás va el Demonio, cabeza de jabalí, unicorne.

Infierno más atrozmente, si los clérigos que predicaban con fines de instrucción y de escarmiento, o el artista seglar poseído de angustia espiritual... Ciertamente, en Geiler de Kaysersberg, ni a la pintura del Infierno le falta un cierto sabor cómico, de igual modo que a los dramas sagrados y a las danzas de la muerte un sano impulso vital los salva de la completa tenebrosidad, adornando lo más espantoso con rasgos de humor. Entre los artistas, ninguno ha pintado los tormentos de los condenados tan espantablemente como Jerónimo Bosch, que formó escuela entre sus compatriotas de los Países Bajos... Su fantasía parece formalmente obsesa de escenas demoníacas de crueldad; sus pinturas del Infierno, en las que millares de espíritus atormentadores agarrotan con indecibles suplicios a los pecadores, son abortos de un sadismo alambicado que no se arredra por nada, al par que la expresión de una espantosa angustia cósmica y del terror ante el aniquilamiento eterno. Es como si el pintor, atormentado por la dolorosa fuerza exorcismal de sus propias visiones, y viendo próximo el precipicio, diera el último grito de ¡alto el paso! a una humanidad que se precipita en la ruina» [75].

«Ars moriendi»

La idea de la muerte era otra de las obsesiones del hombre del siglo XV. Y esta idea, que en el arte románico y en los inicios del gótico se mostraba serena y apacible, vemos que hacia el 1400

[75] WILLY ANDREAS, *Deutschland vor der Reformation* (Stuttgart 1932) 192.

se torna pavorosa y trágica. «Jamás la muerte ha sido revestida de más poder—escribe Emile Mâle—que en el siglo XIII. No se puede imaginar cosa más pura y suave que ciertas figuras grabadas en las losas funerarias o acostadas sobre los sepulcros. Las manos juntas, los ojos abiertos, parece que estos muertos juveniles, hermosos, transfigurados, participan ya de la vida eterna... Pero he aquí que a fines del siglo XIV la muerte se muestra repentinamente en todo su horror» [76]. Cuerpos desnudos, putrefactos, con los intestinos hirvientes de gusanos, pies y manos en yerta convulsión, boca abierta con una mueca, o bien esqueletos de macabra expresión. Ya la literatura ascética del siglo XIII conoció la fealdad del hombre y el horror de la muerte, y en el librito de Inocencio III sobre el desprecio del mundo encontramos un breve capítulo *De putredine cadaverum* [77]. Pero sólo desde el siglo XIV lo vemos trasladado a las artes figurativas. ¡Y con qué realismo y fuerza de expresión! Quizá son los predicadores mendicantes los que más se complacen en describir morosamente las angustias de la agonía y el terror de la muerte, para incitar a los cristianos a vivir prevenidos, en gracia de Dios. Cuéntase que después de una serie de sermones de San Juan Capistrano en Leipzig (noviembre 1452) sobre las postrimerías, no me-

[76] E. MÂLE, *L'art religieux de la fin du Moyen-âge en France* (París 1908) 375-76. Véase lo que este clásico autor escribe acerca de la *Dance macabre* y el *Ars moriendi* 375-422. Sobre *l'arte di ben morire*, A. TENENTI, *Il senso della morte e l'amore della vita nel Rinascimento* (Turín 1957) 80-107.

[77] *De contemptu mundi:* PL 217 701-46. Cf. E. DOERING, *Tod und Jenseits im Spätmittelalter* (Berlín 1927).

nos de 70 jóvenes universitarios y clérigos deci-
dieron abrazar la vida claustral [78].

Los hombres del otoño medieval miran a la
muerte como a un espejo de desengaños; la muerte
demuestra que todo en esta vida es vanidad. ¿Dónde están los que triunfaron, los que se embriaga-
ron de delicias, los que tuvieron poder, y riquezas, y hermosura, y ciencia? Todos se hundieron
en la oscuridad de la muerte. «Quid gloria mundi?—*pregunta el abad Trithemius*—. Quid regni
maiestas? Transierunt omnia, et sicut fumus eva-
nuerunt... Ubi sunt voluptates carnis, quas ama-
verunt? Ubi spes vitae longioris? Ubi per tot
annos dilatum poenitendi propositum?» [79]

Y miran también a la muerte como a la gran
niveladora, porque ante ella no existen clases sociales: no hay ricos y pobres, príncipes y vasallos.
No hay sino hombres mortales, todos igualmente
sujetos a la gran Guadañadora.

Este sentido igualitario de la muerte adquiere
una forma plástica en la *Danza macabra,* o *Danza
de la muerte.* Esta obra literaria y artística, que
unas veces se escribe en versos, y otras se pinta,
se graba y se esculpe, procede originariamente de
Alemania, según Rosenfeld (al tiempo de la peste
negra), y luego salta a los países de Francia o de
Flandes. «Je fis de Macabré la dance», dice alu-

---

[78] J. HOFER, *Zur Predigttätigkeit des hl. Johannes Kapi-
stran in deutschen Städten:* «Franz. Studien» 13 (1926)
120-58 p.150.
[79] *De vanitate et miseria humanae vitae* c.9 en «Opera
pia et spiritualia» 801. Otros ejemplos más largos y retó-
ricos del *Ubi sunt?* que se hallan en este libro los guarda-
mos para otra ocasión. No están recogidos en nuestro trabajo
sobre *El tema del «Ubi sunt»,* publicado en «Miscelánea
Comillas» 45 (1966) 5-117.

diendo a la *chorea Machabeorum* (2 nov.) Jean
Lefèvre en 1376, y «macabra» se llamará en adelante esa danza fúnebre de cada hombre o mujer
con el espectro de la muerte.

Rápidamente se apoderan de ese tema poetas
y pintores de todas las naciones [80]. En 1424 la
hallamos pintada en el pórtico del cementerio *des
Innocents,* de París; en 1437, en la iglesia domi-
nicana de Basilea; poco después, en un templo de
Berlín; en 1449, el duque de Borgoña la hace
pintar en su palacio de Brujas; en 1463 la vemos
en el bautisterio de Santa María de Lübeck; la
primera edición de la *Danse macabre* (París 1485)
en xilografías, con versos explicativos, se debe
al tipógrafo Guyot Marchant y alcanza gran difusión. Ese mismo año probablemente se estampa
en alemán: *Der Doten Dantz mit Figuren* (Colonia 1485). Y alcanza alturas artísticas con Hans
Holbein el Joven (1497-1543), que entre 1522 y
1526 ejecuta una larga serie de grabados, con la
Muerte como protagonista, empezando por el paraíso y concluyendo con el Juicio universal. Se estampan en 1538, y así el arte de la tipografía
contribuye a propagar visiones tremebundas y esas
rondas macabras de esqueletos gesticulantes, que
van invitando al baile sarcásticamente a los hombres de todas las clases sociales: al papa, al emperador, al príncipe, al duque, al cardenal, al obis-

---

[80] El libro más fundamental, con copiosa bibliografía, es
el de H. Rosenzeld, *Der mittelalterliche Totentanz* (Münster 1952). Para la literatura española, A. Lasso de la Vega,
La danza de la Muerte en la poesía castellana (Madrid s.a.).
El texto crítico en M. Morreale, *Para una Antología de
Literatura castellana medieval:La danza de la Muerte* (Bari
1963). Para Italia, P. Vigo, *Le danze macabre in Italia*
(Bérgamo 1901). J. M. Clark, *The Dance of the Death in
the Middle Ages and the Renaissance* (Glasgow 1950).

po, al caballero, al mercader, al abogado, al cura, al fraile, al labrador, al usurero, al viejo, al joven, a la doncella, al bufón, lo mismo a los poderosos que a los humildes, igualándolos a todos bajo su imperio irresistible, al monótono estribillo del *Memento mori,* en diversas formas, «que a morir habedes, non sabemos cuándo», dice la Muerte en la versión castellana.

Este grito de amonestación y alarma es el que Alberto Dürer puso en boca de aquel esqueleto coronado, que cabalga, con la guadaña al hombro, en un macilento rocín: *Memento mei.*

Por lo mismo que el pensamiento de la muerte no le abandona nunca, el buen cristiano desea saber cómo prepararse para el último instante. La peste negra, que tan increíbles estragos produjo en todas las ciudades y aldeas entre 1348 y 1350, llevándose en muchas partes la mitad de la población, hizo ver a todos sin excepción la faz horrible de la muerte. Desde entonces empezaron a correr por toda Europa unos libritos, para ayuda espiritual y consuelo de los moribundos, que llevaban por título *Ars moriendi, De arte moriendi, Speculum artis bene moriendi, De praeparatione ad mortem,* o cosa semejante.

Uno de los más antiguos, *De arte moriendi,* se atribuye al obispo de Worms, Mateo de Cracovia († 1410), y contiene oraciones y meditaciones para la hora de la muerte; pero sobre ese tema habían escrito anteriormente no pocos ascetas y teólogos. Otro del mismo título se divulgó muchísimo por su valor espiritual y por el nombre de su autor, Juan Gerson († 1429). Al predicador y teólogo de la Universidad de Viena Nicolás de Dinkelsbühl († 1433) se le atribuye un *Speculum*

mortis [81] y otro a su discípulo Tomás Peuntner
(† 1439). El cisterciense de Berna Nicolás Weiden-
busch (Salicetus [† 1493]) compuso también un
tratadito *De arte moriendi*. El abad Trithemius en
1486 compuso una homilía *De ad mortem praeparatione continua*. El famosísimo predicador Juan
Geiler de Kaysersberg († 1510) publicó un dis-
curso traduciendo el *Ars moriendi* de Gerson:
Von der Kunst wol zu sterben (1482) y *Tractatus de dispositione ad felicem mortem per modum
alphabeti praedicatus* (Estrasburgo 1514) [82]. El
mismo Erasmo escribió una *Praeparatio ad mortem,*
y otros, a su imitación, en diversas naciones. El
pueblo recibía esa literatura con avidez, según se
ve por las muchas ediciones que se hacían.

Pero el *Ars moriendi* que mejor expresa los
sentimientos de aquellos hombres, y que ha inte-
resado modernamente a los historiadores del arte,
es el que se publicó en 1460, y después repetidas veces, consistente en una serie de grabados en
madera, con un brevísimo texto latino, el suficiente apenas para la inteligencia de las figuras.
Representan éstas, de una parte, a los demonios
tentadores que rodean el lecho del moribundo, ata-
cándole con cinco diversas tentaciones: dudas sobre la fe, desesperación por los pecados cometidos,
apego a los bienes terrenos, impaciencia de los
dolores y orgullo por las propias virtudes; de
otra parte, un ángel apacible consuela al agoni-

---

[81] F. Schäffauer, *Nikolaus von Dinkelsbühl als Prediger:*
«Theol. Quartalschr.» 115 (1934) 405-39. R. Rudolf, *Thomas Peuntners Kunst des heilsames Sterbens* (Berlín 1954).
Texto alemán con textos paralelos latinos.
[82] Otro *Ars moriendi* de Geiler, del año 1497, ha sido
publicado por A. Hoch (Freiburg 1901). Son 27 Reglas
en alemán.

zante, mostrándole a los santos pecadores que alcanzaron misericordia [83].

El sentimiento trágico de la piedad

Aquellos hombres, que tan angustiosamente sentían la presencia de la muerte, los temores del diablo y las inquietudes de su tiempo, eran profundamente cristianos, y, como escribe W. Andreas, «cuanto menor era la seguridad que la vida les ofrecía en este mundo, tanto más anhelantes se dirigían sus miradas hacia lo divino» [84].

Y es natural que, en aquellas horas de tragedia, lo divino se coloreaso a sus ojos con color de sangre. La piedad cristiana busca consuelo a sus tristezas y dolores en la Pasión y Muerte de Cristo y en la Virgen dolorosa. Estos temas son los que predican los misioneros populares y los que traducen en formas artísticas los escultores y pintores. Son temas favoritos de todo el Occidente cristiano; pero acaso en ningún otro país se han creado *Crucifixiones* tan patéticas ni *Dolorosas* tan desgarradoras como las que vemos hoy en los viejos templos y museos alemanes.

Son conmovedoras las siete caídas o estaciones del *Viacrucis*, siete grupos escultóricos en piedra, que labró Adam Kraft (1455-1509) en las afue-

[83] W. L. Schreiber, *Manuel de l'amateur de la gravure* IV (Leipzig 1902). F. Falk, *Die deutschen Sterbebüchlein von der ältesten Zeit des Buchdruckes bis 1520* (Freiburg 1890). M. C. O'Connor, *The art of Dying Well. The development of the «Ars moriendi»* (Nueva York 1942). A. Romeo, *Ars moriendi*, en «Enc. Catt.». H. Appel, *Anfechtung und Trost im Spätmittelalter und bei Luther* (Leipzig 1938).

[84] W. Andreas, *Deutschland vor der Ref.* 215.

ras de Nuremberg. El museo germánico de esta
ciudad guarda una *Crucifixión* (1474) de Gabriel
Malesskircher, en que los tres crucificados, pintados con tremendo realismo, resaltan bajo un cielo sombríamente anubarrado, entre un tumulto de
dramáticas figuras. Pero puestos a escoger una obra
maestra que simbolice y exprese todo el patetismo
religioso de aquella generación que vio nacer a
Lutero, tenemos que fijarnos en la *Crucifixión*
que el genial Matías Grünewald (su nombre propio era Mathis Nithart, 1475-1528) pintó con vi-
vísimos colores para el altar de Isenheim (hoy en
el museo de Colmar). Sobre el fondo oscuro y
lúgubre de un atardecer se alzan los dos troncos
de la cruz; el horizontal se doblega bajo el peso
del Crucificado, cuya cabeza, de una fealdad entre sublime y hórrida, cubierta con una maraña
de gruesas espinas, se abate sobre el pecho abul-
tado y el vientre hundido; sus musculosos brazos
en tensión, sus manos engarabitadas por los cla-
vos, los pies retorcidos y todo el cuerpo cárdeno,
salpicado de sangrientas desgarraduras, más que de
un Dios-Hombre, vencedor de la muerte, parecen de un reo facineroso, que muere entre retor-
cimientos espasmódicos. A su izquierda, Juan el
Bautista, mal vestido de rojo carmesí, le apunta
con un dedo largo y rígido, diciendo: *Illum oportet
crescere,* mientras sostiene en el brazo izquierdo el
libro de las profecías ya cumplidas. A la derecha,
Juan, el discípulo amado, de rostro lloroso, presta
apoyo a María, casi desvanecida por el dolor; el
hábito blanco-azulado de la Virgen, resaltando sobre el manto de púrpura del Evangelista, confiere
al semblante maternal un aspecto extremadamente
pálido. Y Magdalena, de rodillas y con el vaso de

los perfumes en el suelo, levanta sus manos entrelazadas con gesto suspirante [85].

Profetismo apocalíptico

Al gusto por lo atroz, por lo macabro, por lo
maravilloso, se junta la manía del profetismo.
¿Qué extraño que una sensibilidad tan superexci-
tada y una imaginación tan grávida de terrores
y desgracias como hemos visto, abortasen visiones
truculentas y vaticinios de catástrofes?

Un clérigo de Augsburgo, Wolfango Aytin-
ger, anunciaba en su *Tractatus super Methodium*
(Augsburgo 1496) el inminente castigo de la
Iglesia y del Imperio, después de lo cual vendría
la renovación espiritual del mundo. También el
poeta e impresor Pánfilo Gegenbach († 1524), en
su drama *Nollhart* de 1517, apelaba a las profecías del supuesto Metodio y de Santa Brígida
y hasta de la sibila de Cumas, para pronosticar
la próxima venida del Anticristo; lo cual se explica teniendo en cuenta que escribía en Basilea,
donde en los cuarenta años anteriores al protestantismo habían ocurrido tres terremotos, tres
pestilencias, quince grandes carestías, tres inunda-
ciones del Rin con fuertes fríos y granizadas, un
eclipse de sol y la aparición de un cometa [86].

[85] Del mismo Grünewald es la *Crucifixión* de la pinaco-
teca de Karlsruhe: la figura de Cristo y la forma de la cruz
muy semejantes a las descritas, los tonos rojos menos vivos,
aunque siempre violentos; el conjunto menos espiritual y
de inferior valor artístico. Del cuadro de Malesskircher trae
una fotografía R. SCHNEIDER, *La formation du génie moderne
dans l'art de l'Occident* (París 1936) 432, planche XVIII.
[86] W. ANDREAS, *Deutschland vor der Ref.* 188. El clima
escatológico de aquellos días, en H. PREUSS, *Die Vorstel-
lungen vom Antichrist im späteren Mittelalter, bei Luther*

Nadie pecó tanto en esta materia como los predicadores, sobre todo los emparentados próxima o remotamente con los «Espirituales» y discípulos de Joaquín de Fiore. De vaticinios y pronósticos —decía San Bernardino de Siena—estamos tan hartos, que nos asquean [87]. Pues si en Italia abundaban los profetas apocalípticos, en Alemania todavía más. El franciscano de Turingia, Juan Hilten, muerto en Eisenach hacia 1500, apoyándose en cálculos astrológicos y en versículos de Daniel y del Apocalipsis, vaticinó el año 1485 la ruina del Pontificado para 1514-1516, la destrucción de Roma para 1524, y el fin del mundo para 1651. Lutero estaba en Eisenach cuando murió Hilten, y más tarde le halagaba pensar que a él podría referirse el profeta franciscano [88].

und in der konfessionellen Polemik (Leipzig 1906). I. Rohr, *Die Prophete im letzten Jahrhundert vor der Reformation als Geschichtsquelle und Geschichtsfaktor:* «Hist. Jahrb.» 17 (1898) 29-56 447-466.

[87] «Vaticiniis iam usque nauseam repleti sumus, ut puta, de Antichristi adventu, de signis iudicii propinquantis, de Ecclesiae persecutione et reformatione et similibus» *(De inspiratione sermo II:* «Opera omnia» [Venecia 1745] III 138). Y todavía no había nacido Savonarola.

[88] «Illa prophetia facta est me adolescente» *(Tischr. 3795,* III 620). Se engañaba creyendo que Hilten había muerto excomulgado. Entre los fatídicos agoreros del siglo XV se cuenta el husita Peter Chelcicky († 1460), iniciador de los Hermanos Bohemos, que, aunque laico, era asiduo lector de la Sagrada Escritura y predicaba el anarquismo religioso y civil: no más autoridad que la Biblia, ni otro culto divino que el interno, ni más ley que la fraternidad universal; anunciaba inminente una radical transformación de la sociedad. C. Vogl, *Peter Chelcicki, ein Prophet an der Wende der Zeiten* (Zurich 1926). Y en el siglo XIV, Milic de Kromeric († 1374), padre del reformismo checo, que predicaba el próximo fin del mundo, la llegada del Anticristo para 1365-67, porque identificaba al Anticristo con el emperador Carlos IV; pero más tarde cambió, diciendo que el Anticristo sería hijo de una mujer seducida

Eran entonces muchos los que, dotados de conocimientos científicos más o menos serios y de carácter más o menos excéntrico, observaban el curso de las estrellas y las posiciones de los planetas para predecir el destino de la Humanidad. Así el eremita alsaciano Juan de Lichtenberg, que vivió en tiempos de Federico III, pronosticaba, a base de conjunciones planetarias, de antiguas profecías y de supersticiones populares, toda clase de calamidades, guerras y desastres para el Imperio y para la Iglesia [89].

Lutero, que prologó en 1521 la traducción alemana, reconoce, que Lichtenberg había tenido espíritu *profético* o *pitónico,* mas no inspirado por el Espíritu Santo ni por el diablo, sino a la manera de los magos caldeos [90].

El sacerdote bávaro José Grünpekh (1473-1531), humanista e historiador, profetizó muertes, asolamientos, fieros males, guerras y desgracias sin número para la Iglesia y para el Estado, que deberían acaecer a la muerte del emperador Maximiliano, a cuyo servicio él estaba [91].

por el diablo en persona, nacería en la ciudad de Babilonia y a los treinta años tomaría posesión del mundo, haciendo muchos prodigios; al fin, sería vencido por el arcángel San Miguel. P.   DE VOOGHT, *L'hérésie de Jean Huss* (Lovaina 1960) 7-21.

[89] *Pronosticatio in latino vera et prius non audita* (s.l. 1488, Maguncia 1492). Con otro título, *Practica astrologica* (Estrasburgo 1499). Aludiendo expresamente al abad Joaquín de Fiore, anunciaba la venida de un Papa Angélico, «vir solitarius magna sanctitate perspicuus», reformador de la Iglesia.

[90] WA 23,7-12. Cf. 44,247. *Tischr.* 2022, II 297; 4041, IV 96.

[91] *Prognosticon seu iudicium de coniunctione Saturni et Iovis* (Viena 1496). *Speculum naturalis coelestis et propheticae visionis* (s.l. 1507). *Ein Spiegel aller Trübsale* (Augsburgo s.a.).

Más conocido es el filósofo y astrólogo E. Cornelio Agrippa de Nettesheim (1488-1535), férvido defensor de la magia blanca, o natural, que investiga las fuerzas más profundas y las virtudes más secretas de la naturaleza. En su obra *De occulta philosophia* (Lyón 1510), saludada jubilosamente por el abad Trithemius, al cual va dedicada, hallamos varios capítulos sobre la adivinación, la agorería, los vaticinios, cosas muy generales, pero que delatan el espíritu de la época[92].

Y aquí podríamos mencionar a otro representante de la época, cuya figura fue idealizada y encumbrada a las más altas regiones de la poesía por Goethe; me refiero a Johannes Faust, hombre de carne y hueso, que nació hacia 1480, y que antes de ser el «Doctor Fausto» de la literatura, recorrió las ciudades y pueblos de Alemania, respetado como un mago por las gentes, a quienes embaucaba con sus artes maravillosas y con sus mentiras, se presentaba como maestro de quiromancia, como astrólogo y teurgo, con poderes taumatúrgicos iguales a los de Cristo, y como sabio incomparable que preveía el porvenir y revelaba los misterios, si hemos de creer a la leyenda que se forjó muy pronto a su alrededor. Su seudociencia, charlatanería y petulancia repugnaron al canónigo de Gotha C. Mutianus Rufus, y mucho más a Felipe Melanchton, quien lo califica de *turpissima*

---

[92] *De divinatione auspiciorum et auguriorum* (I c.53). *De geomantia, hydromantia, pyromantia* (I 57). *De divinatione quae per somnia fit* (I 59). *De vaticinio et furore* (III 45). En la misma línea de adivinador de los misterios de la naturaleza está el gran alquimista Paracelso (Teofrasto Bombast de Hohenheim, 1493-1540), de más altura filosófica, con influjos de Hermes Trismegisto y de los neoplatónicos.

bestia et cloaca multorum diabolorum. Hacia 1540, Johannes Faust entregó su alma al diablo, a quien se la había vendido en vida [93].

Presentimientos escatológicos

En este ambiente de milagrería, de ocultismo, de expectación de cosas maravillosas, y al mismo tiempo de temor, de inquietud, de vaticinios apocalípticos, parece oírse el anuncio de una revolución inminente, que castigará las injusticias de los ricos y poderosos y terminará con la venida de un salvador o con el fin del mundo.

Fruto del pesimismo reinante y síntesis de la literatura apocalíptica anterior es el *Onus Ecclesiae,* libro escrito en 1519 y publicado anónimo en 1524, en Landshut [94], que recoge y funde en sus páginas las profecías atribuidas a Joaquín de Fiore, Ubertino de Casale, Santa Brígida, San Vicente Ferrer, Telesforo de Cosenza, El Pseudo-Metodio y los demás visionarios, reclamando la reforma eclesiástica y augurando el naufragio del mundo occidental y del Imperio germánico «y la ruina de la Iglesia latina en sus cabezas», pero con esperanzas de restauración, en caso de que sea elegido emperador «el potentísimo Carlos *(Quinto)* a quien dignamente podemos llamar Genearca Austral» [95].

[93] JANSSEN, *Geschichte des deutschen Volkes* VI 538-44. V. ERRANTE, *Il mito di Fausto dal personaggio storico al poema di Goethe* (Bolonia 1924).

[94] *Onus Ecclesiae temporibus hisce deplorandis Apocalypseos* (Colonia 1531). Es una pintura de tétricos colores, ciertamente recargados, que se atribuyó mucho tiempo a Bertoldo de Pürstingen, obispo de Chiemsee († 1543); hoy más bien al cartujo J. J. Landsberg, o Lansperger (Lanspergius [† 1539]).

[95] «Quamvis Imperium Romanum durabit usque ad An-

El presentimiento, o mejor, la certeza del próximo fin del mundo acompañó a Martín Lutero toda la vida. El día último—exclamaba en 1520—está a las puertas» [96]. «Hace medio año—decía en 1531—que tengo sueños terribles sobre el Juicio final» [97]. «En estos últimos tiempos Satán es poderosísimo... y Cristo aparenta suma debilidad. De donde infiero el próximo advenimiento de Cristo, que sacará su espada y mostrará otra vez su fuerza contra el diablo» [98].

tichristum, tamen ab Alemannis procul dubio, una cum Ecclesia, aliquando transferetur... Et nisi Deus Optimus in bono Romanorum Rege deligendo Ecclesiae providerit, actum erit de nostra salute temporali. Speratur autem propediem electum iri in Caesarem illum potentissimum Carolum, quem digne Genearcham Australem appellaverim». Y a continuación transcribe una profecía que le ha llegado de Italia, donde fue compuesta el año 1505. Véanse algunas frases: «Carolus Philippi ex progenie filius, erit longus fronte habebitque alta supercilia, oculos grandiores, nasum aquilinum, coronabitur iuxta suae aetatis annum quartum decimum, vel, secundum aliam scripturam, iuxta sextum decimum. Hic magnum congregabit exercitum. Cunctos destruet tyrannos sui regni. Namque tamquam sponsus et sponsa ab illo iustitia sociabitur, bella geret usque ad vigesimum quartum sui regni annum. Anglos, Hispanos, necnon Arragonas, et Gallos ac Germanos subiugabit, Romam evertet cum Florentia atque igne comburet, binas habebit coronas, et postea mare transgredietur cum magno exercitu, Graeciam introibit... Erit enim semper cum ipso brachium divinum, et possidebit totius prope terrae dominium universale... Postquam sanctam venerit Hierosolymam, accesseritque ad montem Olivarum, deponet coronam de capite suo, referetque gratias Deo» (*Onus Ecclesiae* f.86).

[96] WA 6,454. Más adelante se expresaba así: «Extremus dies in foribus est, et credo duraturum 100 annos» (*Tischr.* 4979, IV 598). Poco después daba un plazo más breve: «Ego plane sic sentio, appropinquare diem Domini, et nos visuros eum diem, aut ut plurimum, nostra proxima posteritas» (ibid., 5130, IV 677).

[97] «Et ego a medio anno terribilia somnia habui de iudicio extremo» (*Tischr.* 2756, II 636).

[98] *Tischr.* 831, I 404.

Pesimismo y melancolía son notas características del reformador, mas no exclusivas suyas. Las hallamos también en no pocos de sus discípulos y compañeros de predicación, como Jerónimo Weller, Juan Schlaginhaufen, Nicolás Hausmann, Simón Musaeus, Leonardo Beyer, etc. [99] Séanos lícito repetir otra vez la frase de F. Heer: «Lutero es hijo de la angustia germánica», de aquel estado de angustia y de terror que del siglo xv pasó a los primeros decenios del xvi, no obstante los jocundos esplendores del Renacimiento, y que fue gráficamente expresado por Alberto Dürer en sus once xilografías apocalípticas, particularmente en la que representa a los cuatro jinetes, que montando cuatro caballos (el blanco de la Justicia, el rojo de la Guerra, el negro del Hambre y el pálido de la Muerte) van sembrando por toda la tierra la destrucción y el espanto.

Tal como la hemos descrito epitomadamente era la situación política, social, eclesiástica y espiritual de aquella gran nación, cuando en 1517 un simple fraile agustino, profesor de Wittemberg, alzó su voz contra los abusos que se cometían en la predicación de las indulgencias y contra el concepto teológico de las mismas, lo cual le puso en camino para enfrentarse luego audazmente con el papa y negar algunos de los principales dogmas católicos.

Alemania era como un inmenso bosque, cuya pujante frondosidad amarilleaba acá y allá, casi marchita, por el excesivo formalismo con que se practicaba la religión, y cuyos troncos más vigorosos se veían atacados por múltiples parásitos que

[99] H. Grisar, *Luther* II 555-63.

les chupaban el jugo y la sustancia. Era necesaria una poda, es decir, la reforma; y se aplicó el fuego, o sea, la revolución, con lo que el bosque se incendió y las llamas saltaron las fronteras llevando la conflagración a media Europa.

CAPÍTULO V

ANSIAS Y CLAMORES DE REFORMA

Desde finales del siglo XIII es un hecho claramente perceptible, a cualquier historiador que estudie «el ocaso de la Edad Media», el constante clamoreo de reforma, renovación y vuelta a la pureza primitiva. No hay vocablo que se repita tan a menudo como el de «reforma». Y no son tan sólo satíricos, criticones, sermoneadores, libelistas los que, censurando mordazmente a los demás, les exigen la enmienda individual y social; también los hombres de mayor seriedad y responsabilidad, y todos cuantos viven internamente aquejados por un sentimiento de honda religiosidad, sea ortodoxa, sea heterodoxa, todos gritan su descontento y sus ansias reformadoras en los más variados escritos. Sus clamores van rodando en el tiempo y en el espacio, de año en año, de nación en nación, denunciando escándalos, anatematizando abusos, reclamando corrección de vicios e injusticias. Es poco lo que consiguen, o lo consiguen demasiado lentamente, pero logran clavar una espina dolorosa en la conciencia de lo más selecto de la sociedad.

De este modo llegan a formar en la cristiandad una especie de tradición plurisecular, que podría definirse «protesta reformística». Sin esta protesta, que resuena a través de las centurias XIV y XV, la aparición de Martín Lutero sería más problemática y casi incomprensible.

Cierto que la protesta luterana asume caracteres nuevos, que no eran propios de aquella larga tradición de reformadores; cierto que la raíz más honda y vital de la crisis religiosa de Lutero no hay que buscarla en fenómenos externos, en acontecimientos meramente históricos, sino en vivencias personales. Mas también es cierto que desde su niñez oyó Martín repetidas veces hablar de la reforma de la Iglesia y del mismo Imperio germánico, creció en un ambiente decididamente reformista y se hizo fraile en un instituto de reforma religiosa, como era la Congregación agustiniana de la Observancia, cuyas *Constituciones* se decían hechas *pro reformatione Alemanniae*.

Cuando se alzó contra Roma, tenía a sus espaldas una longuísima fila de «protestadores», que habían levantado la voz, antes que él, contra los abusos de la curia romana, contra los decadentes teólogos escolásticos y contra el modo de vivir el cristianismo, o de corromperlo. Sin tales precedentes, ¿se hubiera atrevido el profesor de Wittemberg a lanzar su grito protestatario y rebelde contra la Iglesia oficial? ¿Y hubiera reunido en torno de sí tantos seguidores? Muchos fueron los que de buena fe se dejaron arrastrar por él, pensando que fray Martín era un reformador de tipo tradicional.

Hace ya treinta años que en un artículo de revista recogimos los diversos gritos de reforma que se van sucediendo desde las postrimerías del siglo XIII hasta los albores del XVI. No es cosa de repetir aquí lo que ya está escrito en otra parte; así que nos contentaremos con transcribir casi literalmente algunos párrafos [1].

---

[1] Véase mi art. *La Cristiandad pide un Concilio,* en *El Concilio de Trento,* por colaboradores de «Razón y Fe» (Madrid 1945) 17-56.

En capítulos precedentes hemos podido darnos cuenta de las inquietudes ideológicas y morales, teológicas, religiosas, místicas, políticas, sociales y psicológicas, que agitaban al hombre europeo en aquella turbulenta época de transición, que tenía mucho elemento senil y caduco junto con muchos brotes verdes y juveniles.

Aquellas inquietudes originaban una efervescencia propicia a cualquier revolución y engendraban un malestar que en muchos casos podía significar remordimiento de la inocencia perdida, de la paz y unidad malogradas, nostalgia de tiempos mejores y anhelo de purificarse, de renovarse espiritualmente, de reformarse con arreglo al Evangelio. Aquellos hombres eran, por lo común, cristianos de fe profunda; por eso, en todas las calamidades de la época, veían el castigo de Dios y buscaban la solución de sus angustiosos problemas en la esfera de lo religioso y moral. Unos pedían la regeneración de los individuos: oración y penitencia. Otros, la reforma de la Iglesia: *reformatio curiae romanae, reformatio in capite.*

Los espíritus renacientes, aunque de formación y tendencias muy distintas de las típicamente medievales, vienen a engrosar la corriente de los inquietos reformistas antiguos, empalmando con ellos en un mismo anhelo de reforma, de vida nueva, de auténtico renacimiento espiritual.

Sin compartir las teorías de K. Burdach y H. Thode, se puede aceptar que existe un punto de confluencia entre la corriente de los místicos y espirituales, fascinados por el monje calabrés Joaquín de Fiore († 1202) y la de los primeros representantes del Humanismo renaciente. ¿No vemos en Dante, Cola di Rienzo y Petrarca el afán espiritualista de una purificación de la Iglesia, de la sociedad y de los individuos, junto con el deseo de una *Vita nuova* y la ilusionada esperanza de un *novus ordo* semejante al cantado por Virgilio en la égloga cuarta, y el sueño de una *aetas aurea?* Persuadidos los humanistas—acaso los italianos menos que los germánicos—de que la edad anterior había sido de profunda decadencia en el aspecto cultural y literario, pronto se convencieron de que lo mismo había acontecido en lo eclesiástico y religioso, según repetían los fanáticos «Espirituales», y tras ellos, por contagio psíquico, gran parte de la cristiandad. Común a todos es el grito de ¡Reforma! ¡Enmienda! ¡Renovación!

Con entonación oratoria clamaba en un sermón el 30 de diciembre de 1314 el teólogo Matías Roeder en el concilio de Constanza: «Cuán conveniente y oportuna sea, cuán útil y necesaria, la reforma de la Iglesia militante es cosa notoria al mundo, notoria al clero, notoria, en fin, a todo el pueblo cristiano. La pide a gritos el cielo, la reclaman los elementos, la exige diariamente la sangre derramada de las almas que perecen y cuya voz sube hasta las estrellas. Y hasta las piedras *(lapides ipsi)* se ven forzadas a clamar con ellos»[2].

A lo largo de más de doscientos años, el eco de esta palabra—¡Reforma!—va repercutiendo de cumbre en cumbre, y más que grito es tronido retumbante, compuesto de mil clamores que suben del pueblo humilde y de escritores ilustres, de herejes y de santos, de gobernantes y poetas. Guillermo Durandi en el concilio de Vienne (1311-12), Angel Clareno († 1337), Juan de Roquetaillade († 1362) y otros

[2] C. G. WALCH, *Monimenta medii aevi* I (Göttingen 1757) 34.

fraticelli; Alvaro Pelayo († 1350), Santa Brígida de Suecia († 1373), Francisco Petrarca († 1374), Conrado de Megenberg († 1374), Juan Wyclif († 1384), Juan Hus († 1415), Pero López de Ayala († 1411), Mateo de Cracovia († 1410), Teodorico de Nieheim († 1418), Juan Gerson († 1429), Nicolás de Clémanges († 1434), el autor de *Reformatio Segismundi* (1433-39), Félix Hemmerlin († 1458), Nicolás de Cusa († 1464), los cartujos Jacobo de Jüterborg († 1465) y Dionisio Ryckel († 1471), Rodrigo Sánchez de Arévalo († 1470), Domenico de Domenichi († 1478), Jerónimo Savonarola († 1498), Geiler de Keysersberg († 1510), Bautista Spagnolo († 1516), Miguel Menot († 1518), Sebastián Brant († 1521), Vicente Quirini († 1514) y Pablo Giustiniani († 1528), Juan Francisco de la Mirándola († 1533), Erasmo, etc., etc., forman la cadena de los que en tono de queja, de súplica o de protesta, en forma negativa o presentando programas positivos, claman por la reforma de las costumbres, de la espiritualidad, de la disciplina, de las instituciones eclesiásticas, antes de la revolución luterana.

Todos ellos no hacen sino cumplir aquella exhortación con que Mateo de Cracovia cierra el tratado *De squaloribus curiae romanae:* «Gritemos todos y cada uno..., gritemos a los inocentes..., gritemos a los perversos..., gritemos a los magnates y a los prelados..., gritemos gimiendo, llorando, rogando a Dios». ¿Qué es lo que había que gritar? ¡Reforma, reforma, reforma!

«Por nuestros pecados—se lamentaba López de Ayala, repitiendo la metáfora náutica entonces tan corriente—, la nave de San Pedro está en gran perdición» *(Rimado de Palacio).* Todos creían oír

el bramido de la tempestad no lejana y el fragor
de las olas encrespadas. Los más exaltados sentían
que la imaginación se les incendiaba y se ponían a
profetizar catástrofes apocalípticas, después de las
cuales o vendría el fin del mundo o haría su aparición un «papa angélico», que renovaría evangé-
licamente la Iglesia, y un emperador victorioso, que
impondría al mundo entero la fe de Cristo, reali-
zando el vaticinio de un joaquimita del siglo XIII:
Sic et ovile unum, pastor et unus erit.

Cuando los predicadores de reforma se echaban
sobre los hombros el manto de profeta—como lo
hizo Jerónimo Savonarola—, el entusiasmo que des-
pertaban en el pueblo tocaba límites indescriptibles.
Apoyados en el entusiasmo popular, se atrevían a
desafiar a las más altas autoridades. . «El papa
—predicaba el profeta florentino—no puede man-
darme contra la caridad o contra el Evangelio».
Creían hablar en nombre y por mandato de Dios.
Oportet obedire Deo magis quam hominibus. Estas
palabras las repitió igualmente Lutero en la Dieta
imperial de Worms.

Desde finales del siglo XV, los profetas y visionarios que predican reforma pululan como los hon-
gos en tierras húmedas. Lo hemos visto ya en la
Alemania de Lutero. Otro tanto sucedía en Italia.

En mayo de 1516 fue aprisionado en Roma un
fray Bonaventura que predicaba ser él por elección
divina el pastor, coronado por manos angélicas, para
la salvación del mundo. A millares corría la gente
a besar los pies de aquel heraldo de Cristo, que
anunciaba la conversión de los infieles, grandes catástrofes vindicativas, regeneración de la Iglesia
(porque la Iglesia romana era una apóstata, abyecta
y maldita meretriz), advenimiento de una era de

paz y felicidad, y todo esto a breve plazo. Al mismo tiempo, lanzaba excomuniones contra el papa y contra los cardenales, exhortando a todos a separarse de Roma [3].

Menos colorido y pasión tenían los sermones de un ermitaño sienés, que entró en la ciudad de Milán el 21 de agosto de 1516. Era un hombre rústico, de unos treinta años, de gran corpulencia; caminaba descalzo, sin camisa, cubierto solamente de una túnica de tosco paño leonado, y encima un pobre manto buriel. Decía llamarse Jerónimo. Hablaba dulcemente y con mucho conocimiento de la Sagrada Escritura. «Su vivir —nos cuenta un cronista de la época— era de pan de mijo, agua, raíces y cosas semejantes; para dormir le bastaba un tablón o la desnuda tierra». Presentóse al vicario del arzobispo pidiendo licencia de predicar. Aunque le fue negada, él comenzó a predicar al día siguiente en la catedral, «con tanta gracia de lengua que todo Milán acudía a sus sermones». «Era muy enemigo de los curas y mucho más de los frailes, y en todas sus prédicas lanzaba contra ellos grandes improperios». Pidiéronle cuenta las autoridades; él no respondió sino que había venido a predicar la palabra de Dios, y a los que le argüían de que no era diácono ni subdiácono contestaba: *Ego sum missus a Deo* [4].

---

[3] El ceremoniero papal Paris de Grassis escribe en su *Diarium* (agosto 1516): «Diebus istis... quidam frater Bonaventura, qui se spiritum propheticum habere profitebatur, hanc mortem *(de León X, entonces enfermo)* annuntiabit... et papa incarcerare iussit...; ille autem multo magis semper affirmabat et addebat quod nisi sic esset, cremari volebat, et tandem vanitates apparuerunt et papa sanatus est» (cit. Pastor, *Geschichte der Päpste* IV 107-108).

[4] Giovanni Andrea Prato, *Storia di Milano* (1499-1519), en *Arch. Stor. Ital.* 3 (1842) 357-59.

Sin duda, era el mismo de quien refiere otro cronista lo siguiente: «En este tiempo vino a Milán un ermitaño de nombre Jerónimo de Siena. Era de hermosa presencia y también de mucha nobleza, el cual apareció en la iglesia catedral el 6 de agosto, y comenzó a predicar, vestido de paño pardo. Llevaba los brazos descubiertos y las piernas desnudas, sin nada en la cabeza, la barba larga, y sobre los hombros un mantelete a guisa de San Juan Bautista. Y con aquel su modo de predicar cobró tanta osadía por el séquito grande de la gente, máxime de mujeres, que en la iglesia mayor de la catedral reinaba gran confusión, porque no había tiempo para la misa ni para las vísperas, pues él quería predicar cuando le placía, sin respeto a sus mayores... En verdad, era causa de grandes males, porque en sus prédicas no hacía sino hablar mal de curas y frailes»[5].

Al año siguiente, poco antes de que la predicación de las indulgencias empezara a revolver la bilis de fray Martín Lutero, el concilio provincial de Florencia condena los escritos vaticinatorios de Francisco Meleto «por haber tenido la osadía de trastornar los ricos tesoros de la Escritura, conturbando la interpretación de todos los expositores católicos y extrayendo arbitrariamente nuevas e inauditas conclusiones». Como si tuviera presente a Lutero, que tardaría aún varios meses en lanzar sus conclusiones relativas a las indulgencias, exclamaba así uno de los padres de aquel sínodo: «Todos creen que les es lícito interpretar la Sagrada Escritura según su propio cerebro, lacerarla, torcerla y estirarla a sentidos nuevos y contrarios a la

---

[5] Giovan Marco Burigozzo, *Cronica di Milano* (1500-1544), en *Arch. Stor. Ital.* 3 (1842) 431-32.

común interpretación católica, abriendo la vía intencionadamente a nuevas herejías y a falsos dogmas» [6].

A continuación, el sínodo condena las obras de Meleto «como venenosas, impías y en muchas conclusiones opuestas a la verdad católica, erróneas, temerarias y presuntuosas» [7].

¿Quién era ese atrevido exegeta de la Sagrada Escritura? Un laico florentino, aunque nacido en Bolonia de un mercader de Florencia y de una esclava oriental; un escritor sin malas intenciones que en la ciudad del Arno, oyendo a Savonarola o a sus discípulos, se había contagiado del morbo profético y, creyéndose inspirado por el Espíritu Santo, pretendía revelar el porvenir a sus contemporáneos, apoyándose en los números simbólicos del Apocalipsis y de Daniel. Decía que en 1517 empezaría la conversión de los judíos, a la que seguiría la de los mahometanos. En el salmo 18 veía anunciada la total conversión de los cristianos a una vida verdaderamente apostólica y el advenimiento de una edad feliz. Pero añadía: el fin del mundo es inminente y todos los creyentes se salvarán [8].

Obligado a retractarse, parece que Meleto se sometió a los jerarcas eclesiásticos [9].

La inmediata y firme represión de estos fanáti-

<hr>

[6] S. Bongi, *Francesco da Meleto un profeta florentino a' tempi del Machiavello,* en *Arch. Stor. Ital.* 5.ª ser. III (1889) 62-70, p.68.

[7] Ibid., 69. J. D. Mansi, *Sacrorum conciliorum* 32,273.

[8] Delio Cantimori, *Eretici italiani del Cinquecento* (Florencia 1939) 14-16.

[9] Datos y bibliografía sobre el profetismo en otros países se hallarán en el documentado estudio de M. Reeves, *The influence of Prophecy in the later Middle Ages* (Oxford 1969).

cos, soñadores de utópicas reformas, hizo que sus predicaciones alcanzasen muy efímero resultado y que la masa popular que se aglomeraba en torno de ellos, encandilada por sus palabras de libertad y de reforma, se dispersase apresuradamente a la primera intervención de las autoridades.

No fue tal el caso del teólogo de Wittemberg. Los que al principio se solidarizaron con él y con sus doctrinas no pertenecían a la plebe inculta e ignorante, sino a la intelectualidad universitaria y a los conventos. Su programa de renovación y de reforma era mucho más profundo y radical que el de los tradicionales predicadores reformistas; se asemejaba a ellos solamente en la fraseología y en ciertos puntos superficiales de exigua o ninguna trascendencia. Finalmente, Lutero no predicaba en Italia—donde su suerte hubiese sido muy otra—, sino en un país germánico, donde la autoridad eclesiástica no era de temer si no contaba con el apoyo del brazo secular. Ahora bien, el príncipe de Sajonia protegía y defendía al fraile agustino porque era la mayor gloria de su universidad y por sus tendencias antirromanas.

Con tales seguridades y con el ejemplo de innumerables escritores y predicadores reformistas, que durante más de dos siglos habían levantado su voz tonitruante contra la opresión, los escándalos, las injusticias y los abusos de la curia romana, se comprende muy bien cómo el monje sajón osase predicar públicamente primero contra los abusos de las indulgencias—cosa en que le habían precedido varones muy respetables y piadosos—, después contra la doctrina católica de la justificación y de los sacramentos y más tarde contra el primado del papa,

personificación del Anticristo, y contra los fundamentos mismos del catolicismo.

Estaba cierto de que muchos oirían su voz como
el último eco de aquellas ansias y clamores de reforma, que venían resonando de siglo en siglo en la
Alemania exacerbada de Ludovico el Bávaro y de
los *Gravamina* y en otras naciones de aquella Europa en fermentación.

CAPÍTULO VI

¿Y EL HUMANISMO?

Es opinión corriente entre los historiadores que el Humanismo fue una de las causas o factores históricos que coadyuvaron al origen y crecimiento del luteranismo. Es una cuestión que no deja de tener algunos visos de verdad, pero que examinada a fondo se desvanece como el humo en el aire.

Y la primera interrogación que a uno se le ofrece es la siguiente: ¿Por qué en Alemania el Humanismo había de producir un efecto que no produjo en otras naciones? ¿Por qué, verbigracia, en Italia, patria de las letras clásicas renacidas bajo el signo del «Humanismo», no se vio germinar, ni por sueños, una revolución religiosa análoga o semejante a la de Lutero? Ninguno de los grandes humanistas italianos pensó jamás en separarse de la Iglesia romana. Se les ha tachado de «paganizantes» —lo cual, a mi juicio, es insostenible—; pero de todos modos, si algo pecaron por ahí, por sus tendencias naturalistas y poco místicas, hay que confesar que su «paganizar» está en el polo opuesto del «luteranizar». Y lo mismo se puede decir de los humanistas ingleses (Grocyn, Linacre, Colet, More, Pole) y de los españoles (Nebrija, Vives, Vergara, los Valdés, Sepúlveda, Hernán Núñez, Fox Morcillo) y aun de los franceses (Budé, Danès, Ruelle, Toussain).

Que bastantes humanistas alemanes se aliaron al

principio con Lutero y le prestaron favor y ayuda, no cabe la menor duda. Pero ¿obraban así en virtud del Humanismo? O en otras palabras: ¿era su formación humanística la que los movía e impulsaba hacia la Reforma protestante? ¿Veían acaso en fray Martín a uno de los suyos, a un buscador de ideales semejantes a los que ellos tenían? Estimo que a estas tres preguntas hay que responder negativamente. No fue el Humanismo lo que les condujo hacia Lutero. El caso de Erasmo es revelador y convincente: de precursor que parecía, se convirtió en decidido adversario. El mayor humanista luterano, Melanchton, se sintió poderosamente atraído hacia el reformador por la personalidad religiosa de éste; fue la insegura espiritualidad melanchtoniana, que no procedía del Humanismo, la que se dejó dominar por el teólogo de Wittemberg, mientras que su formación humanística lo fue separando de su maestro y amigo, sin romper nunca con él. Hutten, en cambio, hombre de escasa religiosidad, se asoció a la empresa luterana por sus sentimientos—o resentimientos— antirromanos, por su nacionalismo germánico exasperado, por su afán de revolución, y nadie dirá que estos motivos tienen algo que ver con el Humanismo, esencialmente pacifista y supranacional.

Entre esos dos nombres ilustres, pero tan diferentes—Melanchton, Hutten—, existe una ancha gama de humanistas que se adhirieron a Lutero temporalmente con la ilusión de que aquel reformador, si no era de los suyos, tenía con ellos por lo menos muchos puntos en común: el odio a los escolásticos y el empeño de reformar la teología decadente, el anhelo de desescombrar la vida cristiana de muchas supersticiones y formalismos, la apela-

ción constante a la Biblia en su texto original; porque los humanistas, así como en lo literario idolatra-
ban la antigüedad grecorromana, así en lo religioso
se complacían en la antigüedad cristiana y en la
Biblia, con desprecio de los exegetas y sumistas
medievales, biblicismo que entraba en sus programas de reforma y que los aproximaba de algún
modo al Lutero «reformador».

1. Concepto del Humanismo

No hablan con exactitud, a mi juicio, los que
dicen que el Humanismo abrió el camino a Lutero,
haciéndole posible la traducción de la Biblia. No
hay que confundir el Humanismo con la ciencia
filológica, aunque ambas cosas vayan muchas veces de la mano. Ni siquiera el cultivo de la lengua y literatura helénicas es parte esencial del Humanismo, porque a los humanistas les place recibir la sabiduría griega—digo la sabiduría, no la
ciencia—filtrada por el latinismo. Su filtro maravilloso es Cicerón.

¿Entonces, qué se entiende por Humanismo?
Aquí está la raíz de las discrepancias y disputas
de muchos autores que, no conviniendo en la
definición de la esencia y naturaleza del Humanismo, no pueden menos de orientarse hacia solu-
ciones contrarias. Yo entiendo por Humanismo
—y me refiero siempre al Humanismo histórico
de los siglos XIV-XVI, al que se extiende de Petrarca
a Erasmo—el cultivo fervoroso de los clásicos
greco-latinos (más latinos que griegos) con el fin
de aprender de ellos, juntamente con la elegancia
del estilo, la sabiduría antigua en lo que tiene

de racional y humana, y por tanto asimilable para
todos los cristianos. Este Humanismo, que reaccionó violentamente contra el bárbaro cientificismo
escolástico y averroísta, presenta los siguiente rasgos característicos: a) *Docta religio,* en expresión
de Ficino, o, como repite Erasmo, *Eruditio cum
pietate,* es decir, la amigable unión de la doctrina
y erudición de los antiguos con la piedad y religión cristianas; b) *Amor sapientiae,* o sentido sapiencial de los estudios y de la vida toda (nunca
la ciencia por la ciencia, sino la ciencia por el
hombre y por Dios), y, consiguientemente, desprecio de la lógica formal, desconfianza de las
ciencias físicas, tomadas en sí mismas, y gran estima de las éticas y morales; c) *Latinismo o romanismo:* culto apasionado del latín clásico y ci-
ceroniano (no tanto del griego, que se adhiere demasiado a la ciencia); los que no aman el latín
ni escriben en la lengua del Lacio, no pertenecen al Humanismo, al cual se entra, según Valla,
por la puerta latina. Defecto común de los humanistas suele ser la *retórica*—que en los grandes tiene un sentido nobilísimo—y el formalismo literario, que es la retórica de los pequeños.

Es cosa frecuente en muchos escritores identificar o por lo menos confundir vagamente el Humanismo con el Renacimiento. A la palabra Renacimiento yo le doy un sentido plenamente epo-
cal o historiológico, para designar la renovación,
florecimiento y nuevo espíritu de las letras nacionales, de las artes, de las ciencias, de la política,
de la economía, de la vida social, de la religiosidad y de todas las actividades humanas en aquella misma época en que prosperaba el Humanismo (s. XIV-XVI). Hombres tan típicos del Renaci-

miento como Maximiliano I, Julio II, César Borja, Francisco I, Fernando el Católico, Vasco de Gama, Cristóbal Colón, Leonardo de Vinci, Rafael de Urbino, Miguel Angel, Nicolás de Cusa y el propio Lutero, no pueden decirse humanistas. Y aun es difícil otorgar este título al sabio Pico de la Mirándola o al espiritual y reformador Lefèvre d'Etaples, aunque ambos figuren en casi todas las historias del Humanismo.

Pretenden algunos extender el concepto de Humanismo a toda la cultura del Renacimiento, incluso la puramente científica, la que había de producir los frutos de la Edad Moderna: individualismo, subjetivismo, laicismo, racionalismo, naturalismo, nuevo concepto del hombre y de la sociedad, nueva filosofía y nueva religiosidad. Todos estos frutos y otros más serán propios del Renacimiento, no del Humanismo histórico. «El Humanismo alemán—escribe Lortz—hizo nacer la conciencia nacional alemana» [1]. No es el único autor que tal afirmación hace, ni le falta apariencia de razón, porque fueron hombres doctos y poetas, desde Wimpfeling y Peutinger hasta Celtis y Hutten, los que despertaron en Alemania un sentimiento patriótico que antes no existía. Pero esto lo hizo en todas las naciones el Renacimiento, no el Humanismo. Fue el cultivo de las ciencias y sobre todo de la historia patria lo que dio a los alemanes el conocimiento de sí mismos, con un noble orgullo nacional [2].

[1] J. Lortz, *Historia de la Iglesia desde la perspectiva de la historia de las ideas* (Madrid 1962) 385.
[2] Son pocos los autores que aciertan a distinguir el Humanismo del Renacimiento, engañados tal vez por J. Burckhardt y por H. Burdach (representantes de dos concep-

Aclarados así los conceptos, será más fácil comprender mi oposición a la tesis de quienes con-
tinúan propugnando el influjo del Humanismo en
el luteranismo [3].

Los humanistas alemanes

No por eso negaré, en modo alguno, que ciertos humanistas prestaron decidido apoyo a Lutero
en la consolidación de su Reforma, aunque ningún influjo tuvieron en el origen y en la naturaleza de la misma. Mucho más efectiva y determinante fue la intervención de los juristas, doctores y profesores de derecho romano, por cuyo
consejo muchos príncipes y ciudades cambiaron de
religión; mas no por eso se le ocurrirá a nadie decir que el derecho romano engendró la Reforma
protestante. Es casi imposible imaginar cómo el

ciones opuestas). Los seguidores de G. Toffanin distinguen
perfectamente. Pero ya antes, en 1923, Gerhard Ritter había
llamado la atención: «Man darf bei der Beurteilung dieser
Dinge nicht in den allzu häufig gemachten Fehler verfallen,
Renaissance und Humanismus einander gleichzusetzen, den
Humanismus ohne weiteres als treibende Ursache anzunehmen, sobald man humanistische Bildungsinteressen und na-
turwissenschaftliche Leistungen im Lebenskreise einer und
derselben Persönlichkeit antrifft» (*Die geschichliche Bedeutung des deutschen Humanismus:* «Hist. Zeitsch.» 127
[1923] 392-453 p.419). Con todo, ni en Ritter está clara
la distinción. Acierta cuando dice que el Humanismo alemán influyó muy poco en la filosofía, en el derecho, en las
ciencias (416-18). Aquí es el lugar de decir que «el descubrimiento del mundo» y «el descubrimiento del hombre»
(Michelet, Burckhardt, etc.) no se deben al Humanismo, sino
al Renacimiento. Y lo mismo hay que decir de «el descubrimiento de la conciencia nacional».
[3]   BERND MOELLER, *Die deutschen Humanisten und die
Anfänge der Reformation:* «Zeitsch. f. KG» 70 (1959) 46-61,
se atreve a sostener esta, a nuestro juicio, insostenible afirmación: «Ohne Humanismus keine Reformation» (p.59).

Humanismo, amasado de romanidad y de optimismo antropológico, de una religiosidad serena, sin angustias interiores, pudiera haber sido causa o factor determinante, aunque sólo sea parcial, de la trágica espiritualidad y de las doctrinas pesimísticas de Lutero. Solamente el paulinismo o evangelismo, que hemos estudiado en el capítulo tercero, y que se adhirió íntimamente al corazón de algunos humanistas en torno al 1500, pudo crear un ambiente espiritual parecido al de Lutero; pero las raíces de aquel evangelismo no estaban en las letras clásicas ni en la sabiduría antigua. Los Hermanos de la vida común, tan frecuentemente pintados como pedagogos y fautores del Humanismo, eran en sus métodos y en sus sentimientos perfectamente medievales y antihumanísticos, como lo atestigua Erasmo, que bien los conocía.

Los que se empeñan en presentar a los humanistas como los precursores y luego aliados de los protestantes, no echan en olvido el nombre de Erasmo, ni aquellos dichos ingeniosos con que sus enemigos trataron de desacreditarlo, v.gr.: *Erasmus posuit ova, Lutherus exclusit pullos,* o bien: *Ubi Erasmus innuit, Lutherus irruit,* dichos que llegaron a ser populares, y que el mismo Erasmo tuvo que salir a refutar[4].

---

[4] P. S. Allen, *Opus epistolarum D. Erasmi* V 609. Pero en otra ocasión declaró que en muchas cosas se adelantó a Lutero, aunque sin rebelarse contra la Iglesia: «Quis plura scripsit adversus fiduciam ceremoniarum, adversus superstitionem ciborum, cultus et votorum, adversus eos qui plus tribuunt hominum commentis quam litteris divinis, qui plus collocant in divis quam in ipso Christo; adversus theologiam scholasticam philosophicis et sophisticis argutiis corruptam, adversus temeritatem quidvis definiendi, adversus praepostera vulgi iudicia?» (Carta a J. Botzheim, 30 enero 1523; Allen, I 29). Esto significa que el programa

Este príncipe de los humanistas no vaciló en
aseverar que el Humanismo nada tiene que ver
con la herejía luterana y que una de las causas
de la tragedia protestante fue el no haberse culti-
vado bastante en Alemania las letras humanas [5].
Y el año anterior decía: «Dondequiera que reina
el luteranismo, sobreviene la muerte de las letras» [6].

erasmiano de reforma tenía algo de común con el de Lutero,
mas no coinciden en lo sustancial: «Iactitant Lutherum hausisse pleraque ex libris meis. Quid hoc mendacio impuden-
tius?... Ubi significo quicquid agimus esse peccatum?»
(Carta a L. Marliano, 25 marzo 1521; ALLEN, I 459-60).
Y Lutero le daba la razón: «Ex Erasmo nihil habeo»
(WA *Tischr.* 173, I 80).
   [5] Véanse sus palabras: «Fuit et hic quidam eiusdem
farinae theologus..., vociferans linguarum ac po-
litioris litteraturae cum illius *(Lutheri)* negotio commis-
cuit, dictitans ex his fontibus haereses nasci: quasi elo-
quentia fuisset olim haereticorum magis quam orthodoxo-
rum, vel nuper qui fuerunt haereseos auctores, iidem non
fuerint infantes et elingues» (Carta a P. Mosellanus, 22 abril
1519; ALLEN, III 543). A la objeción que Melanchton es
humanista responde: «At Philippus Melanchton, inquiunt,
et alii nonnulli graece hebraiceque periti faverunt impro-
batae factioni. Ista non studiorum est culpa, sed hominum;
sed longe plus favent Luthero qui neque graece sciunt
neque latine. Multo plures his litteris instructi pugnant cum
Luthero» (ALLEN, VII 24). «Quod si civiliter amplexi fuis-
sent *(Germani)* linguas ac politiores litteras, et ipsorum
studia rectius haberent, nec his tragediis fuisset concussus
orbis» (Carta a L. Ber, 30 marzo 1529; ALLEN, VIII 122).
El concurso de Erasmo al triunfo de la causa luterana, innegable hacia 1520, ha sido exagerado por P. KALKOFF, *Erasmus, Luther und Friedrich der Weise* (Leipzig 1919). Breves
indicaciones en su art. *Die Stellung der deutschen Humanisten zur Reformation:* «Zeitsch. f. KG» 46 (1927) 161-231.
   [6] Carta a Pirckheimer, 20 marzo 1528: «Ubicumque regnat Lutheranismus, illic litterarum est interitus» (ALLEN,
Opus epistolarum D. Erasmi VII 366). Pocos días antes,
a N. Varius: «Evangelicos istos cum aliis multis, tum illo
nomine praecipue odi, quod per eos ubique languent, frigent,
iacent, intereunt bonae litterae... Amant viaticum et uxo-
rem. Caetera pili non faciunt» (ALLEN, VII 360). Y el
11 de noviembre de 1527, a Bucer: «Certe ubique regnat

Erasmo no veía en el estilo de Lutero rastros de cultura clásica [7]. «A la cultura clásica—repetirá modernamente Imbart de la Tour—Lutero no le debe casi nada... No tenía el sentido ni el gusto de una cultura racional» [8]. Y un reciente historiador del protestantismo afirma que Lutero está en el polo opuesto al Humanismo, e impermeable a su influencia [9]. Para persuadirse de ello basta confrontar la antropología luterana con la humanística.

No vale argüir con que el Humanismo alemán es diferente del italiano. El Humanismo es único, según lo hemos definido arriba, aunque es natural que presente matices diversos en las diversas naciones y en los diversos individuos. Se podrá decir

hoc hominum genus... iacent frigentque studia omnia» (ALLEN, VII 231).

[7] «Quasi Lutherus hisce praesidiis instructus esset» (ALLEN, III 544). Al negar a Lutero la elocuencia ciceroniana y la elegancia clásica, no le hacía injuria, ya que el mismo reformador, dotado por otra parte de geniales cualidades literarias, se reconocía *barbarus,* o, como decía Erasmo, *infans et elinguis,* en comparación con los humanistas: «Ego barbarus in barbarie semper versatus» *(De servo arbitrio,* en WA 18,600). Y en otra parte dice de sí mismo: «Rusticus ille... Martinus barbarus» (WA *Briefw.* I 40). Dominaba plenamente la lengua latina, mas no sus elegancias clásicas.

[8] «A la culture classique, Luther ne doit presque rien... On peut affirmer que si l'éducation classique ne réussit à lui donner ni le sens, ni le goût d'une culture rationnelle, ses contacts avec les humanistes l'attachèrent plus étroitement encore aux traditions de son pays» *(Pour quoi Luther n'a-t-il créé qu'un christianisme allemand?:* «Rev. de Metaph. et de Morale» 25 [1918] 577).

[9] Emil L. Léonard escribe: «Il est juste à l'opposé de l'humanisme... De tout l'idéal de beauté de l'Antiquité et de la Renaissance, seul l'art le touche, et sous forme de la musique... Là aussi, il était fort loin des humanistes, et ces dissemblances achevaient de le rendre imperméable à leur influence» *(Histoire du Protestantisme* I: *La Réforme* [París 1961] 42).

que en Italia el Humanismo parece más aristocrático y en Alemania más popular; allí más literario y esteticista, aquí más religioso y reformador; allí más cosmopolita, aquí más nacional; allí
se inspira más en la literatura clásica, aquí se em-
bebe más de la savia de un cristianismo espiritualista. Mas no se crea que todos los humanistas alemanes pisan el mismo sendero o siguen
el mismo rumbo. Ludwig Geiger, en un libro que
durante bastantes decenios fue clásico, distinguía
con bastante arbitrariedad y convencionalismo tres
generaciones de humanistas alemanes: la primera,
teológica; la segunda, científica, y la tercera, polémica o de los poetas [10].

Según esta división, a la que ni el mismo Geiger
se ajusta con rigor, a la primera generación, que
todavía conserva algo de la tradición medieval,
pertenecerían Rodolfo Agricola (1443-85), Alejandro Hegius (1422-98), Luis Dringenberg
(† 1477), Rodolfo de Langen (1438-1519), Juan
Murmelius (1480-1517). En la segunda, que al
conocimiento del latín clásico añade el estudio de
la lengua griega, de la filología, de la historia, y
aun de las ciencias naturales, se pueden clasificar
Jacobo Wimpfeling (1450-1528), Sebastián Brant
(1457-1521), Wilibaldo Pirckheimer (1470-1530),

[10] *Renaissance und Humanismus in Italien und Deutschland* (Berlín 1882). En cambio, L. W. SPITZ, *The Reli-
gious Renaissance of the German Humanists* (Cambridge-
Massachussetts 1963), prefiere la caracterización de las figuras cumbres en sendos capítulos: I. Introduction. II. Agricola, Father of Humanism. III. Wimpfeling, Sacerdotal
Humanism. IV. Reuchlin, Pythagoras Reborn. V. Celtis,
The Arch-Humanist. VI. Hutten, Militant Critic. VII. Mu-
tian, Intellectual Canon. VIII. Pirckheimer, Speculative
Patrician. IX. Erasmus, Philosopher of Christ. X. Luther,
The Reformer.

Conrado Celtis (1459-1508), Enrique Bebel (1475-1518), Juan Reuchlin (1455-1522) y el propio Erasmo, que, aunque nacido en Rotterdam, se sentía unido a Alemania por la sangre y por ser súbdito del emperador [11]. La tercera generación, la más frívola, licenciosa y pendenciera, está constituida por el *Ordo Mutiani,* o sea, por el círculo de poetas y humanistas de la Universidad de Erfurt, que miraban como a padre, maestro y pontífice máximo, a Conrado Muth (Mutianus Rufus, 1471-1526), profesor en Erfurt antes de su viaje a Italia (1494-1503) y luego canónigo de Gotha. Este espíritu aristocrático y crítico, religiosamente propenso al sincretismo y filosóficamente al neoplatonismo, se convirtió en guía de la juventud erfurdiense y la animó en el combate contra los «teologastros» [12].

Seguían su magisterio, ejercido principalmente por cartas, Eobanus Hessus (Koch, 1488-1540), «Rex poetarum et poeta regum», al decir de Lutero, Johann Crotus Rubeanus (Jaeger, 1480-1545),

[11] El 21 de septiembre, agradeciendo el saludo que le enviara la *Sodalitas litteraria* de Estrasburgo, responde a Wimpfeling con palabras de gratitud y con sentimientos de admiración hacia los muchos humanistas que florecen en «mi Alemania»: «Audio passim apud Germanos esse viros insigniter eruditos, quo mihi magis ac magis arridet et adlubescit mea Germania» (ALLEN, *Epistolarum* II 23).

[12] Más que a los dogmas y a los preceptos positivos, daba importancia a la actitud moral del hombre, sea éste cristiano, judío o sarraceno. Criticaba la confesión auricular y decía que la verdadera Eucaristía está en el amor a Dios y a los hombres; mas no hay que escandalizar a la multitud ignorante con opiniones atrevidas. Como expresión de sus creencias, suele citarse este párrafo, escrito en 1505: «Faveant tibi rustica numina: Flora, Nais, Oreas, Napaea, Dryas, Pan Fauni, Satyrisci, Sileni, Pales, et duo magni parentes Iuppiter pater et Tellus mater, Ceres et Venus et Priapus, Rubigo, Lympha et Bonus Eventus! Hic

Peter Eberbach († 1531), Jorge Spalatinus (Burckhardt, 1484-1545), Justus Jonas (Jodocus Koch,
1493-1555), Johannes Lang (1487-1548). Podríamos añadir otros que, sin residir en Erfurt, simpa-
tizaron con aquéllos en la controversia reuchliniana y en la oposición a la teología escolástica,
por ejemplo, Jacobo Locher (Philomusus 1471-
1528), profesor de poesía en Freiburg y en Ingolstadt; Enrique Bebel (1475-1518), profesor en
Tubinga y coronado de poeta por el emperador
en 1501; Hermann von dem Busche (1468-1539),
que enseñó artes en Colonia, y después de mos-
trarse vacilante en la contienda reuchliniana se
agregó a los jóvenes poetas en 1514; y por encima de todos el caballero vagabundo Ulrico de
Hutten (1488-1523).

«Yo opino—escribe Bernd Moeller—que en
aquel momento histórico (hacia 1510) es lícito
distinguir, sin caer en tipificaciones, dos tendencias dentro del movimiento humanístico. Están de
una parte los que propiamente se interesan de la li-

Deus ultimus summa pietate colendus est... Est unus Deus
et una Dea, sed sunt multa uti numina, ita et nomina,
e. gr. Iuppiter, Sol, Apollo, Moses, Christus, Luna, Ceres,
Proserpina, Tellus, Maria. Sed haec cave enunties. Sunt enim
occultanda silentio, tamquam Eleusinarum dearum myste-
ria... Quum Jovem nomino, Cristum intelligo et Deum
verum» (C. KRAUSE, Der Briefwechsel des Mutianus Rufus
[Kassel 1885] 28). No hay que dar demasiada importancia
a estas «literarias coqueterías con el paganismo» (la frase
es de W. Andreas, hablando de Celtis, p.494), dichas en
secreto a un amigo que sabía entenderlas. Mutianus no se
rebeló nunca contra la autoridad de la Iglesia romana;
conocía bien los Santos Padres y la Biblia, aunque la creía
llena de alegorías, y en la última etapa de su vida cambió
su cinismo epicúreo por un paulinismo ético, paralelo a la
philosophia Christi de Erasmo (según Spitz, 149). Vivió
como pagano, pero se arrepintió al fin y murió como buen
cristiano.

teratura y de la ciencia: Erasmo, Pirckheimer y el mismo Mutianus Rufus, cuya vocación y objeto de su vida es la herencia humanística o la resucitación de la antigüedad, especialmente de las lenguas clásicas, y cuyo ideal se formula en el lema de Mutianus «*beata tranquillitas*»; que no es solamente la tranquilidad exterior, apta para consagrarse en paz contemplativa a las *bonae litterae,* sino también un fin religioso y moral... Junto a este primer grupo de humanistas... aparece claramente desde 1500 una nueva tendencia humanística, que quiere hacer fructificar los estudios clásicos en mayor medida, esforzándose por aplicar los conocimientos de la antigüedad a los fenómenos y circunstancias de la vida cotidiana... Se nota entre los humanistas hacia 1510 una firme voluntad de dominio del mundo, como no se conocía igual en el siglo xv, aunque es indudable que esa voluntad recibe fuertes impulsos del auge de la burguesía, íntimamente unida con los orígenes del Humanismo» [13].

Moeller parece aludir a los juristas de formación humanística, que enseñan en las Universidades, entran como consejeros en las cortes de los príncipes e intervienen en la política, del tipo de Ulrico Zasius (1461-1535), Conrado Peutinger (1465-1547), Cristóbal Scheurl (1481-1542). Pero olvida o desprecia a los poetas capitaneados por Hutten, a los que él llama «gran enjambre de exaltados literatos», que bien merecen ser clasificados en un tercer grupo, porque, si bien carecen de estudios profundos, manejan el verso la-

---

[13] Moeller, *Die deutschen Humanisten und die Anfänge der Ref.* 47-48.

tino con tanta soltura y elegancia como ingenio
y agudeza epigramática.

Los «poeticuli»

A ellos se refería el Nuncio Aleandro cuando
escribía en 14 de enero de 1521: «Esa fastidio-
sísima ralea de gramatiquillos y poetillas, de los
que está llenísima Alemania, sólo cuando se apar-
tan del camino común de la Iglesia creen ser tenidos por doctos» [14].

Estos «poetillas de la Tudesquería» [15] aplaudie-
ron a Martín Lutero cuando levantó bandera contra Roma, mas no porque todos sintiesen internamente con el fraile de Wittemberg, sino porque
éste vociferaba contra los malos teólogos, contra
los votos monásticos y contra la tiranía de la curia romana. Religiosamente Lutero vivía en un
mundo muy superior a ellos. Su trágica religiosidad, cerrada al Humanismo, nada tenía de común con la frivolidad y ligereza de aquellos poe-

---

[14] «Morosissimum grammatistarum et poeticulorum genus, quorum Germania plenissima est; hi tunc demum
putant se haberi doctos, et praesertim graece, quando pro-
fitentur se dissentire a communi Ecclesiae via» (P. BALAN,
Monumenta Reformationis 31). Casi lo mismo dice de los
«leguleyos y canonistas».

[15] «Hutteno cum tutta la caterva de poeticuli de Tudes-
cheria», son palabras de Aleandro, 23 de marzo de 1521
(BALAN, 134). Hubiera querido Aleandro que los humanistas italianos, «che sono costi a Roma, che stanno in far-
quattro versetti al mese et calumniar l'uno l'altro sopra
una paroletta, che deverebbeno esser unanimi et horamai
ancor loro scriber daccordo in defension della fede..., fa-
rebbeno cose excellenti et sarerebbeno la bocca a più di
sette di costoro, li quali solum cum la poesia et arte oratoria... hanno preso tal credito come havessero posto la
vera Theologia sotto piedi» (BALAN, *Monumenta* 156).

tas, de quienes el mismo Lutero decía: «Tenemos en Alemania un perfecto gremio de epicúreos» [16].

¿Por qué muchos de aquellos humanistas saludaron jubilosamente al reformador, cuando le vieron bajar a la palestra en 1519 para medir sus armas con el teólogo Juan Eck, y no se arredraron ni siquiera cuando poco después cayó el anatema sobre fray Martín y sus secuaces? [17]

Creían, como queda dicho, que el reformador venía a reformar, a corregir los inveterados abusos eclesiásticos, pero sobre todo creyeron ver en él al debelador de la odiada escolástica, contra la cual ellos acababan de obtener una victoria resonante por medio de las *Epistolae obscurorum virorum*. Más de una vez se ha dicho que la controversia de Reuchlin con Pfefferkorn, con la consiguiente invectiva satírica de los poetas contra los teólogos y frailes, fue como el preludio o primer acto de la tragedia luterana. Eso es darle demasiada importancia. Con todo, no se puede negar que contribuyó a desacreditar a los escolásticos, preparando así el ambiente para que los literatos mirasen con complacencia los ataques, mucho más radicales, que les dirigirá Lutero. Por eso, al estudiar los precedentes del luteranismo,

---

[16] «Nos etiam in Germania habemus perfectum sodalitium Epicureorum» (WA *Tischr.* 3795, III 620).
[17] Muchos de ellos, al retroceder con Erasmo a las posiciones católicas, podrían repetir lo que decía de sí Jorge Witzel (1501-73), discípulo un tiempo de Lutero y de Melanchton en Wittemberg: «Attraxit me primum in partem vestram plausus ille orbis maximus; pellexit praeproperus eruditorum consensus; incitavit novitas, ut plerique natura huius cupidine ducimur; perpulit Ecclesiae foeda facies; potissimum invitavit spes magna, omnia fore purius christiana» (*Wicelii Epistolarum libri quattuor* [Leipzig 1537], cit. en DÖLLINGER, *Die Reformation* I 18).

no puede preterirse o pasarse en silencio aquella
controversia.

2. EL SABIO REUCHLIN

Pero antes es preciso conocer la figura de Reuchlin (o *Capnion,* según él quiso helenizar su
apellido). Juan Reuchlin (1455-1522), nacido en
Pforzheim, puerta de la Selva Negra, estudió en
Freiburg las letras humanas (1470) y luego en
París, donde fue discípulo de Juan Heynlin de
Lápide, de Guillermo Tardif y de Roberto Ga-
guin. Siguiendo a su maestro Heynlin, pasó en
1474 a Basilea, donde se graduó de maestro en
artes (1477) y aprendió la lengua griega con An-
drónicos Contoblancas. Tras unos meses en París, siguiendo las lecciones de Jorge Hermónimo
de Esparta, se dirigió en 1478 a Orleáns y al
año siguiente a Poitiers para estudiar jurispru-
dencia, al mismo tiempo que enseñaba griego y
latín. Licenciado en Derecho en 1481, se incorpo-
ró aquel mismo año a la Universidad de Tubinga;
pero, habiendo entrado al servicio del conde Everardo de Würtemberg, salió en 1482 para Italia,
haciendo de intérprete y consejero del conde. Los
humanistas de Florencia y de Roma dejaron hue-
lla en su formación científica. En representación
del conde Everardo volvió a Alemania en 1484 y
por entonces empieza su afición al hebreo. Re-
gresa a Roma en 1490, perfecciona su conocimiento del griego en Florencia con el atenien-
se Demetrio Chalcondylas, primer editor de la
Ilíada, y se deja seducir por la ciencia cabalísti-
ca de Pico de la Mirándola. Nuevo retorno a Alemania, donde el emperador le dispensa singula-

res honores en 1492. El médico imperial Jacob
ben Jehiel Loans lo hace progresar notablemente
en el conocimiento de la lengua hebraica, con lo
que llegó a ser el primer hebraísta de su tiempo.
En su libro *De verbo mirifico* (1494) trató de
escrutar, según las doctrinas de la cábala, los
misterios encerrados en el *tetragrámmaton* del
nombre hebreo de Jehová (JHVH), pensando con
ello aportar nuevos argumentos en favor del cristianismo. Según Reuchlin y los cabalistas, Dios enseñó a Moisés el arte de ordenar las letras de la
Sagrada Escritura dotándolas de virtud mágica y
de recónditos sentidos: esa ciencia oculta pasó de
Moisés a Josué, de éste a los setenta intérpretes
de la traducción griega, y de éstos a las comunidades de los Esotéricos. Años adelante publicará
otra obra, *De arte cabalistica,* dedicada a León X.

Muerto el conde su protector en 1496, Reuchlin
buscó en Heidelberg el apoyo del príncipe del
Palatinado, Federico, por asuntos del cual hubo
de hacer un tercer viaje a Roma en 1498, lo cual
le sirvió para profundizar más en el hebreo, siguiendo lecciones del judío Obadja Sforno. De
regreso a su patria, desempeñó algunos cargos
públicos (1502-13), se retiró luego a Stuttgart,
recomendó a su sobrino Felipe Melanchton para
la cátedra de griego en la Universidad de Wittemberg, y él siguió enseñando griego y hebreo en
Ingolstadt, y finalmente en Tubinga [18].

Como helenista, no tenía rival en Alemania;

[18] La vida de Reuchlin, bien documentada, en L. GEIGER,
Johann Reuchlin. Sein Leben und seine Werke (Leipzig
1871). También las cartas de Reuchlin fueron publicadas
por el mismo GEIGER, *Joh. Reuchlins Briefwechsel* (Tubinga 1875). Véase asimismo A. HORAWITZ, *Zur Biographie
und Correspondenz Johannes Reuchlin* (Viena 1877).

contra la pronunciación *erasmiana* del griego, él
defendió la bizantina, que suele llamarse *reuchli-*
niana. Y como hebraísta, él escribió la primera
gramática y el primer *léxicon* (*De rudimentis he-*
braicis (Pforzheim 1506), en donde aprendie-
ron la lengua bíblica cuantos vinieron detrás. Pero
no se contentó con la filología, sino que quiso
remontarse a la filosofía y adentrarse en la teología, perdiéndose en el laberinto misterioso de
la cábala.

Los libros talmúdicos

Reuchlin no era amigo de los *perfidi iudaei;*
de su lengua sí, y también estimaba útiles los libros del Talmud (*Mischna, Gemara* y otras colecciones de preceptos y de tradiciones rabínicas).
Y sucedió que un judío converso, Juan Pfefferkorn, bautizado en Colonia el año 1505, a los
treinta y seis de su edad, publicó un libro *Der*
Judenspiegel (1570), defendiendo a los de su raza
de las falsas acusaciones y de las injustas per-
secuciones que sufrían, al par que los exhortaba
a que abrazasen el cristianismo, evitasen la usura
y entregasen a las autoridades los libros talmúdicos.
Esto último disgustó a los judíos, los cuales se en-
zarzaron con Pfefferkorn en ruda polémica. Intervi-
no el emperador decretando en agosto de 1509 que
«todos los libros inútiles del Talmud, con sus apén-
dices, escritos en oprobio y deshonor de la fe cristiana, sean entregados a nuestro servidor y fiel súbdito del Imperio, Juan Pfefferkorn, buen cono-
cedor y experimentado de la ley judaica».

Antes de que se aplicase el decreto, el arzobispo Uriel de Maguncia, autorizado por Maximi-

liano, pidió consejo a las Universidades de Maguncia, Colonia, Erfurt y Heidelberg, así como al inquisidor Jacobo Hoogstraeten, O. P., y al sabio Reuchlin. Este respondió que solamente debían destruirse aquellos libros que abiertamente fueran injuriosos; los demás no, por ser útiles para el estudio de la lengua hebraica, y que los del Talmud eran buenos para defender la fe cristiana. No porque contengan cosas raras, decía, se los ha de arrojar al fuego. Las Universidades de Maguncia y de Colonia, lo mismo que el inquisidor, opinaron que todos los talmúdicos, sin excepción, debían destruirse. La Universidad de Heidelberg no decidió nada. La de Erfurt, que el emperador quitase a los judíos los libros injuriosos para la religión cristiana [19].

El emperador entregó los dictámenes al examen de tres teólogos, uno de los cuales era el cartujo de saber enciclopédico Gregorio Reisch, autor de *Margarita philosophica* (1503); éstos se inclinaron al partido de la intransigencia: a los judíos se les debían quitar todos los libros hebraicos, excepto la Biblia, para echarlos a las llamas. Maximiliano tardó en tomar una decisión, y como entre tanto estalló la gran contienda entre Reuchlin y Pfefferkorn, de los libros talmúdicos no volvió a decirse una palabra.

Reuchlin y Pfefferkorn

El dictamen reuchliniano llegó a noticia de Pfefferkorn, el cual se sintió personalmente aludido en algunas frases despectivas, y movido de la ira

[19] Un análisis del dictamen de Reuchlin y de los otros, en GEIGER, *Johann Reuchlin* 227-40.

escribió un *Espejo manual* contra los judíos y contra sus libros, en el que no escatimaba los insultos a Reuchlin [20]. Este respondió en el mismo tono, y acaso más áspero, en su *Espejo ocular* [21]. Ambos escritos tienen más de panfleto que de programa doctrinal, pero a su alrededor vinieron a formarse dos bandos, ya de antiguo enemistados: el de los teólogos escolásticos y el de los humanistas; aquéllos hicieron causa común con Pfefferkorn, éstos se agruparon en torno de Reuchlin.

Hubo quien descubrió graves errores en el *Espejo ocular,* por lo cual fue denunciado a la Universidad de Colonia, que era la de mayor fama y autoridad teológica en Alemania. Predominaban en ella los dominicos y descollaban entonces los teólogos Jacobo Hoogstraeten, O. P., y Conrado Koellin, O. P. [22]

La censura del libro reuchliniano fue encomendada a Koellin y al canónigo Arnoldo de Tongern, bien acreditado en la Facultad teológica por su gran saber y por su celo de la pureza de la fe, y que por otra parte estaba bien relacionado con los humanistas [23].

Temiendo Reuchlin que declarasen heréticas algunas de sus proposiciones, o que le obligasen a una pública y humillante palinodia, escribe car-

---

[20] *Handspiegel wider und gegen die Juden und judischen thalmudischen Schriften* (Maguncia 1511).

[21] *Augenspiegel* (Pforzheim 1511).

[22] Sobre uno y otro, N. PAULUS, *Die deutschen Dominikaner im Kampfe gegen Luther* (Freiburg 1903). H. CREMANS, *De Jacobi Hochstrati vita et scriptis* (Bonn 1869). N. PAULUS, *Conrad Koellin. Ein Theologe des 16. Jahrhunderts:* «Zeitsch. f. kath. Th.» 20 (1896) 47-72.

[23] Sobre Tongern, véase J. HARTZHEIM, *Bibliotheca Coloniensis* (Colonia 1747).

tas rebosantes de cristianos sentimientos y también de adulación a ambos teólogos [24].

Pero la Facultad teológica de Colonia le notifica el 2 de enero de 1512 que su libro en favor de los judíos, blasfemos y denigradores de la religión cristiana, es verdaderamente escandaloso y su autor sospechoso de herejía. El mismo Conrado Koellin no le responde demasiado amistosamente, y le exhorta a que se someta humildemente a la decisión de la Universidad [25].

Por lo pronto, la Facultad teológica coloniense le ordena que en las próximas ferias de Frankfurt retire de la venta todos los ejemplares del *Espejo ocular* [26]. Reuchlin, dejando a un lado su antigua timidez, contesta negativamente y en términos amenazadores, diciendo que tiene de su parte a personajes de importancia, tanto en la nobleza como en la burguesía, y a muchos poetas e his-

[24] En carta a Tongern se alegra de tener tal censor y le dice el 16 de octubre de 1511: «est autem mihi nihilominus pura conscientia, quod voluntas mea non avertatur a Christo, qui est Caput Ecclesiae. Quidquid igitur sancta Ecclesia, quae est columna et firmamentum veritatis credit, et qualitercumque credit, idem ego et taliter credo» (GEIGER, *Johannes Reuchlins Briefwechsel* 139). A Koellin le suplica (28 oct.) interceda por él ante los colonienses (*Briefwechsel* 140-44).
[25] «Non mirum—le dice—si iurista theologicas non attigerit subtilitates» (*Briefwechsel* 150). Reuchlin era terciario de la Orden de San Agustín y muy devoto de los dominicos, «quia semper Ordinis Praedicatorum propugnator fuerit», le dice a Koellin. Por eso no todos los dominicos le fueron adversos. Uno del convento de Stammheim, Udalricus Confessor, le manifestaba el 26 de octubre de 1511 lo que contra él se tramaba en Colonia: «Sunt diversae sententiae, ut audivi: quidam, quia libellus comburetur; quidam, quia auctor inquiretur; alii aliter» (en C. E. DU BOULAY, *Historia Universitatis Parisiensis* vol.6 [París 1673] 48).
[26] Carta del 29 de febrero de 1512. *Briefwechsel* 162-64.

toriadores. Y cobrando nuevos ánimos redacta, con
el título de *Clara inteligencia* (Ain clare Vers-
tentnis, 1512), un libelo contra los colonienses
y contra el «mentiroso» Pfefferkorn. Este repli-
ca inmediatamente con un *Espejo ustorio* (Brand-
spiegel), de encendida y violenta pasión [27].

El sabio hebraísta, ya sin miramiento alguno,
e indignado porque el emperador ha mandado recoger todos los ejemplares del *Espejo ocular*, lanza a la publicidad «uno de los más furiosos panfletos de su época» (J. Janssen), lleno de virulentas injurias, insultos y calumnias contra los
«teologistas» de la «vieja y chocheante Universidad de Colonia» y contra Arnoldo de Tongern,
cuyo nombre querría grabar en mármol en esta
forma: *Tungarus Arnoldus Calumniator Falsarius
per omnia saecula saeculorum* [28].

Poetas contra teólogos

Entonces es cuando toda Alemania se divide en
dos bandos: el de los reuchlinianos y el de los
colonienses, que muy pronto se dirán de los poe-

[27] Por el mismo tiempo, Arnoldo de Tongern publica, con
dedicatoria al emperador, una serie de *Articuli sive propo-
sitiones de iudaico favore nimis suspectae, ex libello theu-
tonico Joannis Reuchlin* (Colonia 1512). El opúsculo es
de tono serio y tranquilo, pero lleva adjunta una poesía
de Ortuinus Gratius, en que se pide la muerte de Reuchlin y la destrucción de los libros judaicos:

«Ah, pereat tantae cladis nequissimus auctor,
scriptaque gens narrat quae recutita suis», etc.

[28] El panfleto se titula *Defensio Reuchlini contra calum-
niatores suos Colonienses* (Tubinga 1513), y va dirigido
al mismo emperador. Por aquellos días (31 de agosto) escribe a J. Lefèvre d'Etaples: «Colonia, ubi est quaedam
hominum species inhumanissimorum; Theologi vocantur. Ne-

tas y de los teologastros. Mientras los de mentalidad escolástica se ponen de parte del inquisidor,
casi todos los de formación humanística se agru-
pan clamorosamente alrededor de Reuchlin. Crotus Rubeanus le escribe: «Tienes en tu favor a
todo el gremio de Muciano» *(totum Mutiani Or-
dinem),* es decir, a todos los humanistas de Erfurt,
a los cuales se agregan Hermann von dem Busche
y el joven Enrique Loriti Glareanus en Colonia, Bernardo Adelmann en Augsburgo, Wilibaldo
Pirckheimer en Nuremberg, Joaquín Vadianus y
N. Gerbel en Viena. Y un joven profesor de teología de Wittemberg, que se llama fray Martín Lutero y que todavía es conocido de muy pocos, reconoce que Reuchlin es un hombre inocente y
doctísimo en cuyos escritos no hay el menor peligro de herejía [29]. «Tú vencerás—le anuncia Eobanus Hessus—; el Senado de los humanistas te
ha decretado los honores del triunfo» [30]. Poco más
tarde le llega desde Bolonia la voz más apasionada
y revolucionaria. Es de Ulrico de Hutten. «Estoy
fraguando—le dice—un incendio, que estallará a
su tiempo; y recluto soldados que por su edad

---

minem doctum extra se putant, et Ecclesiae sibi videntur
columnae esse» (A. L. HERMINJARD, *Correspondance des
Réformateurs dans les pays de langue française* [Ginebra
1866] I 11-12).
[29] En abril de 1514, Lutero escribe a Spalatino: «Petiit
a me frater meus Johannes Langus, nomine tuo, quid sen-
tiam ego de causa innocentis et doctissimi Joannis Reuchlin contra suos aemulos Colonienses, sitne in periculo fidei
vel haeresis... Hominem in magno habeo pretio et affectu...
Dico quod sentio: mihi prorsus nihil apparere in omni eius
scripto consilio, quod periculosum sit» (WA *Briefw.* I 23).
[30] «Tu vinces; latinae civitatis senatus iam tibi triumphum
decrevit» (carta del 6 de enero de 1515, en E. BOECKING,
Ulrici Hutteni Opera I 453-55).

y formación sean aptos para este género de batallas» [31].

Por la parte contraria militaban los escolásticos y los frailes en general, sobre todo los dominicos, que tenían su más fuerte alcázar en la Universidad de Colonia. Se solicitó el parecer de otras
Universidades. Las de Lovaina y Maguncia se de-
clararon en favor de los colonienses; la de Erfurt,
influida por Mutianus, respondió que si Reuchlin
había errado, su error merecía excusa, aunque no
fuese más que por la ciencia extraordinaria y la
conducta intachable de aquel hombre eminente.
Hoogstraeten aguardaba con ansia la respuesta de
París, cuyos dictámenes teológicos eran escuchados
con respeto y veneración por toda la cristiandad.

El 1 de mayo de 1514 la Facultad teológica
parisiense designó una comisión que examinase las
proposiciones denunciadas del *Espejo ocular*. Formaban parte de ella algunos de los más empeder-
nidos escolásticos, como Juan Mayr, Tateret, Tomás Bricot, Roberto Céneau, aunque no faltaba
alguno de tendencias humanísticas [32].

---

[31] «Iam pridem incendium conflo, quod tempestive spero efflagrabit... Eos mihi adiungo socios, quorum et aetas
et conditio pugnae generi par est» (E. BOECKING, *Ulrici
Hutteni Opera* I 129; carta del 13 de enero de 1517).

[32] En las *Acta Fac. theol.* (1 de mayo de 1514) leemos:
«Ipsa Facultas ingentes habuit gratias Facultati theologorum Universitatis Coloniensis et nuntio illius..., promisit-
que... diligenter dare operam ad impugnandum libellum pre-
dicti Reuchlin... et ad hoc daret suos deputatos venerabiles et doctissimos Magistros Nostros Johannem Roully,
Tomam Bricot, G. Boussard, magistros Petrum de Valle,
Johannem (Petrum?) Tartareti, Philippum Grivelli, P. de
Fontenayo, magistros G. Capel, Johannem de Quercu, Johannem Godet, Robertum Goullet, Egidium Delft, Majo-
ris (J. Mayr), fratrem Johannem Huet, R. Senalis (Céneau)
et alios venerabiles, si opus sit, cum magistro Michaele

De nada sirvieron las cartas del duque Ulrico de Würtemberg y del propio Reuchlin rogando no seguir un proceso donde, más que cuestiones dogmáticas, se ventilaban querellas personales. El 19 de mayo se leyeron las proposiciones de Reuchlin y las decisiones tomadas por la Universidad contra el Talmud en los últimos dos siglos. Al día siguiente Tomás Bricot comunicó las frases malsonantes que había hallado. En la sesión plenaria del 2 de agosto se declaró que el *Espejo ocular* estaba lleno de aserciones falsas, temerarias, escandalosas y sospechosas de herejía [33].

Proceso en Roma

Ya para entonces, y desde mucho antes (9 de septiembre 1513), Reuchlin había sido citado a comparecer en Maguncia ante el inquisidor Hoogstraeten. Negóse a ello y apeló a Roma, al mismo tiempo que escribía una carta al judío Bonet de Lates, médico de cámara de León X. El Romano Pontífice puso el negocio en manos del obispo Jorge de Spira, quien encargó la decisión al ca-

Mauterne decano eiusdem Facultatis» (B. N. P. ms. n.a.l. 1782 fol.35v-36r). Cf. J. A. CLERVAL, *Registre des procès-verbaux de la Faculté de théol. de Paris* (París 1917), I 152. De todos ellos, los únicos simpatizantes con Reuchlin eran Guillermo Boussard, Pedro Duval y Gilles de Delft. Otros favorecedores de Reuchlin en París, según Lefèvre d'Etaples, eran Guillermo Chastel, humanista del Colegio de Navarra; Marcial Mazurier, doctor sorbónico, y Guillermo Petit, confesor del rey (HERMINJARD, *Correspondance des Réformateurs* I 15-16).

[33] B. N. P., ms. n.a.l. 1826 fol.165r-166r: «Condemnatio libri qui *Speculum oculare* intitulatur». Cf. J. A. CLERVAL, *Registre des procès-verbaux* I 157-58. C. DUPLESSIS-D'ARGENTRÉ, *Collectio iudiciorum* I 2 p.349-52. Toda la historia, bien documentada, en C. E. DU BOULAY, *Historia Universitatis Parisiensis* VI 48-69.

nónigo Tomás Truchsess, antiguo discípulo de Reuchlin. Truchsess decidió el sobreseimiento del proceso, porque el *Espejo ocular* no contenía frases escandalosas y podía ser leído por todos [34].

Protestan los dominicos de Colonia y entonces el papa encomienda la causa al cardenal Grimani, en Roma. Allá se presentó Hoogstraeten; Reuchlin, a causa de su ancianidad, fue dispensado del viaje; le sustituyó un procurador. El proceso se arrastró durante cinco años, al principio con buenas esperanzas para Reuchlin, que tenía poderosos amigos; después se dio *mandatum de supersedendo* (1516), se trató de llegar a una composición amigable de las dos partes, y por fin, inesperadamente, vino la decisión definitiva, condenando el *Espejo ocular* como escandaloso. Pero esto sucedió el 23 de junio de 1520, y en aquel entonces la controversia reuchliniana no interesaba a nadie, porque la revolución religiosa había estallado en Alemania y toda la Iglesia miraba con trepidación hacia Martín Lutero [35].

3. «EPISTOLAE OBSCURORUM VIRORUM»

De la contienda entre los reuchlinistas y los teólogos colonienses ha quedado como recuerdo literario una sátira famosa, que lleva por título *Epístolas de personajes oscuros al venerable Maestro Ortuinus Gratius* [36].

---

[34] La sentencia de 29 de marzo de 1514, en GEIGER, *Briefwechsel* 211-13.

[35] El final del proceso, en GEIGER, *Johann Reuchlin* 436-54.

[36] *Epistolae obscurorum virorum ad venerabilem virum Magistrum Ortuinum Gratium Daventriensem Coloniae Agrippinae bonas litteras docentem, variis et locis et tempo-*

Es de advertir que Reuchlin, para demostrar al mundo que no toda la ciencia, ni siquiera la eclesiástica, estaba en contra suya, publicó una serie de cartas laudatorias y de solidaridad que había recibido de parte de muchos *personajes esclarecidos,* tanto humanistas como juristas, y aun teólogos, sacerdotes, abades y frailes. Esto sugirió a un humanista, que parece no era otro que Crotus Rubeanus (Juan Jäger de Dornheim, 1480-1539), la idea de componer una serie de cartas humorísticas, firmadas por *personajes oscuros* y dirigidas con gran admiración «al venerable maestro Ortuinus Gratius, poeta, orador, filósofo, teólogo de indecible sabiduría», etc.

Era Ortuinus Gratius (Ortwin van Graes, 1480-1542) un teólogo alemán de gran cultura, llamado Deventriense por haber estudiado y enseñado en Deventer, y que después de haberse manifestado como amigo de las buenas letras se enemistó con el humanista Hermann von dem Busche y en la contienda reuchliniana militó en el campo de Pfefferkorn[37].

---

[37] *ribus missae, ac demum in volumen coactae.* Al final se dice: «In Venetia impressum impressoria Aldi Minutti». Parece que esta primera parte se imprimió en Hagenau 1515. Constaba de 41 cartas, a las que se añadieron en la edición de 1516 otras 7 (total, 48). La segunda parte es de 1517 y lleva este título: *Epistolae obscurorum virorum ad Magistrum Ortuinum Gratium Deventriensem Coloniae latinas litteras profitentem... illis prioribus... lepore ac venustate longe superiores.* Al final se lee: «Impressum Romanae curiae». Se imprimió probablemente en Basilea (1517) y constaba de 62 epístolas, que al reimprimirse poco después llegaban a 70. La gran edición de E. BOECKING, *Hutteni Opera,* Supplem. (Leipzig 1864-70) contiene: vol.I, *Textus;* vol.II, *Indices, Comentarius.* Edición más moderna, con trad. inglesa de F. G. STOKES, *Epistolae obscurorum virorum* (Londres 1909).

[37] Véase D. REICHLING, *Ortwin Gratius. Sein Leben und*

Las cartas a él dirigidas vienen de Leipzig, Maguncia, Freiburg, Nuremberg, Tubinga, Frankfurt y de casi todas las ciudades de Alemania y están firmadas por personajes desconocidos: bachilleres, licenciados, algunos frailes, un médico, humoristas como Francisco Gänseprediger, Maestro Hildebrando *Mammaceus,* Mateo *Honiglecker,* fray Conrado *Tollenkopf, Mammotrectus Buntemantel, Eitelnarrabianus* de Pesseck, etc. El principal tono humorístico reside en el lenguaje, que es un latín bárbaro, culinario, cuajado de germanismos, con frecuentes remedos del latín escolástico en su mayor decadencia. Esos *hombres oscuros,* que no han leído a Reuchlin ni a Pfefferkorn, pero han oído hablar de ellos, se vuelven hacia el venerable maestro Ortuinus Gratius, contándole los rumores que llegan a sus oídos, historietas más o menos picantes, episodios chuscos, y le proponen dudas gramaticales y morales, si se ha de decir *magister nostrandus* o *noster magistrandus,* cuál es la etimología de ciertas palabras *(mechanicus,* de *moechus),* cómo se debe comportar uno con su amante Dorotea, «hermosa entre las mujeres, sin mancha ni arruga», y si un judío, al bautizarse, recobra lo que perdió por la circuncisión.

Tales epístolas debieron de excitar la hilaridad de los lectores, tanto que pronto se hizo una

Wirken (Heiligenstadt 1884). Sostiene Reichling (p.38-41), con otros muchos, que Hermann von dem Busche colaboró en la composición de las *Epistolae.* Es probable que las últimas de la primera parte sean de Ulrico de Hutten, como lo son todas, o casi todas, las de la segunda parte. Erasmo dice: «Equidem non ignorabam auctores *(Epistolarum),* nam tres fuisse ferebantur» *(Spongia adversus aspergines Hutteni,* en «Opera omnia» [Lyón 1706] X 1641).

nueva edición aumentada, y en 1517 salió a la
luz pública una segunda parte, algo más volumi-
nosa que la primera, con menos humorismo tal
vez, pero con más atrabilis, más indecoroso lenguaje y mayores calumnias [38]. Su autor principal,
si no único, era el caballero poeta Ulrico de Hutten,
recientemente venido de Italia (28 de las cartas
están fechadas en Roma) y últimamente coronado por el emperador Maximiliano. Se calumnia
de un modo infame a Ortuinus Gratius, aseveran-
do que es hijo de un cura y de una meretriz y
que tiene relaciones adulterinas con la mujer de
Pfefferkorn; a Tongern se le llama falseador de
los escritos de Reuchlin; se habla burlescamente
del papa y de la curia romana, de los sacerdotes,
de los frailes, de las indulgencias, de las reliquias más veneradas, como la túnica de Tréveris;
se zahiere la teología sofística de los colonienses, que no saben nada y creen saberlo todo; se
alude a las disputas que allí hay entre tomistas
y albertistas, y a las divinidades que se llaman
Tartaretus, Versor, Buridanus, Bruxellensis; y uno
de los personajes oscuros, Juan Löffelholz, refiere
que ha estado en la feria de Frankfurt, donde se
ha enterado de una conjuración que los poetas y
juristas han tramado para defender a Reuchlin
contra los teólogos de Colonia y los dominicos; entre los conjurados figuran Hermann von dem Busche, un tal Wilibaldo que debe estar en Nuremberg, un joven poeta de Erfurt, por nombre
Eoban Hessus, y su amigo Petreius Aperbach, Vadianus (Joaquín von Watt), de la Universidad

---

[38] Las indecencias y obscenidades aparecen ya en las últimas epístolas de la primera parte, lo cual indica que son
de Hutten.

de Viena, y otros. ¿Y Erasmo? A tal pregunta respondió el informador: *Erasmus est homo pro se*. Un estudiante de Erfurt ha dicho—cuenta el mismo Löffelholz—que Conrado Mutianus es el peor de los que sostienen a Reuchlin y el mayor enemigo de los teólogos.

Los hombres oscuros, es decir, los amigos de los teólogos y de los frailes, se retratan en estas epístolas, por lo que dicen y por el modo de decirlo, como hombres ignorantes, medio estúpidos, hipócritas que viven deshonestamente y se tienen por mejores cristianos que sus adversarios, los literatos, los humanistas, los científicos.

Qué juicio le merecieron a Reuchlin, no lo sabemos.

Erasmo, que en un principio se deleitó con la lectura de algunas de estas cartas, después las reprobó, porque no sólo satirizaban las costumbres, y la ignorancia, sino que ofendían y ultrajaban a las personas [39].

Y el mismo Lutero, antes de conocer la segunda parte de las *Epístolas,* declaró que aprobaba el intento del autor, mas no la obra, porque estaba llena de injurias y contumelias [40].

---

[39] «Epistolis obscurorum virorum primum applausi, mox metu territus... significabam mihi displicere tales libellos... Aliquanto post prodiit libellus excusus habens complures epistolas famosas, obscenas ac virulentas. Legebatur libellus nobis quoque ridentibus, sed tamen frequens eruditorum sodalitas, quae tum versabatur in aedibus Frobenii, testabitur me tum probasse festivitatem in multis epistolis, sed damnasse exemplum *(Spongia,* en «Opera omnia» X 1640-41).

[40] «Misit ad me prior Erffordiensis Johannes Langus *Supplicationes contra theologastros,* quae cum nihil gestae veritatis contineant, eundem vel similem histrionem sui testantur authorem, quem *Epistolae obscurorum virorum.* Votum eius probo, sed opus non probo, quod nec a conviciis et

Preludio humorístico de una tragedia

Las *Epistolae obscurorum virorum* no fueron un arma de combate, forjada por los humanistas para impugnar las posiciones tradicionales de los teólogos, ni menos un programa de cultura nueva frente al escolasticismo medieval encastillado en la Universidad de Colonia. Fueron solamente una estrepitosa carcajada de tres irónicos y mordaces histriones—el apelativo es de Lutero—que, en vez de atacar seriamente a sus adversarios, prefirieron reírse de ellos a mandíbula batiente, y la carcajada, como suele acontecer, hízose contagiosa, desternillando de risa a los literatos y a otras personas menos cultas, que leían sin dificultad aquel macarrónico latín.

Las carcajadas no se refutan. Y si uno las toma en serio, producen mayor efecto. Es lo que les aconteció a Pfefferkorn, Ortuinus Gratius y Jacobo Hoogstraeten, que en vano intentaron defenderse en latín y en alemán [41].

El chistosísimo diálogo del *Hochstratus ovans,* atribuido por algunos a Hermann von dem Busche, fue el último retozo de la risa humanística [42].

contumeliis sibi temperat» (WA *Briefw.* I 63-64; carta del 5 de octubre de 1516).

[41] Pfefferkorn publicó *Defensio Joannis Pepericorni contra famosas et criminales obscurorum virorum Epistolas* (Colonia 1516). La edición alemana *(Beschyrmung...)* y otras obras del mismo, descritas en GEIGER, *Johann Reuchlin* 378-86 y 434-35. Ortuinus Gratius, *Lamentationes obscurorum virorum non prohibitae per Sedem Apostolicam* (Colonia 1518) y *Epistola Ortuini Gratii... ad obscuram Reuchlinistarum cohortem* (Colonia 1518). Cf. GEIGER, *Johann Reuchlin* 404-14.

[42] *Hochstratus ovans. Dialogus festivissimus. Interlocutores: Hochstratus qui et Erostratus dicitur. Frater Lupoldus*

De pronto, todos en Alemania se pusieron serios. Bruscamente se interrumpió aquel diálogo o disputa, que tenía algo de *praefatio iocularis,* y empezaba la verdadera tragedia. El 4 de septiembre de 1517 se defendían en Wittemberg 97 tesis *contra la teología escolástica,* de un radicalismo tal, que los ataques de los poetas a los teologastros eran, en su comparación, tortas y pan pintado. Dos meses más tarde venían las famosas 95 tesis contra las indulgencias, y luego la negación del Primado romano y del sacerdocio católico y del monaquismo. Muchos de los humanistas retrocedían asustados. El primero en «oler el peligro» fue Erasmo.

La revolución religiosa avanzaba a banderas desplegadas. ¿La habían provocado ellos? No. Si exceptuamos a Hutten, ninguno de ellos amaba el tumulto y la revolución. Si excluimos al joven Melanchton y a pocos más, ninguno de ellos simpatizaba con la esencia del luteranismo. Pero es innegable que contribuyeron a crearle, en ciertos años, un ambiente propicio. ¿Es responsable de ello el Humanismo? Mi respuesta es la de Erasmo: *Ista non studiorum est culpa, sed hominum* [43].

(Latomus ?) *huic in itinere comes. Eduardus Leus* (Lee) *nuper commutatus in canem* (s.l.n.a. y sin nombre de autor), en E. BOECKING, *Ulrici Hutteni Opera.* Supplem. I 461-88. Con razón decía Gerardo Geldenhauer, escribiendo a Erasmo (12 nov. 1516): «Melius esset rem silentio contemnere» (ALLEN, *Opus epist.* II 381).

[43] Cf. arriba, nota 5. Y se pueden agregar otros textos del mismo Erasmo, como el siguiente: «Conati sunt causam bonarum litterarum, causam Reuchlini meamque causam cum Lutheri causa coniungere, cum his nihil sit inter se commune... Ferme primus omnium odoratus sum periculum esse ne res exiret in tumultum» (carta a León X del 13 de septiembre de 1520; ALLEN, IV 344-45).

Capítulo VII

MARTIN LUTERO Y SUS MEDIOS DE PREDICACION

Todas estas causas remotas o raíces históricas, que hasta aquí hemos estudiado, podían haber producido efectos muy diversos, unos quizá buenos y provechosos, otros maléficos y perjudiciales. Al amanecer el siglo XVI, todos ellos estaban ya apuntando a flor de tierra. En el orden de las ideas, como en el de las costumbres y de las instituciones, muchos elementos peligrosos o dañinos podían ser combatidos a tiempo y eficazmente, eliminándolos o quitándoles la peligrosidad; para eso había que esterilizar ciertos gérmenes nocivos, escardar las malas hierbas, podar los brotes superfluos, enderezar los ramos torcidos y, sobre todo, fecundar el campo cristiano con el riego de una teología sana y vivificante y de una santidad evangélica, activa y celosa en el ministerio pastoral. Es lo que intentó la Iglesia muy lentamente y poco a poco. Su acción sistemática y decidida en lo doctrinal, en lo sacramental y en lo apostólico, llegó tarde, con un retraso de cincuenta o de cien años, cuando ya el jardín alemán se había embosquecido.

El problema de la Reforma

Si cuando aún era tiempo no se ejecutó la necesaria reforma y la anhelada renovación, ¿de quién la culpa? Pero ¿se puede hablar de culpa en se-

mejantes casos históricos, tan complejos y universales? Es fácil endosar la responsabilidad—como
se hace frecuentemente—a los papas del Renacimiento, excesivamente entregados a la política ita-
liana, al nepotismo, a la mundanidad. No trato de
excusar, mas tampoco de acusar a nadie. El problema de la reforma era hondo y tremendamente com-
plicado; en Alemania acaso era más social, político y doctrinal que religioso.

Y aun limitándolo al terreno eclesiástico, ¿tenían
autoridad y poder suficientes aquellos pontífices
para imponer en las naciones cristianas una verdadera reforma, en el caso que la hubieran deseado
de veras? San Bernardino de Siena, gran reformador, por su parte, opinaba que no, porque los reyes
y príncipes—y a su sombra los obispos—se hubieran opuesto tenazmente [1]. Casi del mismo parecer
era el predicador Juan Nider, que tanto trabajó por
la reforma de su Orden. «Respecto a la total reforma de la Iglesia—decía—, yo no abrigo ninguna
esperanza; pues a los súbditos les falta buena voluntad, y la mala disposición de los prelados pondrá
siempre estorbos». Y lo explicaba así: «Un ejemplo tenemos en los arquitectos. Por hábil que sea
un arquitecto, si carece del material apropiado, de
maderos y piedras, no puede construir un edificio.
Y de otra parte, aunque haya maderos y piedras de
excelente calidad, si no hay arquitecto, nadie podrá
obtener una casa con buenas habitaciones» [2].

---

[1] K. HEFELE, *Der heilige Bernhardin von Siena und die
franziskanische Wanderpredigt in Italien* (Freiburg i. Br.
1912) 34.
[2] Pero agrega que «una reforma particular de la Iglesia
en diversos órdenes y estados es posible; y así vemos que
se va introduciendo día a día en muchos monasterios»

En la cuestión de la reforma eclesiástica, muchas veces faltó el arquitecto, es decir, un Romano Pontífice que tomase con seriedad y energía la reconstrucción del edificio tambaleante de la cristiandad, pero también hay que confesar que faltaron en muchísimas ocasiones los elementos nacionales aptos para la fábrica. En la España de los Reyes Católicos, por una serie de circunstancias felices, hubo quien supo procurarse esos elementos nacionales indispensables, y la reforma tuvo lugar antes de Trento; en Alemania, no. Una mirada a la historia nos convence que Roma se comporta de una manera igual, poco más o menos, respecto de todas y cada una de las naciones; quiero decir, con igual vigilancia, con igual celo o con igual descuido; y en unas naciones triunfa el catolicismo, en otras es casi exterminado. El mérito o la responsabilidad recaen de ordinario sobre los hombres o sobre las generaciones que han ido construyendo la propia historia nacional.

Las raíces y el árbol

Volvamos a las causas del luteranismo. Aquellas raíces, que tal vez una a una no hubieran ocasionado graves daños, y aun pudieran haber sido útiles y fecundadoras, al juntarse en un haz, fueron fatales para el porvenir religioso de Europa y para la paz internacional. Creciendo entrelazadas en torno a la vigorosa personalidad de fray Martín, dieron savia y fuerza al tronco del luteranismo. Ninguno de los factores históricos arriba expuestos hubiera bastado para engendrar un gran movimiento

(R. Schieler, *Magister Johannes Nider aus dem Orden der Prediger-Brüder* [Maguncia 1885] 189).

revolucionario, y quizá ni todos juntos, de no aparecer en la escena de Europa un hombre extraordinario.

Ese monje sajón, educado primeramente en el nominalismo occamista, pasado después al más desaforado agustinismo, nutrido de lecturas místicas, con inseguras y aun falsas ideas teológicas sobre la naturaleza de la Iglesia, su magisterio y su Primado Romano, partidario de un biblicismo absoluto, incontrolable, y animado de una espiritualidad exageradamente paulinista, desvalorizadora de las obras humanas; ese acongojado y solitario buscador de Dios, de una efervescencia volcánica, de voluntad indomable, de tenacidad obstinada, de espíritu ciclópeo por lo fuerte y por lo monocular, dotado de un subjetivismo que no sabe comprender sino lo que responde a sus propios sentimientos, y, por añadidura, con viva conciencia de su misión profética que le hace tener por «palabra de Dios» las que él pronuncia; ese hombre sencillo y violentamente apasionado, espiritual y brutal, humilde y soberbio, servidor del pueblo cristiano y supeditado en momentos decisivos a los príncipes terrenos; ese hijo de campesinos y mineros alemanes, con cogulla de fraile y alma de profeta, surge de pronto en medio de su amada nación germánica, que en aquella precisa coyuntura estaba sedienta de reformas sociales, políticas y religiosas, y crece en un ambiente impregnado de anticlericalismo y de odio contra Roma.

Ese es el árbol pujante que brota de profundas, múltiples y diversísimas raíces, la *quercus fatidica,* contra la que Roma fulminará—en vano—los rayos de sus anatemas.

Personalidad magnética que arrastra a cuantos se

le acercan; buen amigo con sus amigos y terriblemente feroz con sus enemigos; trabajador incansa-
ble, tumultuoso y desordenado; piadoso y humo-
rista; hombre de fe y aborrecedor de la razón humana; escritor fecundísimo y dueño de un lenguaje rico, popular, sumamente expresivo y pintoresco; luchador intrépido, predicador constante y per-
suasivo, monótono y obsesivo repetidor de pocos
dogmas, simples y categóricos, sin complicadas explicaciones, tremendo denigrador de sus adversarios
y formidable creador de leyendas negras y áureas.
Tal es el Lutero causante de la revolución religiosa
que lleva su nombre.

Su figura y su pensamiento merecerían ser colo-
cados en el punto culminante de este trabajo, pero
dejaré su estudio para otro libro más amplio. Baste
indicar aquí que la relevante personalidad del padre y fundador del luteranismo fue la causa inmediata y principal de aquel fenómeno histórico, pues,
como escribe Lorz, «Lutero es la Reforma alemana;
la Reforma alemana es Lutero» [3].

Los predicadores evangélicos

Se ha dicho que «Lutero no era un teólogo, sino
un predicador del Evangelio» [4]. No era un teólogo, juzgado según las viejas categorías escolásticas,

---

[3] *Die Reformation in Deutschland* I 381. Lo repite en la
p.437: «Luther ist die deutsche Reformation», pero comple-
tándolo en esta forma: «Luther wurde zum Reformator da-
durch, dass die Nation ihm antwortete».
[4] «Luther war kein Theologe, sondern ein Prediger des
Evangeliums» (J. LORTZ, *Die Reformation* I 387). Pero se
ha retractado, al escribir posteriormente: «Luther war ein
Theologe von grossartigen Rang», en *Festgabe* J. H. JE-
DIN, *Reformata reformanda* (Münster 1965) I 220.

mas no se le pueden negar geniales intuiciones teológicas.

Y no cabe duda que por encima de todo era un predicador, aunque no a la usanza tradicional. Incluso sus lecciones universitarias parecen sermones, sin retórica, sin oratoria, y, aunque leídos en la cátedra, podían igualmente ser pronunciados en el púlpito.

«Dios quiso que yo fuese predicador», decía. «Predicar es mi oficio y mi deber, aunque el demonio me lo estorba» [5]. Y predicaba sin cesar. Cuando la enfermedad le impidió subir al púlpito, empezó a tener en su casa pláticas religiosas con sus amigos y familiares. La predicación de la palabra de Dios es absolutamente esencial para el luteranismo y fue el medio principal de su propagación.

Al realzar así la figura del Lutero predicador, no hay que olvidar a sus primeros amigos y discípulos, que fueron apóstoles, como él, de las nuevas doctrinas. No todos se identificaron perfectamente con el pensamiento luterano. Unos lo mitigaron, otros lo exageraron, y algunos se apartaron de él para crear nuevas sectas. Todos ellos contribuyeron eficacísimamente al triunfo de aquella gran revolución religiosa.

Entre los más señalados hay que colocar a Felipe Melanchton (Schwarzerd, 1497-1560), que humanizó en lo posible la teología del maestro y echó las bases constitucionales de la Iglesia luterana; Jorge Spalatino (Buckhardt de Spalt, 1484-1545), capellán, bibliotecario y consejero de Federico de Sajonia, en cuya corte patrocinó y prestó valiosísi-

---

[5] «Dominus voluit me esse contionatorem» (WA 42,640). «Ich muss und soll predigen, der Teufel aber wehret» (WA 44,82).

mos servicios a la persona y a la causa de Lutero, de quien tuvo la suerte de recibir más de 400 cartas, que conservó para la posteridad; Andrés de Karlstadt (1480-1541), el canónigo y profesor de Wittemberg, que fue de los primeros en adherirse al reformador, si bien su radicalismo puritano y seudomístico le arrastró muy pronto por senderos más arduos y extraviados; Nicolás de Amsdorf (1483-1565), igualmente canónigo y profesor de Wittemberg, el más íntimo tal vez de fray Martín, a quien ayudó en la traducción de la Biblia, y que después organizó la comunidad de Magdeburgo y de otras ciudades; Juan Bugenhagen de Pomerania (1485-1558), amigo, confesor y consolador de Lutero, a pesar de tener un carácter tosco y violento, párroco de Wittemberg e implantador del luteranismo en la Alemania septentrional; Justus Jonas (Jodocus Koch, 1493-1555), buen latinista y canonista, fiel colaborador del reformador, a quien asistió en la hora de la muerte y a quien glorificó en la oración fúnebre; los dos famosos agustinos, Juan Lang (1487-1548) y Wenceslao Link (1483-1547), que predicaron entusiásticamente las ideas de fray Martín, el primero en Erfurt y el segundo en Altenburg y Nuremberg; el joven dominico Martín Bucer (1491-1551), el carmelita Gaspar Kantz de Nördlingen († 1544), los dos franciscanos, Federico Mykonius (1490-1546) y Juan Ebelin de Günzburg (1470-1533), y otros muchos, como Nicolás Hausmann (1478-1538), Juan Hess (1490-1547), Andrés Osiander (1498-1570), Juan Brenz (1499-1551), Gaspar Schwenckfeld (1489-1561). Y conste que no he nombrado sino a los que fueron algún tiempo amigos personales de Lutero y activos propagadores de la Reforma.

Todos ellos fueron, cada cual a su modo, predicadores, evangelizadores, apóstoles del nuevo evangelio, con fervor y entusiasmo, a veces con fanatismo [6]. Y esto es lo que merece subrayarse: la predicación de la «Palabra de Dios» fue el gran instrumento del luteranismo en Alemania. De los predicadores, algunos eran ex frailes, acostumbrados a sermonear en los púlpitos de los templos; y muchos procedían de las Universidades, donde habían estudiado Teología o Sagrada Escritura, y estaban acostumbrados a las lecciones de las cátedras. El clero inferior, incapaz de tener un sermón o una plática religiosa, prestó muy escaso apoyo a la Reforma con la palabra. De su ejemplo y costumbres recuérdese lo dicho en otro capítulo.

Los «slogans» publicitarios

Esa predicación luterana se presentaba hábilmente al pueblo como el anuncio del Evangelio de Cristo. En las campañas publicitarias de nuestros días—sean políticas o comerciales—se hace frecuente uso de una palabra inglesa, *slogan,* difícil de traducir a nuestra lengua. El *slogan* lo mismo puede ser un «grito de guerra», que un lema caracterizador de un partido, o una frase concisa y expresiva, que se repite insistentemente para que no se borre de la memoria. Cuanto más hiera la

[6] El antiluterano Coclaeus describe el fervor fanático de aquellos predicadores: «Multi, in speciem veri Evangelii, parentes et amicos relinquebant, ut novum proclamarent Evangelium suum, per quod constaret, nos esse hactenus misere deceptos a Papistis... Lutherus iactitabat et multi cum eo, Germanis in eam usque diem nunquam germane ac sinceriter praedicatum fuisse Evangelium: se autem proferre Evangelium, quod multis saeculis sub scamno latitasset» (*Commentaria de actis et scriptis M. Lutheri* [Maguncia 1549] 57).

imaginación y más fácil sea de comprender, tanto mejor será el *slogan*. Pues bien, la gran habilidad de los luteranos consistió en valerse continuamente de unos cuantos *slogans,* que daban enorme eficacia a su predicación. El primero era: *Reforma*. La «reforma» anhelada por toda la cristiandad la traemos y predicamos nosotros. No somos «herejes» —palabra que siempre ha sonado mal a los oídos cristianos—; somos «Reformadores», somos la «Iglesia reformada», porque la Iglesia romana es la Iglesia corrompida, sede del Anticristo. ¡Cuántos hombres piadosos y doctos se dejaron seducir por este *slogan*, continuamente repetido!

El segundo sonaba poco más o menos así: *Todo hay que atribuir a Dios, nada a los hombres*. En el negocio de la justificación y de la salvación, todo se debe a la gracia divina, nada pueden las obras humanas. Para ganar la vida eterna no hay más méritos que los de Cristo. Nuestras obras son absolutamente inútiles, basta la fe o confianza en la misericordia de Dios: *sola fides*. Los pecadores, angustiados y de mayor intimidad religiosa, se sentían grandemente consolados con esta doctrina. El mismo fray Juan Staupitz, superior de Lutero, asustado un momento por la doctrina de la *sola fides* y por la negación del libre albedrío, se consolaba luego, pensando que «esta doctrina todo lo atribuye a Dios, nada a los hombres, y a Dios nunca se le puede conceder demasiado» [7].

Puede decirse que este *slogan* de la «fe sola» y la «gracia sola», sin colaboración activa del hom-

---

[7] «Sic Staupitius: Ego trost mich, *quod haec doctrina* gibt Gott, nicht hominibus. Gott kan man zu viel nicht geben... Tutius est tribuere nimium Deo, quam hominibus» (WA 40,1 p.131).

bre, es el *leit-motiv* de la predicación y de los escritos del reformador y de sus amigos.

Y el tercero es el siguiente: *La Palabra de Dios, no la palabra de los hombres.* A primera vista parecía a todos claro y evidente. Hay que oír y cumplir la Palabra de Dios y nada más que la Palabra de Dios; lo que los hombres añadan será cosa superflua e innecesaria, indigna de que se le preste atención. Pero la Palabra de Dios está contenida solamente en la Sagrada Escritura: *sola Biblia.* Todas las doctrinas que no estén expresamente contenidas en los libros bíblicos señalados por Lutero, aunque las hayan enseñado continuamente los Santos Padres y los concilios, son doctrinas meramente humanas y no pueden imponerse como dogmas; y todas las leyes y preceptos eclesiásticos, con todas las decretales de los papas, deben rechazarse como obra humana y como tiranía legal, atentatoria de la «libertad cristiana».

La imprenta, al servicio de la Reforma

Sería interesante, para terminar, hacer algunas consideraciones sobre la prensa como medio o instrumento de propaganda, del que se valió Lutero con clara intuición del valor y significado de esta nueva forma de predicación.

Fue el luteranismo la primera herejía que para su propagación utilizó la tipografía, ese divino arte alemán inventado por Juan Gutenberg († 1468) en Maguncia hacia el 1446 [8]. La Iglesia compren-

---

[8] El arzobispo de Maguncia Bertoldo de Henneberg decía: «Divina quaedam ars imprimendi». El benedictino Bernardo Witte: «Nulla in mundo ars... utilior sive divinior». Y Wimpfeling afirmaba que era la más gloriosa para los alemanes. Citas en J. JANSSEN, *Geschichte des deutschen Volkes* I 11-17.

dió en seguida el provecho que de tal invención se podía acarrear para el fomento de la piedad cristiana y de la ciencia sagrada. Lo demuestran los infinitos libros de devoción, de predicación, de liturgia, de teología, que salieron como ríos claros y fertilizadores de los nuevos tórculos, empezando por la magnífica Biblia latina de 1453-55.

Podemos decir que hasta 1500 todos los movimientos ideológicos o políticos se difundían por medios orales; o por algunos códices manuscritos de corta tirada; la Reforma tuvo la suerte de disponer también del arte de la imprenta, que multiplicaba indefinidamente los ejemplares y los presentaba más fácilmente legibles, y esto en un momento en que hasta los ignorantes aprendían a leer en las escuelas municipales.

Es verdad que la imprenta estaba de igual modo al servicio de los enemigos, pero al decir de K. Schottenloher, «los impresores se pasaron casi todos al campamento del reformador y divulgaban con fogoso celo los escritos de las nuevas doctrinas» [9].

En la pequeña ciudad de Wittemberg, de apenas 3.000 habitantes, tenía Lutero a su disposición tres imprentas (la de Grunemberg, la de Lotter y la de Lufft); en Basilea trabajaban para él las de Froben y de Gengenbach; en Augsburgo la de Othmar; y otras en Nuremberg, Estrasburgo, etc. Apenas fueron conocidas las famosas tesis sobre las indulgencias, tres editores (de Nuremberg, Leipzig

[9] *Buchdrucker und Buchführer im Dienste der Reformation,* en «Realezyklon. f. prot. Theol.» vol.23 (Leipzig 1913). Ergänzungen, 271. De unos 70 impresores estudiados por A. GOETZE, *Die hochdeutschen Drucker der Reformationszeit* (Estrasburgo 1905), no menos de 45 estaban al servicio de Lutero.

y Basilea) se apresuraron a estamparlas, sin auto-
rización de fray Martín. El conocido editor basileense Juan Froben, «el rey de los impresores»,
a cuyas prensas dieron trabajo Erasmo y Beato Rhe-
nanus, comprendió muy pronto el gran negocio que
podía ser para él la edición de las obras de Lutero,
y en una carta del 14 de febrero de 1519 testifica
que ha enviado ya 600 ejemplares de opúsculos
luteranos a Francia y España; «buena cantidad»
de los mismos a Pavía, de donde se esparcen a todas las ciudades de Italia, y otros a los Países Bajos y a Inglaterra [10].

Disuadido por Erasmo, dejó Froben de publicar
los escritos de Lutero, para dedicarse a obras más
científicas.

El 18 de agosto de 1520, el editor y librero de
Nuremberg Melchor Lotter puso a la venta el manifiesto luterano *A la nobleza cristiana de la Nación Germánica*. Constaba la edición de 4.000
ejemplares, que en pocos días se agotaron, de suerte que tuvo que lanzar en seguida la segunda edi-

---

[10] «Johannes Frobenius Martino Luthero S. D... Libellos a te elucubratos, quod omnium doctorum iudicio proba-
tos, typis meis statim excudi. Sexcentos... Galliam misimus
et in Hispaniam... Calvus quoque bibliopola Papiensis, vir
eruditissimus et Musis sacer, bonam libellorum partem in
Italiam deportavit, per omnes civitates sparsurus... Praeter-
ea libellos tuos in Bravantiam et Angliam misimus... Exemplaria nostra usque ad decem vendidimus omnia» (WA
Briefwechsel I 332-33). Es ésta la primera noticia que tenemos de la propaganda luterana en España. El 12 de
abril de 1521, Adriano, cardenal-obispo de Tortosa, y el
almirante de Castilla escriben desde Tordesillas a Carlos V,
comunicándole que «el heresiarca Martin Luter... ha tenido forma de traducir y poner en lengua castellana sus
herejías y blasfemias», y ha enviado algunos españoles «a
sembrar y publicar en esta católica nación», por lo cual
le exhortan que ordene «quemar los libros que contienen
sus blasfemias y herejías» (M. DANVILA, *Historia documen-*

ción. *El Sermón sobre la indulgencia y la gracia*
alcanzó 22 ediciones en dos años (1518-20). Son
casi 2.000 las ediciones que conocemos de escritos
de Lutero entre 1517 y 1525 [11]. Inundación literaria nunca vista hasta entonces. El mismo Martín
Lutero confesaba las inmensas ventajas que el arte
de la imprenta le procuraba para la propagación de
su doctrina: «La tipografía es el último y el mayor
de los dones divinos, pues por ella Dios ha querido, ahora que el fin del mundo está próximo, dar
a conocer a todo el orbe de la tierra el asunto de
la verdadera religión» [11*].

Hablando de los métodos usados por los luteranos, Coclaeus da mucha importancia a la imprenta.
«Mucho contribuyeron—dice—a promover este
nuevo evangelio el ingenio, la habilidad, el dinero
y la actuación de los impresores y libreros. Pues
todo cuanto favorecía a Lutero lo estampaban con
suma diligencia y exactitud; lo que favorecía a los
católicos, remoloneando y con muchísimas erratas.
Imprimían a su costa cualquier escrito luterano y

---

tada y crítica de las Comunidades de Castilla* [Madrid
1897-99] III 580-81). M. Bataillon habla de otra carta del
Consejo del reino a Carlos V, fechada en Burgos el 13 de
abril de 1521, diciéndole que el Consejo ha ordenado que
«ninguna persona venda, ni tenga, ni lea, ni pedrique los
libros deste hereje» *(Erasmo y España,* trad. A. Alatorre
[México 1950], I 128). Zwinglio († 1531) pensaba que antes de tres años España, Inglaterra, Francia y toda Alemania serían ganadas para el nuevo Evangelio: «Zuinglius
publice clamavit... (es Lutero quien habla): Videbitis in
triennio Hispaniam, Angliam, Galliam et totam Germaniam
Evangelio lucrifactam» (WA *Tischreden* 2891b, III 55).
[11] Lo asegura el bibliógrafo K. Schottenloher en el art.
arriba cit. 272. Cálculos más reducidos en L. W. HOLBORN,
*Printing and the Growth of a Protestant Movement in Ger-
many from 1517 to 1524:* «Church History» 11 (1942)
123-37.
[11*] WA *Tischreden* 1038, I 523.

hacían largas tiradas, para darle amplísima difusión. Era infinito el número de apóstatas que, abandonando los conventos, volvían al siglo y se ganaban la vida haciendo de libreros y girovagando por todas las provincias de Alemania con libros de Lutero. Los escritos católicos, como si fueran indoctos, triviales y bárbaros o anticuados, eran despreciados por los tipógrafos, los cuales se decidían a imprimirlos solamente cuando les forzaba la pobreza o una gran esperanza de lucro... Si alguno de ellos trabajaba con más justicia en favor de los católicos, se le reían los demás en la feria de Frankfurt y le injuriaban como a papista y esclavo de los curas. Y aunque el emperador y otros príncipes y reyes católicos habían prohibido con severos edictos la impresión y la venta de escritos de Lutero, no consiguieron sino que aumentase la ganancia de los libreros luteranos» [12].

Con los libros luteranos se vendía copiosísimamente la Biblia. Los libros del Antiguo y Nuevo Testamento, traducidos por Martín Lutero, llegaron a entrar en casi todos los hogares alemanes. La Vulgata latina se echaba en olvido, y todo lo que estaba escrito en alemán se devoraba con más gusto. El pintor-poeta y agitador revolucionario de Berna Nicolás Manuel (1484-1530) pone en labios de un personaje católico estas palabras de enojo:

---

[12] *Commentaria de actis* 58-59. Todavía el 8 de julio de 1555 escribía J. Nadal desde Viena a San Ignacio: «Y cuasi tengo miedo que no sean ya todos *(los curas)* comenzados a se corromper, digo los que se dicen católicos; y una de las causas es, que no hay católico en Alamaña que no lea los libros de los herejes, que cuasi no se venden en cosa de religión otros libros» (MHSI, *Epist. Hier. Nadal* I 382).

«Han devorado el Evangelio
y ahora están locos con San Pablo.
El impresor que todo imprime
en alemán, váyase al diablo» [13].

Más que los libros voluminosos, se difundían y llegaban a todas partes los folletos, los libritos de pequeño formato, las hojas volantes. Estos breves opúsculos no sólo eran fáciles de leer, sino también más aptos al matuteo y a la venta clandestina; se llevaban en el bolsillo, se metían disimuladamente entre otros objetos y se leían en los caminos, en el campo, en los hogares. Muchas veces son sátiras y panfletos, pero acaso abundan más los folletos de carácter instructivo, catequético y devocional, que llevan consolación a las almas, infiltrándoles la doctrina luterana.

Al lado de Hutten y Lutero se alistan en esta campaña propagandística Juan Eberlin de Günzburg. Enrique de Kettenbach, Erasmo Alber, Martín Bucer, Hans Sachs y otros muchos de acerada pluma [14]. Y en vano se esfuerzan algunos católicos, como el gran satírico franciscano Tomás Murner, en contrarrestar el ataque con armas de igual temple [15].

Se han calculado en 630 las hojas volantes

[13] N. Manuel, *Von Papst und seiner Priesterherrschaft*, en H. E. Berger, *Die Schaubuhne im Dienste der Reformation* (Leipzig 1935) I 50.
[14] O. Clemen, *Die lutherische Reformation und die Buchdruckerkunst* (Leipzig 1939). O. Schade, *Satiren und Pasquille an der Reformationszeit* 3 vol. (Hannover 1863).
[15] W. Kawerau, *Thomas Murner und die Reformation* (Halle 1891). T. von Liebenau, *Der Franziskaner Dr. Thomas Murner* (Freiburg 1913). G. Schumann, *Thomas Murner und seine Dichtung* (Ratisbona 1915). M. Gravier, *Luther et l'opinion publique* (Aubier, París 1942) trata de Murner en el c.4,61-76; de los libelistas luteranos, *passim*.

(Flugschriften) que volaron de 1520 a 1530 en pro de Lutero.

Cánticos y salmos

Como Arrio en el siglo IV, así y mucho más se valió Lutero del canto para la propagación de su nuevo evangelio. Era fray Martín desde niño muy aficionado a la música instrumental y vocal. Alemania se hallaba entonces en un momento de auge artístico. «Fundamento y arranque del nuevo arte musical era, junto al canto popular, el canto gregoriano de la Iglesia» [16]. No había en Europa mejores constructores de órganos y de laúdes que los alemanes, y tanto los organistas como los cantores gozaban de gran estima en la Iglesia y en las cortes de los príncipes. Mientras la lírica profana yacía en decadencia, con sus canciones populares, báquicas, satíricas, políticas y eróticas, la lírica religiosa anónima florecía delicadamente en la liturgia y en el pueblo. Se ha calculado que entre 1470 y 1520 se publicaron en Alemania casi un centenar de colecciones de cánticos piadosos y litúrgicos [17].

Lutero les tributó sinceras alabanzas. «En el Papado—decía una vez en un sermón—se cantaban hermosos cánticos» [18]. «Los cánticos papísticos de Navidad, de Corpus Christi, el *Ave praeclara maris stella,* el Gradual de Pascua, son muy dignos de

---

[16] JANSSEN, *Geschichte* I 267.

[17] Encuentro esta afirmación en F. CALLAEY, *Praelect. Hist. eccles. aetatis mediae et mod.* (Roma 1950) 276. Janssen-Pastor traen la lista de 71 cantos religiosos en lengua alemana, cuyas melodías eran cantadas por los fieles a principios del siglo XVI; entre ellos, algunos cantos tan conocidos como *Es ist ein Ros entsprungen,* etc.

[18] Cit. en GRISAR, *Luther* III 464.

loa» [19]. El *Veni, Sancte Spiritus* le parecía divino, como si lo hubiera compuesto el mismo Espíritu Santo [20].

Naturalmente, para llegar más directamente al alma popular, él siguió la costumbre de componer los himnos o canciones en lengua alemana, imitando generalmente algún salmo davídico y alguna vez algún canto latino medieval. Ya en 1523 corrían impresos algunos cantos de Lutero, aunque la primera colección es del año siguiente. Movióle a dar este paso probablemente el ejemplo de Tomás Münzer, que en 1523 había introducido en su ordenación litúrgica diez himnos alemanes.

De todos los himnos luteranos, el más célebre y aun literariamente uno de los mejores es aquel que comienza: «Firme baluarte es nuestro Dios. Buena defensa y armadura» *(Ein feste Burg ist unser Gott,* etc.), inspirado en el salmo 45, pero con perfecta originalidad. Alguien ha dicho que este himno fue *La Marsellesa* de los ejércitos protestantes en todas las batallas, hasta la guerra de los treinta años [21].

Según Janssen, «más de la mitad de los himnos atribuidos a Lutero son de origen más antiguo, sólo

---

[19] WA *Tischr.* 3564, III 415.

[20] «Optimi sunt hymni: *Rex Criste, factor omnium,* et *Inventor rutili,* etc.» (WA *Tischr.* 1483, II 88). «De compositione prosae: *Veni, Sancte Spiritus, et emitte caelitus,* etc., dixit Das Lied hatt der Heilige Geist selber von ihme gemacht» (WA *Tischr.* 4627, IV 409).

[21] H. HAUSER, *La naissance du Protestantisme* (París 1962) 54. Su melodía, en las líneas fundamentales, se encuentra ya en un manuscrito del siglo xv, aunque pudo ser Lutero quien la retocase, adaptándola al himno por él compuesto. JANSSEN, *Geschichte* I 83-84. Una colección de 36 himnos de Lutero, con un estudio crítico de K. Drescher, en WA 35.

que él los retocó, es decir, los adaptó a la nueva doctrina; otros son simplemente traducciones de salmos e himnos latinos; muy pocos fueron versificados libremente por él. También transportó a su nueva Iglesia las melodías de los antiguos cantares» [22].

Aunque, especialmente en lo concerniente a la música, hay que regatearle la originalidad que algunos generosamente le otorgaron, no se puede poner en duda su intuición de que el canto de salmos e himnos podía ser un medio eficacísimo de llevar al pueblo la nueva religión, endulzada con la música y el verso. Por eso solía estimular a los poetas y a los músicos alemanes a componer *spirituales cantilenas,* porque muchas veces él no se sentía inspirado [23].

El arte gráfico

Digamos finalmente que Lutero supo usar con gran habilidad para sus fines del grabado y de la caricatura. Fray Martín no era pintor ni dibujante, pero estaba dotado de una fantasía popular, monstruosamente rica de figuras y colores, y tenía a su disposición algunos pintores hábiles, especialmente Lucas Cranach, el Viejo (1472-1553), a quie-

---

[22] J. Janssen, *Geschichte des deutschen Volkes* I 292 nota. Viene a darle la razón K. Drescher en la Introd. a la edición crítica: «In den allermeisten Fällen bleibt Luthers Anteil an ihnen *(a las melodías)* doch sehr hypothetisch» (WA 35,2). Véase la discusión en las p.79-87. El compositor que creó muchas melodías religiosas fue el amigo de Lutero Juan Walter.

[23] A fines de 1523 le pide a Spalatino que componga cantilenas, porque «ego non habeo tantum gratiae, ut tale quid possem, quale vellem» (WA *Briefwechsel* III 220). «Poetae nobis desunt» (WA 12,218).

nes sugería el modo de trazar escenas grotescas, ademanes ridículos, gestos obscenos, expresiones odiosas y repugnantes. Así el artista pinta y el reformador comenta cada pintura o grabado caricaturesco con pocas palabras, infamantes y groseras.

El *Pasionario de Cristo y del Anticristo* publicado en 1521, con dibujos de L. Cranach y breves comentarios de Lutero, es de lo más moderado en el terreno de la caricatura. Son cuadritos antitéticos de Cristo y del papa, para irrisión y descrédito de la Sede Romana [24].

La misma traducción alemana de la Biblia llevaba ilustraciones agresivas y satíricas, representando a la Iglesia de Roma en el dragón apocalíptico, en la meretriz vestida de púrpura sobre una bestia roja, etc. [25]

Dos caricaturas muy del gusto de fray Martín son las del «monje-becerro» (*Monchkalb*) y el «Papa-borrico» (*Papstesel*), que le sirvieron para componer un panfleto, en el que daba la explicación de un aborto monstruoso—cabeza de hombre bestial con patas y pezuñas de vaca, breve cola y espaldar de carne a modo de capucha—que tuvo lugar en Waltendorf, junto a Freiburg, en diciembre de 1522, y que según Lutero debía mirarse como la imagen del monaquismo. La explicación de la caricatura del «Papa-borrico» la hizo Melanchton; representaba otro monstruo que se decía haber aparecido en el Tíber en 1495-96. El dibujo es verdaderamente lúbrico y obsceno: cuerpo de mu-

---

[24] Editado por G. KAWERAU en WA 9,677-715. Cf. H. GRISAR-F. HEEGE, *Luthers Kampfbilder.* I. *Passional Christi und Antichristi* (Freiburg 1921).
[25] GRISAR-HEEGE, *Luthers Kampfbilder.* II. *Der Bilderkampf in der deutschen Bible* (Freiburg 1922).

jer y cabeza de asno, toda la piel escamosa menos
en el vientre y los pechos; el pie derecho en forma
de pezuña, el izquierdo de garra; el brazo derecho parece la trompa de un elefante, el izquierdo
es de mujer; en las asentaderas resalta la cabeza
de un viejo barbudo y una especie de cola que
termina en cabeza de serpiente: todo para significar el Papado [26].

La *Pintura y descripción del Papado con sus
miembros,* publicado en 1526, es otro folleto ilus-
trado, que consta de 65 láminas, con versitos de
Lutero debajo de cada una de ellas. Son las figuras del papa, de un cardenal, un patriarca, un
obispo, un canónigo, etc., y un representante de
las diferentes Ordenes religiosas; los dibujos no
son indecentes, lo satírico está en los versos. Y en
la conclusión escribe fray Martín: «Piensan algunos que basta ya con tanta burla del papa y del
estado eclesiástico... No es ésa mi opinión, sino
que, como dice el Apocalipsis, a esa roja prostituta,
con la que han fornicado y fornican los reyes y
príncipes de la tierra, hay que embriagarla completamente para que su dolor y aflicción sean grandes como fueron su deleite y su poderío, hasta que
por fin sea pisoteada como inmundicia de las ca-
llejas y nada haya tan abyecto en la tierra como
esta Jezabel sedienta de sangre» [27].

El arte gráfico de la propaganda luterana no
produjo cosa más repugnante y fétida que la *Imagen del Papado* (Wittemberg 1545): son diez grabados, con cuatro versitos de Lutero al pie de
cada uno. El segundo es el «Papa-borrico», que

[26] Texto y grabados en WA 11,369-85.
[27] *Das Papstum mit seinen Gelydern gemalet und beschri-
ben* (WA 19,42).

ya conocemos, figura monstruosa ostentando sus obscenidades femeninas; el cuarto lo describen bien estos versos: «*Aspice nudatas gens furiosa nates. Ecco qui, Papae, mio belbedere*»; en el quinto, un hombre con las nalgas al aire echa sus excrementos en la tiara pontificia; en el séptimo, un papa en figura de asno hace sonar la flauta; en el nono, «el papa satanísimo y sus cardenales» cuelgan de la horca, mientras unos diablejos juegan encima del tablado [28].

Parece mentira que del taller de Lucas Cranach, de donde habían salido anteriormente tan excelentes obras de arte religioso, salieran bajo la inspiración de Lutero obras tan nauseabundas. Pero al pueblo bajo le gustaban las caricaturas más asquerosas, que se transmitían de mano en mano entre carcajadas y soeces comentarios. Así se fueron formando aquellas gentes una imagen abominable y repulsiva del Pontificado romano y del papa «estiércol del demonio». Vemos, pues, que el arte gráfico, de inspiración satírica o humorística, lo mismo que la imprenta y la canción y el *slogan* publicitario, se convirtieron en formas de predicación religiosa, empujando y promoviendo la llamada «Reforma», que ya desde su nacer tenía mucho de «Contrarreforma antirromana», opuesta diametralmente a lo que había de ser muy pronto la «Contrarreforma» católica.

[28] Texto en WA 54,346-73, láminas al fin del volumen. Sobre la literatura panfletaria y satírica, con ilustraciones gráficas y caricaturas de aquel tiempo, véase M. GRAVIER, *Luther et l'opinion publique,* particularmente el Apéndice *Polémique et illustrations* 291-98, con la copiosa bibliografía final.

Conclusión

El 18 de febrero de 1546 moría en Eisleben, donde había nacido sesenta y dos años antes, Martín Lutero. En aquellos precisos momentos, los obispos y teólogos de la catolicidad, reunidos en Trento, discutían sobre los libros canónicos de la Biblia y sobre el principio luterano de la *Scriptura sola,* después de lo cual iban a abordar los dogmas del pecado original y de la justificación, dando inicio a la gran tarea que se había propuesto aquel ecuménico concilio: establecer y aclarar los dogmas combatidos por los Novadores y corregir los abusos eclesiásticos, echando así las bases de una verdadera reforma, la que todos los fieles hijos de la Iglesia estaban anhelando.

INDICE DE NOMBRES

ACABÓSE DE IMPRIMIR ESTA SEGUNDA EDICIÓN DEL
VOLUMEN «RAÍCES HISTÓRICAS DEL LUTERANIS-
MO», DE LA BIBLIOTECA DE AUTORES CRIS-
TIANOS, EL DÍA 10 DE FEBRERO DE 1976,
FESTIVIDAD DE SAN IRENEO, EN
LOS TALLERES DE LA IMPREN-
TA SÁEZ, HIERBABUENA, 7,
MADRID

LAUS DEO VIRGINIQUE MATRI

BIBLIOTECA DE AUTORES CRISTIANOS

BAC Minor

ULTIMAS NOVEDADES DE LA BAC

B A C Enciclopedias

HISTORIA DE LOS DOGMAS. Edición dirigida por M. Schmaus, A. Grillmeier y L. Scheffczyk.

T. I cuad. 2b: *Fe y conocimiento de Dios en la Edad Media*, por E. Gössmann, (ISBN 84-220-0711-8).

T. III cuad. 2c: *Soteriología. Desde la Reforma hasta el presente*, por B. A. Willems (ISBN 84-220-0723-1).

B A C Maior

9. JESUS DE NAZARET. *Aproximación a la Cristología*, por O. González de Cardedal (ISBN 84-220-0718-5).

10. SAGRADA BIBLIA. Versión crítica sobre lo textos hebreo, arameo y griego, por F. Cantera y M. Iglesias (ISBN 84-220-0725-8).

11. EL MARXISMO. *Exposición y crítica* (2 vols.). T. I, por G. R. de Yurre (ISBN 84-220-0747-9).

12. EL MARXISMO. *Exposición y crítica*. T. II., por G. R. de Yurre (ISBN 84-220-0748-7).

B A C Normal

377. LA IGLESIA Y LA COMUNIDAD POLITICA, por I. Martín (ISBN 84-220-0731-2).

378. EXPOSICION DE LA FE CRISTIANA, por Mons. M. Peinado (ISBN 84-220-0732-0).

379. LA UNCION DE LOS ENFERMOS. *Estudio histórico-dogmático*, por M. Nicoláu (ISBN 84-220-0734-7).

380. CRISTO, EL MISTERIO DE DIOS. *Cristología y soteriología* (2 vols.). T. I, por M. M. González Gil (ISBN 84-220-0742-8).

381. CRISTO, EL MISTERIO DE DIOS. *Cristología y soteriología*. T. II, por M. M. González Gil (ISBN 84-220-0742-8).

Ediciones litúrgicas

IMITACION DE CRISTO, por T. de Kempis, y DEVOCIONARIO, por A. Pardo (ISBN 84-220-0727-4).